蓬莱阁典藏系列

中国基督教史纲

王治心 ／ 撰

徐以骅 ／ 导读

上海古籍出版社

图书在版编目(CIP)数据

中国基督教史纲 / 王治心撰;徐以骅导读. —上海:
上海古籍出版社,2019.5(2023.2重印)
(蓬莱阁典藏系列)
ISBN 978-7-5325-8910-4

Ⅰ.①中… Ⅱ.①王… ②徐… Ⅲ.①基督教史—中
国 Ⅳ.①B979.2

中国版本图书馆 CIP 数据核字(2018)第 134329 号

蓬莱阁典藏系列

中国基督教史纲

王治心 撰　徐以骅 导读

上海古籍出版社　出版、发行

(上海市闵行区号景路 159 弄 1—5 号 A 座 5F　邮政编码 201101)
(1) 地址:www.guji.com.cn
(2) E-mail:guji1@guji.com.cn
(3) 易文网网址:www.ewen.co

印　刷　苏州市越洋印刷有限公司
开　本　787×1092　1/32
印　张　12.875
插　页　5
字　数　260,000
版　次　2019 年 5 月第 1 版　2023 年 2 月第 3 次印刷
ISBN 978-7-5325-8910-4/K·2516
定　价　48.00 元

如有质量问题,请与承印公司联系

出版说明

　　中国传统学术发展到晚清民国，进入一个关键的转折时期。面对"数千年未有之变局"，旧传统与新思想无时不在激荡中融汇，学术也因而别开生面。士人的眼界既开，学殖又厚，遂有一批大师级学者与经典性著作涌现。这批大师级学者在大变局中深刻反思，跳出旧传统的窠臼，拥抱新思想的精粹，故其成就者大。本社以此时期的大师级学者经典性著作具有开创性，遂延请当今著名专家为之撰写导读，希冀借助今之专家，诠释昔之大师，以引导读者理解其学术源流、文化背景等。是以本社编有"蓬莱阁丛书"，其意以为汉人将庋藏要籍的馆阁比作道家蓬莱山，后世遂称藏书阁为"蓬莱阁"，因借取而为丛书名。"蓬莱阁丛书"推出后风行海内,为无数学子涉猎学术提供了阶梯。今推出"蓬莱阁典藏系列",萃取"蓬莱阁丛书"之精华,希望大师的经典之作与专家的精赅之论珠联璧合,继续帮助读者理解中国传统学术的发展与大师的治学风范。

目 录 |

教会史学家王治心与他的
《中国基督教史纲》

徐以骅

　　王治心是现代重要基督教学者,其名著《中国基督教史纲》是我国学者所撰的第一部也是影响最大的中国基督教通史或全史著作。《中国基督教史纲》于 1940 年出版,此后曾重印,还出过海外版。尽管问世至今已有半个多世纪,但该书的影响犹存,目前仍为修习中国基督教史的主要入门和参考书籍之一。本文试对这部重要史著的背景、特点、版本、讹误及影响作一初步探讨,并简略评介"后王治心时代"中国基督教通史研究的概况和趋势。

一

　　王树声(1881—1968),字治心,浙江吴兴(今湖州)人,前清考入庠生。曾任东吴第三中学、华英学校、上海裨文女学、惠中女学等学校的国文教员。1913 至 1918 年间任基督教刊物《光华报》编辑。1921 年任南京金陵神学院国文和中国哲学教授,编辑《神学志》。1926 至 1928 年间任中华基督教文社主任编辑。1928 年起出任福建协和大学文学院院长、国文系主任兼党义教授。1934 年后应刘湛恩校长之请出任沪江大学国文系主任。1948 年从沪江大学退休后回金陵神学院教授国文和教会史,主编《金陵神学志》。1957 年从金陵神学院退休后一直在北京居住。著有《孔子哲学》、《孟子研究》、《中国历史上的上帝观》、《道家哲学》、《墨子哲学》、《中国学术源流》、《基督徒之佛学研究》、《庄子研究及浅释》、《中国宗教思想史大纲》、《孙文主义与耶稣主义》、《三民主义研究大纲》、《中国学术概论》、《中国文化史类编》、《耶稣基督》(与朱维之合编)、《评基督抹杀论》(与范子美合编)等,为当时中国基督教界有较大影响的、多产的著述家之一。

作为基督教学者,王治心一生致力于基督教在中国的本色化,且在基督教礼仪、节期、建筑、家庭等领域的中国化改造上颇有创见和建树,有人称之为"本色化实践派"代表,以示与赵紫宸、刘廷芳等"本色化学院派"代表的区别。① 此种"实践派"与"学院派"的区分略显武断,前者如王治心的探索当然不限于实践层面,而后者如赵紫宸、刘廷芳等的贡献也不止于理论领域。王治心本人就认为,基督教与中国社会文化接近"根本的问题,不是在形式方面,乃在精神方面",如只有形式上的接近,那"仍不过是友谊的握手,而不是血肉的化合"。② 其实王治心、吴雷川、范子美、张亦镜等与赵紫宸、刘廷芳、洪煨莲、徐宝谦等的区分,更在于"本土派"和"海归派"之别。在本色化运动中两派虽殊途同归,但由于教育背景的不同,前者更多以中华文化为取向,而后者更多以西洋教会为参照。如赵紫宸对中国高等神学教育"半修道院式"的改造方案,并未借鉴中国的本土和传统资源,却以天主教修道院为蓝本;③而王治心虽赞同赵特设研究高深学问的神学研究院的倡议,但其心目中的神学研究院,却"仿旧式书院制度"而设于"山明水秀幽静之处",院中之指导员有如"书院中的山长"。④两人的旨趣,显然有所不同。

王治心著作甚多,其中以《中国宗教思想史大纲》和《中国基督教史纲》(以下简称《史纲》)在基督教学界最为知名。《史纲》有第一部汉语中国基督教通史著作之称,因在其之前,美国著名宣教史家、曾在中国担任教会教育事工的耶鲁大学教授赖德烈(Kenneth Scott Latourette,《史纲》称其为来德理)在 1929 年已出版《基督教在华传教史》(A History of Christian Missions in China)一书。该书可称鸿篇巨制,共分 30 章,有 930 页,涵括景教、也里可温教、东正教、天主教及新教来华宣教的千年历史,为中国基督教史的研究奠定了基础。事实上直到 20 世纪 50 年代初,也就是王治心《史纲》刊行之后,燕京大学宗教学院的蔡咏春、赵紫宸等仍在筹划翻译赖德烈之《基督教在华传教史》,并称该书"为研读中国基督教史的唯一现成课本"。⑤

不过尽管赖德烈是举世公认的宣教史大学者,但作为西人研究基督教传华史,仍有不少局限。赖德烈教授本人在《基督教在华传教史》的序言中便坦承其著作的不尽如人意之处。比如由于资料来源和时间的限制,该书只写到 1926 年,而关于此前 10 至 12 年历史的叙述也较为简略；又如作者的新教背景，又置身于宣教事业，故作者虽向来力主基督教会普世合一，但不免偏向新教宣教事业；再如作者是来自西方的外国人，自然难以像本国人那样对"华人在教会生活中之作用"予以同样的重视，对华人的宗教经验亦难以有充分的把握。故其书名曰《基督教在华传教史》，强调的是外国传教士的活动。因此作者希冀此后有华人能从自身的视角来撰写一部《中国基督教会史》。

然而所谓治史难，治教会史更难。中国教会史"发展奇曲，隐晦难明，加以宗派繁杂，记录短绌"，⑥大多数文献档案资料又多为外文，并涉及数种语言，因此对任何治"中国基督教会史"的学者，均是巨大挑战。事实上在王治心《史纲》之前，国人治教会史的成果寥寥无几，除陈垣的《元也里可温考》和《开封一赐乐业考》、冯承钧的《景教碑考》和《元代白话碑》、徐宗泽的《中国天主教传教史概论》等少数原创性著述外，其余如谢洪赉《中国耶稣教布道小史》、张钦士的《国内近十年来之宗教思潮》、张亦镜的《批评非基督教言行汇刊》等只是资料性汇编而已。至于治中国基督教（新教）史的学者，更是屈指可数。有较优外语条件的"海归派"基督教学者如燕京大学的洪煨莲等心有旁骛，对教会史研究浅尝辄止。⑦因此撰写中国基督教通史的重任，便落在"本土派"学者王治心肩上。王氏尽管不精洋文，但亦有他人所不及之强项。王治心是研究中国宗教史的著名学者，其《中国宗教思想史大纲》1933年由中华书局刊印，被称为"一部学识相当渊博的大作"。⑧该书已涉及历史上基督宗教四次入华的情况，并"早已脍炙人口，风行海内"（见陈文渊为《史纲》所撰序言),因而一版再版。⑨此外王氏还有像《中国历史上的上帝观》这样"不失为中国基督教界的新收获",且与教会史研究"有连带的关系"的著作。⑩王治心置身教会,教会史中的某些事件为其所亲历或亲闻。作为《金陵神学志》的主笔,若干年前王氏便致力于收集基督教各宗派史料,结果编成《中国基督教历史》专号上下两集。作者作为科举中人和国文教授,对汉语文献资料,自然驾轻就熟。这些均成为《史纲》一书学理和资料上的准备。由王治心来编撰"中国基督教会史"乃顺理成章之事。

二

据王治心本人在《史纲》的序言中称,十五年前他在编辑《金陵神学志》时就有志于撰写一部中国基督教会史,但由于各种原因而延宕。后因全国青年协会编辑部主任吴耀宗的邀请敦促,在"暑假两个多月里"完成书稿。1940 年 3 月《中国基督教史纲》由青年协会书局作为其《青年丛书》的第二集第六种出版,并由中华基督教协进会总干事陈文渊作序。全书共分 22 章,计 361 页,并附参考书目 4 页。《史纲》这样的篇幅,在当时完全称得上是一部史学"巨著"。

关于基督教入华一千三百多年"或断或续"的历史,《史纲》采用当时普遍的观点,将其分为四个阶段或时期:(1) 唐代的景教;(2) 元代的也里可温教;(3) 明代的天主教;(4) 近代的更正教(即新教)。赖德烈教授《基督教在华传教史》所有而《史纲》所无者,显然是关于东正教在中国传布的研究。作者自述《史纲》之目的在于探讨以下重要问题：第一，基督教教义与中国固有的宗教习惯，是融合的还是冲突的？第二，基督教输入后，其经过的情形在中国的文化上发生了什么影响？第三，过去基督教的发展与所引起的变动，究竟是有功还是有过？第四，基督教在中国所经营的事业与工作，于新中国的建设究竟有什么关系？这四大问题便是贯穿全书的基本线索。⑪

一向倡导基督教会本色化的王治心在《史纲》中指出，中国自古以来就是一个多宗教的国家，既然儒、释、道均能在中国生长发展，基督教也必然能在中国生存下来。基督教教义的一神崇拜，与中国固有的"天"的观念，没有多少冲突；基督教的教义包括在一个"爱"字里，这与儒家的"仁"字相同。基督教的道德主张，首先叫人明白人生的价值，不是在物质方面，乃是在精神方面，而在中国也有"正其义不谋其利，明其道不计其功"的说法。他还进一步论证了基督教许多教义与中国传统文化精义的一致性，认为基督教与中国文化传统并不相悖，其在中国的传播有着社会的基础和根源，只要教会今后加倍努力于本色化建设，完全能够"使教会的形式精神，得与中国固有的文化和习惯打成一片"。惜《史纲》对中国教会本色化运动的讨论，并未充分展开，对中国教会的本土和自立运动，也比较轻描淡写。《史纲》的第十四章专论"太平天国与基督教"，把太平天国运动作为中国基督教史之一部详加探讨，将野史变为正史，"实是著者独具只眼的地方"。⑫ 不过就整体而言，《史纲》的视角仍主要集中在差会和由差会创建并资助的大公会及所属机构、也就是裴士丹（Daniel Bays）教授所称的"中外新教权势团体"（Sino-Foreign Protestant Establishment）之上。[13] 在此点上,《史纲》与西人所撰"基督教传华史"并无实质上的区别。

不过在《史纲》中,王治心并不讳言中西文化间的差异,并凭借其深厚的国学功力,用心探讨了基督教在华传播过程中引起冲突的宗教、政治、文化和习俗等方面的原因。如中国是多神论国家,且对各种宗教信仰,"向抱宏量态度",与基督教只信上帝而排斥他教有异;如中国自古形成的文化中心主义,有"用夏变夷,未闻变于夷"的自尊,认为周边文化皆不如我;如中国人民浸润于儒佛教义历时已久,儒佛两教"一以纲常礼教为伦理的中心,一以三世因果为社会的信仰"。而基督教主张自由平等,这给儒教以打击,主张现实生活,这予佛教以难堪;如中国乡村生活中每以迎神赛会为唯一的娱乐与团结方式,而基督教中人反对此种活动;再如中国伦理以孝顺父母为中心,在祭祀活动中有祭祖一项。基督教"排斥祭祖为迷信",而中国人却以"反对祭祖为忘本"等。但王治心认为这些冲突,大多限于表面,并不是"根本上的不相容"。只是作为基督教中心教义的复活和永生问题,为中国固有之宗教传统所无,因此基督教在中国除继续以往的社会服务工作外,尤要"注意此种教义的发挥"。这种从思想上调和沟通基督教与中国文化的认识,是颇有见地的。不过后人指出《史纲》尽管有"中国宗教的背景"一章,但对"基督教与本土宗教所生的关系与摩擦",并"没有专条专章申论",只能在该书的"字里行间窥知一二"。[14] 王治心认为"历史是重在事实的叙述,不贵有理论的发表"。这种旧的史学观,自然影响《史纲》在比较中西文化异同上的发挥。

然而作为教会中人,王治心把治史作为基督教文字工作的一部分。[15] 他在《史纲》中尽量避免作对基督教不利的政治分析,这并不难理解。作者护教的观点或教会史观在诸如"庚子的教难"之类的标题和用词上便显而易见。作者明确指出,从历史上来看,那些认为基督教传入中国是"用夷变夏"、"文化侵略"的看法,完全是历史的误会。西差会"慷慨捐输,煞费经营",西教士"历经艰苦,为道牺牲",他们不仅奠定了基督教在中国的基础,也对中国社会的发展作出了贡献。尤其在近代,基督教在介绍西洋科学、改良社会风俗、推行慈善事业、提倡新式教育等方面的贡献"实为不容否认的事实",均有助于我国的社会革新运动。作者还呼吁中国教会继续提倡以天下为怀的社会福音,而不是"独善其身的小乘宗教"。《史纲》对西方传教士和基督教在华传教事业作了相当正面的评价,[16] 因而也就从侧面批评了 20 世纪 20 年代初中国社会曾风行一时的非基督教运动,可以说是基督教界对该运动在史学上的一种回应。[17]

然而王治心也并未一味袒护基督教会。如《史纲》对"教难"起因的分析,尽管归咎于中国官厅与民众的愚笨无知和蛮干妄动,但也批评西教士诋毁及破坏中国传统风俗习惯,并仰仗西方武力。在第二十二章"结论"部分作者承认基督教会虽有助于中国,但"亦自有其毋庸讳饰的缺点",成为传教的障碍。首先是传教的背景不幸与列强在华的不平等条约发生关系,这不能不是"基督教在中国历史上不易洗涤去的污点";

其次是宗派的纷歧,实在予人以莫大的诟病。基督教会在西方固有其分门别户的背景,而在中国实无必要有这种"奴主之见"。当时大多数教会虽力谋联合与统一,但仍不乏固执成见是己非人的现象,如浸礼洗礼的争执,新教旧教的水火,及属世属灵的区别;再次是基督徒文化程度的低下,不仅不能引起社会人士的尊重,反给社会以不良印象,甚至引起许多社会的不幸。王治心出身监理会,神学上倾向自由派,重教会的间接社会事工甚于教会的直接宣教事工,并与同时代大多数其他基督教知识分子一样热衷于普世合一的协进会或大公会路线,《史纲》便在相当大的程度上体现了作者的上述神学和教会思想。

三

《史纲》出版之后,颇受教会内外欢迎,并迅速在学界引起反响,其中两篇书评最有分量、值得与《史纲》同阅,它们分别出于燕京大学毕业的宗教教育和宗教史新秀之手。其中一篇书评题为"介绍中国基督教史纲",载于《真理与生命》第13卷第5期,作者刘美丽曾从刘廷芳攻读宗教教育,后为广学会骨干。据乃师刘廷芳在该书评前所附之介绍,1940年中华全国基督教协进会成立"全国基督教文字事工委员会",该委员会还下设"选书委员会"等分组委员会。其中"选书委员会"每月选定一书,延请专家批评介绍,并在《真理与生命》上设"本月的书"专栏予以刊登,"介绍中国基督教史纲"便是该专栏所刊的第一篇书评。

作为基督教徒,刘美丽自然赞同且十分强调王治心"基督教的立场",但似乎又在提醒教外读者注意该书的教会史观。刘氏的书评对《史纲》看似赞扬,实系批评,或者说寓批评于赞扬,对《史纲》总的评价并不太高。比如说作者指出《史纲》是"急急忙忙于暑假期内写成的,当然我们不能苛求王先生的这本书尽合信史的条件"。作者认为《史纲》"所收集的材料,有几章是可宝贵的",比如第五、六两章的史料,"不是一般平信徒所能得到的"。用这么低的标准来要求教会著名史学家,真不知是褒还是贬。

在其他许多地方,作者往往以看似赞许的口吻评价《史纲》,但笔锋一转又开始批评。如作者称赞《史纲》"对于教难的叙述,可谓信而有征",但即刻便点明王治心"所根据的史料都是西教士的记录,缺乏中国人的申诉";又如作者指出《史纲》第十章"很费力气地证明孙中山先生所领导的国民革命,是受了基督教的影响",这"不但足以启发基督徒自尊之心,亦足以消除教外朋友们歧视之念",但作者马上又告诫《史纲》的读者要"格外小心,不要把国民革命的因素完全归之于基督教,忽略了社会或环境的因由";再如作者注意到《史纲》第二十二章将非基督教同盟与义和团运动作了详细比较,使读者明了两者之别,但随即作者又指出《史纲》认定非基运动"出发于科学思想"是有偏颇的,科学思想固然是"近因",但"还有兵舰大炮,经济侵略,以及不平等条约所造成的远因",仅仅科学思想"是不会掀起这场巨浪的"。关于第二十二章中基督教文字事工一节,作者指出王治心是"上海基督教的文人,所以把上海基督教文人们的姓名与他们所负责的刊物统统告诉我们了,至少会使沪上基督教的文人感觉兴趣吧"，以调侃方式批评了《史纲》的详略失当。

刘氏书评最切中要害的批评，是指出《史纲》对教会自治和本土运动的忽略，很值得一读。书评写道："近二十年来，有许多中国人自己组织的小教会小团体发生，无处不有，华北与上海更多。其中最大的有真耶稣教会、小群会、神恩会、圣灵会，名目繁多，不胜枚举，要说自理自传自养，他们的确是自理自传自养的，要说本色，他们的确是本色的。虽然他们的组织有些散漫，表现有些幼稚，但他们确实具有原始基督教的生气。我们研究基督教，写基督教史的人是不应该忽视的。当然过于幼稚的小团体，定是随时代而消散，然较合理的组织是会在中国基督教中占一席的。本书(指《史纲》)在这次初版中料想著者没有收得这一方面的材料，因而没有提及，希望著者在再版的时候，能够加以扩充补进。"总之，刘美丽的书评虽较少有人注意，也并非细致入微，但其批评相当尖锐且十分到位，与后面陈增辉的书评各有千秋。

陈增辉1939年刚从燕京大学宗教学院毕业便向史学先辈挑战，在1940年第12期的《史学年报》上发表了另一篇题为《中国基督教史纲》的相当专业的书评。该书评不仅对《史纲》提出全面的批评意见，而且还扼要回顾了百余年来关于中国基督教会的中外史学。在这篇书评中，陈增辉从资料、体裁和错误三个方面向《史纲》发难。首先是资料问题。在此问题上陈氏的主要批评是《史纲》"大半取次料编成，原料未充分利用"。如《史纲》第4章"基督教始入中国的传疑"，据德礼贤氏之

《中国天主教传教史》第 1 章编成;第 6 章"元代基督教的传播"乃摘译赖德烈氏之《基督教在华传教史》第 5 章而成;第 12 章"礼仪问题的争端及其影响"后半录自徐宗泽之《中国天主教传教史概论》第 9 章等,其中翻译文字还颇多谬误。陈文还批评《史纲》未征引许多重要史籍,也未充分利用中文杂志如《圣教杂志》、《圣心报》、《磐石杂志》等,至于其他"原料"如"教士之书信、日记之类"则更未有涉及。不过陈氏认为《史纲》在第 13 和 16 等章部分资料系采访调查而来,其实这些资料并"不宜著之于书",且"因近人早已编辑成书"而无此必要,批评似于严厉。

其次是体裁问题。陈文指出《史纲》在体裁上有三大缺陷:(1)材料分配及取舍之详略失当。如关于"南京教难",《史纲》叙述甚详,且列专章,而于雍正、乾隆、嘉庆、道光四朝重大"教难",则"以数言了之",为数不及半页;又如第 10 章"天主教在文化上的贡献",详列利玛窦至陆安德等 28 人著作目录,占书 7 页,"一般读者读之,索然无味,若供专家参考,又嫌不足";对东正教在中国的发展,《史纲》付之阙如,至于中国名牧如朱少庵、席胜魔、颜永京等,《史纲》"竟未提其名"。王撰《史纲》确有较大随意性,手上有现成资料的多写,无现成资料的少写或不写。陈文对此的批评确实一矢中的。(2)次序紊乱重复。如《史纲》初版 189 页叙及 1685 年华籍主教罗文藻在广州祝圣及罗主教祝圣华籍司铎吴历等三人事,应在康熙二十四年,不宜列入第 15 章"道光以后天主教的复兴";又如第 16 章"道光以后更正教各宗派的活动",记载多起 20 世纪 20、30 年代之事,而这些事完全应放在后面专述"庚子的教难"和

"庚子后基督教的新趋势"的第17、18两章。(3)不注出处。陈文指出，史纲之作，不可能全注出处，但表格之属，数字常易错误，不注出处，读者难以核查。不用脚注是王治心治史的风格，也是王治心所熟悉的旧史学与陈增辉所接受的新史学的区别之一。

再次是错误问题。陈文指出，《史料》错谬甚多，其显要者可分为以下12类：(1)事实之误；(2)引证之不当；(3)翻译之错误；(4)误称谓为人名；(5)年月之误；(6)数字之误；(7)汉名之误；(8)译名不统一；(9)擅改人名书名；(10)外人中文姓名之错误；(11)印刷之错误；(12)列举参考书不规范等。陈文所列举的此12项错误，大部属今人之所谓硬伤，是三类缺陷中最无可辩驳和宽宥之缺陷。

《史纲》成书比较仓促，又没有多少前人的成果可资借鉴，加上作者不通外文，所用的主要外文资料，大部分由其子女翻译而来，缺漏及可议之处自然难免。王治心自称《史纲》"实在谈不上'信'与'备'的条件"，与他自己设定的"本色著作"的条件或标准，更有不小的距离。[18]不过陈增辉还是认为《史纲》"条目尚清醒，表格颇齐整，行文亦流畅"，并且作为在基督教通史领域"国人第一部作品，其创始之功不可讳矣"，这些都是恰如其分的评价。

1948年青年协会书局重版《史纲》时，王治心主要根据陈增辉的书评作了多处订正。不过仍有可议之处及明显错误，虽经陈文指出，但重版本仍保持原样。初版明显错误如第160页第4行"仪像志四卷"，经陈文指出应为"仪象志十四卷"，但重版本只改"像"为"象"，而未增加

"十"字。又如第52页第14行译文"在中亚细亚设立了传道总机关",经陈文指出应为"在西亚细亚沿岸设立了传教的分所",而重版本则为"在西亚细亚设立了传教的分所",虽作改动但仍未加"沿岸"两字。究其原因,主要是重版本改动系在初版纸型上的挖补,而非重排,故只能删改而不能添加。重版本那些已改动之处,有时行文滞涩,因需伸缩句子以凑字数,有时则排字稀疏以拉长句子。从严格的意义上说,重版本只能算是重印本,所以王治心本人在50年代初便认为《史纲》在初版1 000本售罄后便未再版。[19]

继1948年重版本后,1959年香港基督教文艺出版社在此基础上再版《史纲》,简称文艺版,由香港圣公会牧师李兆强校订。到1993年3月文艺版已出了四版。文艺版虽基本上是重排,但对第19、20两章作了大段删节,[20]并对1948年重版本作了个别词句上的订正。如把1948年重版本第29页第6行的地名"加尔地"按《圣经》改为"迦勒底",第150页第5行传教士名"李沾恩"被改正为"麦沾恩";第206页第13行李提摩太到山西"放帐"被改正为"放赈"。凡此种种,不一而足。不过无论是1948年重版本还是1959年文艺版,仍有较多诸如把《中国丛报》(Chinese Repository)误作《中国的仓库》、将《万国公报》(The Review of the Times)写成《时事报告》之类的未订正之错误。其中有的错误或可议之处,还不能归入陈增辉书评所归纳的12类错误问题。特别是关于新教教会的宗派问题,《史纲》的分类相当混乱。如初版本第194至196页错误地将英国差会伦敦会、浸信会和宣道会归入公理会;

第 191 和 192 页"更正教宗派系统表"将源自再洗礼派的孟那福音会（即门诺派）归入与之并无渊源关系的浸礼宗；美普会属卫斯理宗（《史纲》称监理宗），不能应其不采主教（监督）制便将之归入公理宗；内地会本非宗派，表中所列内地会系组织俱为差会，有的属信义宗，多数则跨宗派；至于其他宗派类，贵格会和公谊会本为教派之不同名称，《史纲》在此后也已指出，故不宜分列。教会史家对教会的门户尚且如此混淆，遑论普通之信男信女，无怪乎王治心等教会学者对新教的宗派主义均口诛笔伐。

四

《史纲》在 1948 年重版后在大陆就未再版。50 年代初在基督教三自爱国运动中王治心曾表示他想根据"现在的觉悟"，要重新修改《史纲》，但又觉该书"百孔千疮，非全部重造不可"。然而王本人对"重造"感到力不从心，因此吁请全国"有此书的同道们，不容情地把它销毁，免得这思想上的毒素流传下去"。[21] 话虽这么说，时在金陵协和神学院教授教会史的王治心似乎仍对"重造"《史纲》耿耿于怀，不久便以中国教会史料研究的名义，开始"重造"中国基督教史。

在 1952 和 1953 年的两年间，王治心接连在中华基督教协进会的机关刊物《协进》上发表《从不平等条约说到基督教与太平天国》、[22]《不平等条约与中国基督教》、[23]《不平等条约与教案》[24] 等文，重新检讨中国基督教史，尤其是西方传教士与中国教会和社会的关系。王治心在这些文章中,主要批评帝国主义利用基督教侵华。他将新教入华的历史分为若干时期,㉒指出"基督教传教士在中国的一切活动过程,是与帝国主义在中国的侵略成为正比例",并且是"与不平等条约分不开的",因此"基督教最近一百四十年在中国的传教历史,简直是帝国主义对中国的侵略历史"。王治心还认为应"把与不平等条约有直接关系的事",如不平等条约与教案、太平天国、义和团、非基督教运动等"分别加以叙述"。在王治心上述文章发表后,《协进》在 1953 至 1955 年间陆续刊载一系列史学批判文章,其中有郑天挺的《马礼逊父子》、谢景升的《不平等条约与基督教"传教士"》、王吉民的《美帝利用教会医师侵华史实——彼得·伯驾和周以德》、李肇琳的《周以德的自供》、冯友兰的《传教士林乐知、李提摩太的思想——帝国主义奴役殖民地人民的工具》、林永俣的《清算特务"传教士"李提摩太的罪行》、汤因的《郭实猎——一个狡黠的鸦片贩子"传教士"》、李肇琳的《从甲午年看美帝对中国的阴谋罪行》、林永俣的《侵略台湾的先锋美国"传教士"伯驾》、汤因的《林乐知——一个散布思想毒素的典型"传教士"》、李肇琳的《文化侵略的急先锋——林乐知》、林詠的《第一个美国老牌特务"传教士"裨治文》、缪秋笙的《第二次鸦片战争与"传教士"》、林詠的《第二次鸦片战争时期美国特务"传教士"的罪恶活动》和缪秋笙的《太平天国革命与"传教士"》等。与此同时,《协进》还刊载了一些史料性文章,主要有汤因的《美帝国主义长期控制下前中国基督教大学史料简编》、《前美帝国主义长期控制下中国基督教神学院校史料简编》、《中国基督教圣经事业史料简编》、汪维藩的《中国基督教医疗事业》等。

《协进》所刊载的中国基督教史料整理和研究批判文章数量之多、刊期之密、观点之鲜明,堪称中国基督教界的"史学控诉运动",而且有逐渐升温的趋势,西方传教士尤其是新教在华早期的著名传教士如林乐知、李提摩太、禆治文、郭实腊、伯驾等被直指为帝国主义特务分子。该"运动"的始作俑者王治心不久就被批评为"对于帝国主义利用宗教作为侵略工具这一个铁的事实的认识是不够的,更没有明确基督教与不平等条约的血肉相联的关系",对"披着宗教外衣的帝国主义分子极尽宽大之能事",用"烘云托月"的手法"为洋教士叫屈"。㉖这些继王治心写史学批判文章的作者史学训练有素,有的文章的注释达一百多个,但也更突出政治立场,如《协进》的编辑林永俣所言:"如果有了比较可靠的历史资料,而不能站稳人民的立场和真正掌握科学历史的观点与方法,那么,就是有了'汗牛充栋'的史料,也不能整理出真正的信史来。"㉗随着"史学控诉运动"的发展,基督教旧式文人王治心无论在史学观还是在政治观上都越来越"力不从心"。

然而王治心并未就此搁笔。数年后他便以"二忘"的名义,挑起了其《史纲》所忽略的关于中国教会早期自立运动或三自运动历史的讨论。解放后第一位讨论本色和自立运动的学者是协进会图书馆的汤因,1951年他在《协进》新 1 卷第 7 号上发表《本色教会运动总检讨》一文,并附《本色教会运动资料索引》。㉘此后"二忘"在 1955 年 6 月号的《协进》上发表《提倡中国教会自立运动的先进者——俞国桢牧师》一文,对俞的评价相当正面,这也为他此后讨论自立运动定下了基调。1957年"二忘"在中国基督教三自爱国委员会的机关报《天风》上发表《教会早期的自立运动》(上、下)一文,结果在该刊上引起关于如何评价自立运动的争论。[29]王本人曾参与"基督教团契"等自立组织,与自立运动的主要组织者也有过交往,有的甚至还是他的学生(如烟台自立教会负责人之一的刘滋堂),这恐怕是他使用"二忘"笔名的一个原因。

"二忘"在"教会早期的自立运动"中,对19世纪末与20世纪初中国基督教会的自立和本色运动与解放后的三自爱国运动作了区别,称前者为"旧三自",后者为"新三自"。文章尽管认为要"实现真正的三自,非把帝国主义势力完全从教会中肃清不可",但仍肯定"旧三自"的"一小部分的成就"。"二忘"对"旧三自"此种较为正面的评价立即遭到批评,读者蔡国治在"研究三自运动史料不能忘了根本的立场和界限"一文中严厉指责"二忘""立场极为模糊、界限十分不清",并"对于中国人民和帝国主义之间在立场和界限上的分歧缺乏起码的认识"。蔡氏还提出在区别"新三自"和"旧三自"之外,还要分辨"真三自"与"假三自",结果进一步引起"真假三自"的争论。蔡氏的支持者(如金兴、恒刚、新恩等)认为作为"旧三自"的自立运动,只能被视为"假三自",成为"帝国主义更阴险毒辣侵略中国的一种工具",在本质上有别于"新三自",也就是"真三自";[30]反对者(如李崇恩、墨天志、王为业等)则指出"旧三自"中也有"真三自"。"旧三自"基于"宗教立场",而"新三自"则站在"爱国立场",所以"新三自运动比旧三自运动提高了一步",而对

"旧三自"的历史事实,并不能一笔抹杀,斥之为假自立;③ 折衷的意见 (王怡)则认为"旧三自"与"新三自"虽有本质的不同,却不能一概否认, 有的自立和本色教会悬的是帝国主义以合作为名所换出的假招牌,而 有的挂的却是经过斗争而获取之真招牌。② "二忘"本人在《再谈中国教 会早期的自立运动》中,则针对蔡国治的批评作了"护短式的辩解"。③ 直到《天风》1958 年第 2 期公布 1954 年 7 月由中国基督教全国会议秘 书处编印的,将设立"土生土长的自治教会"定性为"帝国主义了为对付中 国基督徒的爱国爱教热忱而阴险地制定下来的最毒辣和卑鄙无耻的政 策"的《关于自治问题的参考资料》后,这场"二忘"引发的关于教会自立运 动的争论才偃旗息鼓。"旧三自"尤其是基督教自立运动只是到 20 世纪 80 年代初以后,才在中国基督教会内部得到比较肯定的重新评价。④

　　然而王治心所引发的教会史讨论并未因此结束。1958 年底北京 21 名教会人士向基督教界倡议编写一部《帝国主义利用基督教侵华 史》。为此基督教全国三自于 1959 年成立史料工作组(或称史料研究 组)。该工作组有成员 23 人,多数为各派教会和教会机构领袖,其中 7 人在英美获博士学位。⑤ 到 1966 年"文革"开始史料组解散时,该组成 员已编写并油印成册的资料主要分帝国主义利用基督教侵华史和个人 回忆录两类。前者有《基督教传教士与义和团运动资料选辑》、《帝国主 义利用基督教侵略我国史话》和《帝国主义传教士与不平等条约资料选 辑》;后者有《基督教史料》第一、二、三辑,共收入个人回忆录 20 篇,应 更具史料价值。

50 年代的"史学控诉运动"、关于基督教自立运动讨论及编撰帝国主义利用基督教侵华史,尽管火药味十足,以政治观点上纲上线,但仍不失为迄今为止中国基督教会在有关其自身历史的领域所作出的最系统、规模最大和水准最高的一次治史的努力。此后虽然教会学者仍陆续有若干研究著述,[36] 但中国基督教史研究的重心,已完全从教会界转入学术界。王治心在基督教三自爱国运动全面开展的新形势下对中国基督教会史的重新评价,可以说是对其早年《史纲》之检讨和反思。然而这些检讨和反思却在无意间触发了新中国基督教会在史学领域肃清西方教会影响并与"旧三自"划清界限的史学控诉和批判运动,这是史学家王治心所始料未及的。

五

赖德烈教授曾把 19 世纪称为新教教会全球性巨大扩张的"伟大世纪"。[37] 在此"伟大世纪"中,传教士曾因他们对非西方民族"开化"的贡献而倍受尊崇。然而在 20 世纪,传教士的地位一落千丈,成为西方世俗的后现代批评家肆意攻击的对象。在此种评价的大逆转中,社会科学开始责疑对所谓落后民族进行"教化"的启蒙主义理论,"绝对的文化相对主义和文化绝对主义"大行其道,改变其他文化、尤其是其他宗教,被视为某种形式的"文化灭绝",而传教士在这些批评中首当其冲。然而绝对的文化相对主义和所谓西方的文化自虐,也因其内在的矛盾而限于困境,于是出现超越后现代批评的对传教士和传教运动的更为客观和平衡的评价。西方有的学者将此种在对西方传教运动批评上的演进称为"3R"过程,即"尊敬"(Respect)、谴责(Reproach)和重新诠释(Reinterpretation)的过程。^⑧

中国的基督教会史的研究,大致上也重复了上述过程,尽管实际情况要复杂一些。近代以来,真正做教会史研究的学者,大多为教会中人,因此对传教士和教会的评价均比较正面且带护教色彩。在20世纪20年代初的非基督教运动之中与之后,教会学者对中国的基督教会作了许多自省和反思,并设计了种种改造方案,本质上都是要使基督教更多地与中国文化结合,且更好地为国人所接受。王治心的《史纲》在史学领域代表了此种努力,是百余年来护教性通史著作的集大成者。然而在50年代的"史学控诉运动"中,中国基督教会已将传教士作为自身的对立面加以谴责,王所代表的教会史观于是被完全颠覆,且为其本人所摒弃。在"文革"的十年中,基督教会本身被当作四旧而被清扫批斗,就是连意识形态化的教会史研究也无从谈起。改革开放以来,大陆的教会史研究在学术界首先恢复,对传教运动的研究"从一概抹杀到'政治活动加文化交流'两分法再到侧重中西交流或所谓文化传布,实现了从全面否定到基本肯定的观念上的转变"。^⑨在不到20年的时间里,大陆教会史的研究已有迅速发展,开始在主流学术界占有一席之地,甚至有从"险学"到"显学"的夸张的说法。在经历教会史观主导和史学控诉运动之后,目前大陆的教会史研究已进入"重新诠释"的阶段。王治心的《史纲》作为教会史观通史著作的代表,本身就是需要加以研究的中国基督教会史研究的一个里程碑。

然而在《史纲》问世半个多世纪的今天，在汉语学术界还没有一部关于中国基督教会史的通史或全史著作在影响上全面超过《史纲》，正如在英语学术界还没有一部中国基督教会史的通史或全史著作在影响上能全面超过赖德烈的《基督教在华传教史》。一般来说，某一研究领域的开山之作均能取得大而持久的影响。但《史纲》和《基督教在华传教史》的影响之大，还有他种原因。首先，《史纲》和《基督教在华传教史》是关于中国的所谓广义基督教或基督宗教的通史著作。《史纲》虽只限于新、旧两教，但王治心对旧教不甚熟悉，对《史纲》中旧教部分的处理，已相当勉为其难。《基督教在华传教史》更是熔天主教、基督教、东正教为一炉，难度自然更大。因此在王治心、赖德烈之后，中国基督教会史的通史性著作要么集中于一教而不够全面，要么仍按广义基督教之旧例而难能精专。与《史纲》和《基督教在华传教史》相比，这些著作虽有程度不同的改进但难能有重大的突破。

其次，自《史纲》和《基督教在华传教史》问世以来，无论关于中国教会史的研究还是中国教会本身，均已发生巨大的变化。新的资料的发掘、个案研究的深入、研究视角的扩大、研究范式的涌现、"补偿史学"的发展等，在时间和空间上均极大丰富了中国教会史的内涵。一部真正的中国教会史，不能只限于祖国大陆，还必须包括台、港地区；既要重视传教士和主流教会作用，又要强调独立或本色教会的贡献；不仅需吸纳本国学者的研究成果，还需跟踪海外学者的最新进展。《史纲》和《基督教在华传教史》系开创性史著,没有多少前人成果可以借鉴,但作者也因此而较少受限制且不必旁征博引。在史学研究和批评如此发达的今日,非积数十年之功,或聚众人之力,谁敢贸然啃中国基督教会通史这块硬骨头。这在海外学术界是如此,在大陆和台港学术界更是如此。王成勉教授称汉语学术界目前在中国教会史领域"尚无一本能够含括中西史料与研究观点,又能保持平衡及公允论断的通史著作",⑩是十分中肯的批评。

再次,《史纲》和《基督教在华传教史》,均以作者著书的年代为限。然而1949年后,中国基督教会在相当一段时间里处于与外界隔离的状态,"文革"中三自的全国和地方机构均陷于停顿,保存下来的资料极少,而且并不对外开放。因此海外学者虽然对大陆基督教会的现状和基层或家庭教会的活动有较深入的研究,对中国教会全国机构的研究,由于缺乏研究资料和途径,不免有隔靴搔痒之憾。而在大陆,1949年后的教会史则被视为研究的禁区而极少有人问津,通史性论著或以1949年为界,或在叙及后1949年历史时草草收场,在许多情况下,1949年后的大陆教会史往往是知者不言,言者不知。这些当然都构成撰写一部新的中国基督教"信史"的障碍。

因此虽然《史纲》出版已半个多世纪,而且有种种缺陷,但至今仍不失为中国基督教会史最重要的一部通史著作。陈钟凡先生在为王治心的另一部重要著作《中国宗教思想史大纲》所作的序言中指出王氏的这部著作,"系贯串今古,作综合的系统的研究,一扫从前某宗某派零碎记述的缺点，而又能驭繁就简，纲举目张，来说明历史的演化，使我们翻阅一遍，便可了然中国宗教思想的大概情况"，这段话用来评价《史纲》也是恰如其分的。此次上海古籍出版社出版的《史纲》，是我和田文裁对1948年重版本和1957年文艺版加以重新修订后的版本，我们根据1948年重版本基本恢复了被文艺版删去的几段文字。《史纲》的错伪可谓比比皆是，为保持《史纲》的原貌，我们在完全不改动该书结构的情况下，还订正了全书少数人名、地名、译名、书名、刊名及事实上的错误。即使在作这些订正时，我们也尽量不用现在通行的译名来取代过去曾有的译名，如不用"马克思"、"加尔文"和"路德"来取代"马克斯"、"克立文"和"路得"。由于我们水平有限和时间仓促，本书仍不免有许多可议之处，敬请读者示教。

---

① Ho Hing-cheong and Chan Chi-ho, "Wang Zhixin (1881—1968) as a Practical Chinese Indigenizer of Christianity", in *The Proceedings of the 1st International Seminar on the Studies of History of Christianity in North East Asia for Graduate Students and Junior Scholars*, *organized by Korea Academy of Church History*, *August 22—25*, *2001*, 133—142.

② 王治心：《中国本色教会的讨论》，载《青年进步》第79册(1925年1月)，第11—16页。

③ 关于赵紫宸的神学教育思想和改造方案，可参徐以骅：《教会大学与神学教育》，福建教育出版社1999年，第68—151页；徐以骅：《神学教育家赵紫宸》，

载徐以骅、张庆熊主编：《基督教学术》（第 1 辑），上海古籍出版社 2002 年，第 256—282 页。

④ 王治心：《本色教会与本色著作》，载《文社月刊》第 1 卷第 6 册（1926 年 5 月），第 1—17 页。

⑤ 蔡詠春：《译书书目》，无日期，北京大学档案馆，宗卷号 YJ44009，顺序号 3。

⑥ 汤清：《中国基督教百年史》（"吴明节序"），香港道声出版社 1987 年。

⑦ 关于民国学者的中国基督教史的研究，可参李金强：《中国基督教史研究之兴起及其发展》，载《近代中国基督教史研究集刊》创刊号（1998 年），第 5—30 页。

⑧ 雷立柏：《论基督之大与小：1900—1950 年华人知识分子眼中的基督教》，社会科学文献出版社 2000 年，第 175 页。

⑨《中国宗教思想史大纲》1940 年由中华书局再版。目前该书有 1988 年三联书店上海分店的影印本和 1996 年北京东方出版社的再版本。台湾中华书局 1977 年已印行该书的第 4 版。

⑩ 丐尊：《读中国历史上的上帝观》，载《文社月刊》第 2 卷第 2 期（1926 年 12 月），第 79 页。

⑪ 对《中国基督教史纲》内容的讨论，可参徐以骅：《王治心与〈中国基督教史纲〉》，载周谷城主编：《中国学术名著提要（宗教卷）》，复旦大学出版社 1997 年，第 1072—1076 页。

⑫ 刘美丽：《介绍中国基督教史纲》，载《真理与生命》第 13 卷第 5 期（1940 年），第 254 页。

⑬ Daniel H. Bays，"The Growth of Independent Christianity in China，1900—1937"，in Daniel H. Bays，ed.，*Christianity in China，from the Eighteenth Century to the Present*（Stanford，California：Stanford University Press，1996），307—316.

⑭ 前引《介绍中国基督教史纲》，第 259 页。

⑮ 可参王治心：《对于基督教文字事业的一点意见》，载《金陵神学志》第24卷第2期（1948年12月），第36—40页。

⑯ 在1952年给《天风》编辑的信中王治心就《史纲》作了下面的检讨："我很惭愧，我写这本书的时候，对于英美帝国主义的认识，非常模糊；对于西来的传教士，以为是出于热心传道而来，不了解他们暗中负有侵略的使命，来做帝国主义的虎伥。但从解放以后，不断地经过了扫毒、控诉、检讨和学习，使我在政治认识上提高一步，才觉悟到我的这本书里，有不少帝国主义的思想毒素，甚至陷入反动之中。例如叙述马礼逊、裨治文、李提摩太和多数传教士的时候，描写他们如何为上帝热心，如何抱牺牲精神，经历各种艰险，表扬他们是唯一的好人。又如叙述到西教士创办学校、医院等工作的时候，也认为是教会对中国的伟大贡献，绝不相信是文化侵略与帝国主义的阴谋。同时，我又从旧民主主义的立场，对于太平天国与义和团的起义事件，也有不正当的批评；在国民革命的一章里，不知不觉表现出反动思想；这些都证明了我当时思想的麻痹，为帝国主义与反动统治张目，而犯了极大的错误。"见王治心：《王治心先生要求销毁〈中国基督教史纲〉》，载《天风》1952年第1期（1952年1月5日），第10页。

⑰ 当年王治心对非基督教运动也曾有直接批评，可参王治心：《非非宗教同盟》，载《兴华报》第19第14期（1922年4月19日），(通论)第4—8页。

⑱ 王治心认为本色著作须具有"三样不可少的条件"，即(1) 由中国思想中融化而产生的；(2) 由中国文化田中萌芽而长成的；(3) 受过中国伦理化的洗礼的。见前引王治心：《中国本色教会的讨论》。

⑲ 前引王治心：《王治心先生要求销毁〈中国基督教史纲〉》，第10页。

⑳ 文艺版第19、20章被删除的几段文字、内容主要涉及国民党要员。

㉑ 前引王治心：《王治心先生要求销毁〈中国基督教史纲〉》，第10页。

㉒《协进》1952年11月号，第19—25页。

㉓《协进》1953年9月号，第20—23页。

㉔《协进》1953 年 10 月号,第 10—16 页。

㉕ 这些时期或帝国主义利用基督教侵华的过程分别是:(一)1842 年以前是基督教在门外活动准备打开中国大门时期;(二)1842 年开始基督教初步踏进中国境内时期;(三)1858 年以后是公开进入内地普遍传教时期;(四)1900年以后是帝国主义利用基督教最露骨的时期;(五)1922 年以后进入转变的时期。见《协进》1952 年 11 月号,第 23 页。

㉖ 见《关于〈不平等条约与中国基督教〉等文的商榷》,载《协进》1954 年 2 月号,第42 页;李肇琳:《讨论"治史"的有关问题》,载《协进》1954 年 3 月号,第 41 页。

㉗《关于〈不平等条约与中国基督教〉等文的商榷》,第 43 页。

㉘ 该文在某种程度上将本色运动视为"三自革新运动"的前奏,汤因不久便为此作出检讨。见汤因:《从〈本色教会运动总检讨〉谈起,检讨我的思想根源》,载《协进》1952 年 2 月号,第 30—31 页。

㉙ 关于这场争论的详情可参邢福增:《史学意识形态化的纠结——记五十年代评价基督教会自立运动的一场论争》,载李金强主编:《王尔敏教授七十华诞暨荣休论文集》,香港,《王尔敏教授七十华诞暨荣休论文集》编委会 1999 年,第 257—288 页。

㉚ 见金兴:《也谈中国教会的自立运动》,载《天风》1957 年第 19 期,第 11—12页;恒刚:《我对自立运动的看法》,载《天风》1958 年第 1 期,第 23—24 页;新思:《我对墨天志同道关于宗教立场等问题的几点意见》,载《天风》1958 年第1 期,第 24 页。

㉛ 见李崇恩、墨天志:《山东自立运动是假的吗?》,载《天风》1957 年第 17 期,第23—24 页;王为业:《谈谈旧三自运动的立场和界限》,载《天风》1957 年第 19期,第 12—13 页。

㉜ 王怡:《关于早期中国教会自立问题的一些意见》,载《天风》1958 年第 4 期,第 13 页。

㉝ 载《天风》1957 年第 2 期,第 18—19、24 页。如"二忘"在文中指出,在中国旧

时代，尊敬西差会是"一种道德准则"，而"尊敬他不等于受他的控制，我们仇恨帝国主义，不一定要仇恨每一个外国人"。

㉞ 可参沈以藩、曹圣洁：《中国基督教的自立运动》，载《社会科学（上海）》1982年第3期，第57—59页；姚民权：《二十世纪前期中国教会本土化之我见》，载《华东神苑》创刊号（1994年6月），第15—16页。

㉟ 此7位博士分别是江文汉、缪秋笙、吴高梓、张伯怀、崔宪祥、林嘉通、蔡志澄。

㊱ 其中较著名者有江文汉：《中国古代基督教及开封犹太人》，上海知识出版社1982年。

㊲ 赖德烈教授认为20世纪真正开始于1914年，该年第一次世界大战的爆发结束了新教全球扩张的"伟大世纪"。见 K. S. Latourett, *A History of the Expansion of Christianity, the Great Century* (vols. 4，5，6)，Grand Rapids, Michigan：Zonolervan, 1941—1944. 另参徐以骅：《美国新教海外传教运动史述评》，载包霞琴、苏长河主编：《国际关系研究：理论·视角与方法》，上海文汇出版社2002年，第44—68页。

㊳ Frances F. Hiebert，"Beyond a Post-Modern Critique of Modern Missions：The Nineteenth Century Revisited"，in *Missiology*，vol. 25，no. 3（July 1997），259—277.

㊴ 徐以骅：《大陆中国基督教会史研究之再评价》，载林治平主编：《从险学到显学——中原大学2001年海峡两岸三地教会史研究现状研讨会论文集》，台北宇宙光全人关怀机构2002年，第77页。

㊵ 王成勉：《基督教在华史中文书目选要》，载鲁珍晞著、王成勉译：《所传为何？基督教在华宣教的检讨》，台北国史馆2000年，第249—250页。关于中国基督教史研究的英文著述，可参鲁珍晞：《建议书目（一）：早期基督教在华之史料与论著》、《建议书目（二）：一九七〇年以来的著作》，载《所传为何？基督教在华宣教的检讨》，第211—246页。

中国基督教史纲 |

王治心　撰

序

　　中华民族的心理尚实际，重经验，讲伦理，长记忆，所以各时代经过的事迹都有很详细的记载，而历史的方式：有编年，有传志，有记事本末，真可说是体大思精，起自轩辕以至近代，驰骋古今，上下数千载间，为人类保存一个相传不断最为悠久的历史。最近英人编著印度史，多取材于中国的史料，如法显、玄奘和义净等的游记，这足见吾国人对于历史的专长。可是在中国文化的各方面，如宗教、政治、学术等，作有系统的叙述，可说是最近几年才有的。如中国文学史，我最早看见的是英人祁士（Giles）用英文写的《中国文学史大纲》（An Outline History of Chinese Literature）。在谢无量、胡适之、冯友兰以前，首先编著中国古代哲学史的，恐怕是日本 Suzuki。我所见的也是英文本《中国古代哲学史大纲》（An Outline History of Ancient Chinese Philosophy）。至于佛教在中国有很长的历史，虽有《高僧传》、《传灯录》刊行于世，可是中国哲学史的编辑，也不过是最近几年的事。

文学、哲学、宗教虽说是文化中一部分，其实也就是民族的一种特殊的活动，一种内部的生活，为民族精神所寄托，或由之以表现，并且是民族思想的结晶，文化最重要的成分。我国人既长于历史的记载，何以对于民族特殊的活动，不加以特殊的注意呢？这个原因或许是因为数千年中国史家所注意的只有帝王和贵胄的事略，而民众的活动则多疏忽。同时中国人缺少论理的思想和系统的观念，所以能够用科学的方法来编著各种特殊活动的历史，真是凤毛麟角不可多见。

基督教东渐和其他的宗教传入中国的历史稍有不同，比如佛教在中国，虽有盛衰兴废的时期，但是自初传以至于现在几两千年，其历史是继续不断，其范围虽广，材料虽多，叙述起来还不算困难；基督教则不然，中间有的断绝数百载，几至于湮没，后来虽死灰复燃，而名目变更，使人不得认识庐山真相，如唐之景教，元之也里可温，明清之天主教，还有和基督教类似或相关的宗教的传入，如摩尼教、一赐乐业教，以至明教、回教，吾国史籍的记载，多混杂不清，若非经一番整理，索隐钩玄，真是无法究诘。

基督教说是自唐代至于现今，至少也有千余年了。可是到现在还没有人为它编一个很完备很翔实的历史。我少时读过谢洪赍的《中国耶稣教布道小史》，后来又读陈援庵的《一赐乐业教》《元也里可温考》以及其他关系于中国基督教的考据，同时又在巴黎国立图书馆得见法国学者关于天主教传入中国的著作，因为我自己学力与时间的不足，总希望有人能够把这些的材料搜集在一起,博考群书,提纲挈领,源源本本,作一个有系统的叙述。这种希望与私衷的祷祝,已有数年,最近见到王治心先生所著的《中国基督教史纲》,阅读一遍,深得我心,数年来的祷祝与希望,现在已成为事实了。王先生对于中国的国故极有研究,对于基督教的信仰又极纯粹,他编著中国基督教史,是以中国宗教思想为背景,和一般专事摭拾西人牙慧,隔靴搔痒,与中国文化和生活漠不相关的编著,实不可同日语。

数年前王先生著有《中国宗教思想史大纲》,由中华书局出版,早已脍炙人口,风行海内。现在的《中国基督教史纲》出版后要"洛阳纸贵",这是可不必说的。但是我要读者知道《中国基督教史纲》和《中国宗教思想史大纲》是有连带的关系。许多西方学者,以为中国人宗教思想非常淡薄,甚而至说中国是无宗教的国家,中国学者也有引着此语以自豪。殊不知中国在上古时代就有"祝官"和"史官"之设,"祝官"掌天事,"史官"掌人事,一是关于宗教,一是关于历史,所以在中国的古代,宗教和历史是相提并重。并且一切伟大的宗教都产生于东方,而这些的宗教,除婆罗门教外,如佛教、明教、回教、犹太教以至于基督教都曾在中国下了种子,而中国也成了肥沃的宗教园地,除一二萎谢不振外,其余都已婆娑合抱,茂盛蕃滋。关于这个问题,我不欲多赘,只要你们翻开王先生的《中国宗教思想史大纲》就可明白了。不过还有人以为基督教不能迎合国人的心理,一是因为中国人宗教思想淡薄,一是因为基督教义和中国文化抵触。头一个问题王先生已经在《中国宗教思想史大纲》

答复了。第二个问题,他在这本书里也给了我们一个很恺切详明的答复。我在这本书里面得了一个感想,就是我们不应该再把基督教看为一种洋教了,因为它已经在我们中国文化园地里生了根,而且已是根深蒂固,虽在风雨飘摇之秋,遭受不少摧残,还能挺然独秀,好像老菊凌霜,青松抱雪。

中国基督教信徒现在约有四百万,中间二百七十二万左右是天主教信徒,一百万多是更正教信徒,为中国人口百分之一,换言之,一百人中有一个基督徒。数量虽然不多,而其影响之大,散布之广,这些事实,谁也不能否认。中国之社会、政治、文学、艺术,以至于整个的生活,无不直接间接与之发生关系。至于全国通都大邑、穷乡僻壤,无不有福音使者的足迹,散下种子,结成生命之花。基督教已渐渐地和中国民众生活织锦似地打成一片,这一点王先生在书中也给了我们一种的暗示。

基督教和其他的宗教有许多共同的地方,却也有它的特性。比方佛教把哲学、科学、宗教合在一起,基督教虽也提倡科学,研究哲学,却把哲学、科学、宗教分开。基督教不是哲学、科学,它是宗教,它是生活之道,是真理,是生命。假使我们要在基督教里求科学与哲学,那真是"缘木求鱼",自然要失望。有的宗教,经典之多,浩如烟海,而基督教则统一于《新旧约》两经,但是里面的道理真是取之不尽,用之不竭,因不在于典籍之多寡,却在于影响社会和人生的能力是怎样。基督教在中国慢慢地发展,富有生力,这一点在这一本书中也可以看得出来。

基督教在中国至少有三次受过极大的打击;第一次是庚子义和团

的排斥洋教，那不过是物质上和肉体上的打击。第二次是 1927 年反基运动，那是精神上的打击，物质上却没有受到多少的损失。每次受过打击之后，起来、发展的力量则突飞猛进；可是这两次所受的苦痛是为着基督教而受，而且是基督教自身单独蒙受。第三次是在这大时代，基督教的精神和物质都受了极严重的威吓，因为中华民族已经到了最后的关头，生死存亡，间不容发，中国基督徒不特在此时要尽其救亡图存的职责，而且也要与国人同生死，同患难，同艰苦，同奋斗。基督教不特要受水的洗礼，火的洗礼，更要受血的洗礼，那应不特骷髅荒冢，白骨复苏，即基督教自身在这次大战之后，灰烬之余，将要亭亭毒毒，继长增高，涌现一朵新的生命树，奇葩怒放，异香散发。佛教对于中国文化有过极大的贡献，而中国文化又能发扬光大之，将来对于基督教自然也能够使之特放异彩，光芒万丈。那么中国基督教将来的历史有更伟大更光荣的一页，而王先生这一本书也要成为将来中国基督教史的前奏了。

末了，编史不是容易的事，古之良史如司马迁尚有是非颇缪、先黄老后"六经"之诮；班固也有排死节、否正直、不叙杀身成仁之讥；王先生说他急急忙忙写成这本书，"实在谈不上'备'与'信'的条件"。我们不能求"备"于王先生，但是王先生所收集的材料都很慎重很正确，我以为至少已达到"信"的条件了。我拜读之余，有感于心，聊缀数语以为序。

陈文渊于香港旅次

主历 1940 年 2 月 27 日

第一章　导　言

在最近百年中，从海禁既开以后，有一种不可遏止的潮流，涌进到中国来，使中国蹈常习故的固有制度与思想，根本地动摇起来。正如胡适所说："一个有过光荣历史及固有文明的民族，当着被生活需要的压迫，而必须接受外来的文化时，一定要很自然地很合理地发生起疑惧的心理。"（见《先秦名学史序》）这种新旧文化的搏斗现象，在今日更为显著。而推究它的原因，不能不说是由于民治主义（Democracy）与科学思想（Science）在推动。陈独秀这样说过："要拥护那德先生（民治主义），便不得不反对孔教、礼法、贞节、旧伦理、旧政治。要拥护那赛先生（科学思想），不得不反对旧艺术、旧宗教。要拥护德先生，又要拥护赛先生，便不得不反对国粹和旧文学。"（见《新青年》八年一月《新青年罪案之答辩书》）他那样站在全盘承受西洋文化方面的理论，把中国固有的一切，尽情地加以破坏，这种态度，我们不能给以百分之百的同情。果然不能否认中国固有文化,必须加以改造,使一切不良成分归于淘汰,以合于现代的潮流,但是我们决不可以不问青红皂白,一棍子把固有的一切打倒,全盘承受西洋文化来替代。正如耶稣所说:"莫想我来要废掉律法和先知,我来,不是要废掉,乃是要成全。"(《马太》五章十七节)耶稣的态度,不是极端的无理由的破坏,而是存善汰恶的成全。对于希伯来旧有的文化是如此,对于其他民族的文化亦莫不然。

民治主义本是基督教的产物,基督教带来了这颗种子,下种在中国的文化田里,使中国固有的阶级制度与传统思想发生了莫大的影响,是无可否认的事实。至于科学,虽不是基督教的东西,而基督教却负了介绍的责任。在自明至清的教士们中,看他们如何努力译著的工作,可见一斑。所以基督教虽不是文化搏斗中的主力,却毋庸否认是把面酵放在面粉中的妇人。耶稣说过这个比喻:"天国好像面酵,有妇人拿来,藏在三斗面中,直等全团都发起来。"(《马太》十三章三十三节)果然,现在已到了全团发酵的时候了,新文化运动可以说是一部分的表现,他如新生活运动、国民革命的成分里,都有这面酵的作用。

从现实方面看一看,我们无论到哪一个城市,总可以见到许多基督教的事业,有礼拜堂,有医院,有学校,已经十分普遍地建立着。比较名闻全国的,如上海徐家汇的天主教堂,即远在吴淞口外已可瞭见双双树立的塔尖。其他各大都市中,莫不有巍峨高耸的天主教或基督教礼拜堂,尤莫不有规模宏伟的教会医院,最著名如北平的"协和"、长沙的"湘雅"等,几乎为国人所共知。特别是学校的设立,大中小学的总数有千余所之多,就学的学生不下五十万人,最著名的大学,如天主教的"震旦"、"辅仁",如基督教的"燕京"、"岭南"、"齐鲁"、"圣约翰"、"沪江"等等。即穷乡僻壤之间,亦必有一教会设立的小学与简单的礼拜场所。再从与基督教有关的事业观之,则各大城市及各学校中设立的男女青年会,对于一般社会亦发生了密切的联系。凡此种种,莫不予人们以深刻的印象,亦可以证明基督教在中国发酵的一斑。

再从历史讲来,基督教与中国发生关系,原不是新近之事体,已经有过很长久的时期了。许多传疑的说素不去管它,而确实可以考证的,从唐朝的景教算起,一直到现在,亦有一千三百年或断或续的活动。虽然还没有人把这种活动加以系统的叙述,至少我们可以承认有过四个时期:即(一)唐代的景教,(二)元代的也里可温教,(三)明代的天主教,(四)近代的更正教。在这样长时期的活动中,当然的在中国文化上、生活上,不能没有相当的影响。

既然在空间上已经普遍到全国,在时间上亦占千百年的长期,照理应该是人所共知的了,但是不幸得很,还有许多人不能明了她的内容与经过,会引起许多误会,而认为是"用夷变夏"、"文化侵略"的。在新文化运动的秩序中,有非基同盟的一幕。"吃饭忘记种田人",所以我们便有一种说明的必要。

我们所要说明的,有下列的几点:(一)基督教教义与中国固有的宗教习惯,是融和的还是冲突的?(二)基督教输入后,其经过的情形在中国文化上发生了什么影响?(三)过去基督教的发展与所引起的变动,究竟是有功还是有过?(四)基督教在中国所经营的事业与工作,于新中国的建设究竟有什么关系没有? 总之:我们在这里要对于过去的加以检讨,为未来工作上的参考。根据着这个意见,来做一个尝试。

这个尝试,欧美学者中已经有过若干的著作,而在中国人却是一个破天荒,觉得有相当的困难。记得在十五年以前,我个人曾经有一个尝试的宏愿,利用编辑《金陵神学志》的机会,想收集近代基督教各宗派的史料。于是分别函请各宗派领袖,记述他们自己一宗派的经过,但是结果并不圆满。在一百三十多派别中,只得到少数较大宗派的报告。因此,深深地感觉到材料的不易收集。在基督教方面尚感到这种困难,对于比较隔膜的天主教,岂非更属不易么?

因为我们知道编历史最重要的条件,至少要做到"备"与"信"两个字。什么叫做"备"? 就是要没有挂漏。什么叫做"信"? 就是要非常正确。要达到"备"与"信"的条件,关键全在收集材料的一点上。若从基督教在中国所经过的四时期讲:第一、第二两时期,只有几块残碑做根据,而加以一种合理的推断。不过推断是最容易陷入主观的错误的,只要一看清代金石学家的考证,如王昶、钱大昕、杭世骏等的《景教考证》,洪钧、俞樾等的《也里可温教解说》,都不免有许多错误。至于第三、第四两时期,根本要从天主教基督教散漫的文献中去整理出系统来。宗派既分歧,工作又各自为谋,虽协进会等曾出有综合的年鉴,也只限于一部分与近十年的事。在这种情形之下,要做到"备"与"信"的条件,实在是不可能的。

　　现在全国青年协会编辑部主任吴耀宗先生突然向我提到这问题，要我继续十五年前所未成的工作，因过去经验上感到收集材料不易的缘故，觉得非常踌躇，不敢贸然地答应下来；况且在相当忙碌的教课生活下，要从事于此，困难可以想见。十五年来已死的灰，本来没有使它复燃的希望，但是吴先生好像不容我逃避，决意要把这死灰复燃起来，我也只好写信给几个朋友与机关，征求材料。最得着帮助的，如燕大洪煨莲教授、协大图书馆金云铭主任，以及天主教图书馆、协进会图书馆等等，得了些中西文的书籍杂志，由我的大女儿雅子把英文书里的大意翻译出来，还有我的儿子女儿们或检查，或誊清，全体动员，帮助我在暑假两个多月里，急急忙忙地写成，实在谈不上"备"与"信"的条件。本来想写成以后，就正于范子美先生，却不料在九月十日那一天他竟与世长辞了！三十多年来商量学问的老友，一旦永别，不禁悲从中来，就把这一本不完全的书来表示对他的纪念！

第二章　中国的宗教背景

中华民族在宗教上向来没有固执的成见，信仰有绝对的自由。不独在固有的宗教上很少争端，即对于外来的宗教，亦莫不宏量地容纳。这一点，在我们将述说宗教背景之前，应先郑重地提出。

有人说中国是个没有宗教的国家，虽号称有儒释道三教，释教是外来的，姑且除外，儒道二教，都算不得宗教。梁任公说过："儒教之教乃教育之教，非宗教之教也。"儒家所崇奉的孔子，本是个教育家，他的学说，只限于现实的人生，绝少讨论到天道与神明，而且他的天道观念，正是修正了古代遗传下来的神权思想。至于所称的道教，创始于汉代的张道陵，依托老子之名的。老子本是个哲学家，而不是宗教家，从他所遗下的五千言《道德经》中，知道他认宇宙的本体为道，道的性质是自然，并不是一个有意志的神明。张道陵借托老子之名用符箓来愚民，做黄冠逐食的法门。佛教虽是外来的宗教，但佛教中的学者，也有不承认其为宗教的。欧阳竟无曾有"佛法非宗教,亦非哲学"的理论。他以为宗教上所必具的四条件,(一)崇仰教主,(二)信从圣经,(三)谨守信条,(四)宗教仪式,佛教中是没有的,所以佛教算不得宗教。上面这些理论,是不是正确? 只要一看一般社会的生活,便可以了解。

我们无论走到哪一处城市,便可以见到许多孔庙、庵院、寺观,即数十户集居之小村落中,亦必有一混合式的庙宇,供着观音、关帝、财神、阎王等等塑像,尤其在普通家庭之中,莫不有土地神、灶神、门神及祖先等神牌,按时按节的焚香烧楮,顶礼膜拜。这一种无可否认的事实,岂不是多神崇拜的宗教信仰么? 我们不能根据少数学者的理想,就把这种事实根本抹去的。

不过这种多神宗教的形成,当然有他的种种因素,本不是一件简单的事。现在要略略地加以说明,便不能不从原始的自然崇拜说起。原始人民,对于种种不可解说的自然现象,起了惊奇而怕惧的心理,便视之为神明而崇拜它,那不只中国原始人民是如此,也可以说是世界一切宗教的起源。在中国的古书中,关于这类自然崇拜的纪录,真是多不胜举。我们从《礼记》的《祭义》中,得知古代有崇拜日月星辰的礼节,如所谓"祭日于坛,祭月于坎","郊之祭,大报天而主日,配以月"。又《尚书·尧典》所称"禋于六宗"。六宗是什么? 贾逵说:"天宗三,日月星,地宗三,河海岱。"《周礼·春官》亦云:"以实柴祀日月星辰。"日月星辰,古称为三光。从中国文字上看来,凡关于祭祀的字,都是从"示"的,"示"是会意字,是由"二"与"川"两义合成的;"二"即古"上"字,"川"即

"三垂",表明日月星三光。可见三光崇拜,在中国是很早而且很普通的。此外如崇拜风雨,崇拜寒暑,崇拜山川,崇拜社稷等等,在《尚书》、《礼记》《周礼》中都可考见。特别是社稷的祭祀,在古代看做一件十分重要的事。所谓"春祈丰年,秋祀报赛","右社稷,左宗庙",尤其是周代要典。所以后来所谓"变置社稷",成为国家灭亡的代名。我们只要一读《礼记·祭法》中的一段话,就可以知道后代多神崇拜的情形:

> 埋少牢于泰昭,祭时也;相近于坎坛,祭寒暑也;王宫,祭日也;夜明,祭月也;幽宗,祭星也;雩宗,祭水旱也;四坎坛,祭四方也;山林川谷丘陵,能出云为风雨见怪物,皆曰神。有天下者祭百神,诸侯在其地则祭之,亡其地则不祭。

总之,我们不能否认中国古代自然崇拜的事实:原始的三光崇拜,游牧时代的庶物崇拜,进而至于农业社会的山川社稷崇拜,再进而至于封建社会的天祖崇拜,这种崇拜的演变,都由于生活的关系,不能不说是一种多神崇拜的自然宗教。后来虽然因着社会的进步,而有不少的变迁,但是直到现在,还有许多遗传在一般人民生活中可以见到。从儒释道三教中考察,无论在哪一方面,都可以看见这种古代宗教的遗传。现在把它分开来说一说:

儒教本不是宗教,诚如梁任公所说,但是后来却的确变成为宗教了。不但如此,在无形中竟成为国教。孔子自身,果然有反对古代宗教的意味,把古代的天祖崇拜,从宗教的而变为伦理的了。从前以"天"为有意志的神明,"祖"为有知觉的精灵的观念,到孔子身上却大大地不同。孔子观念中的天,已不是有意志的神明,而是一种流行不息的定理,所以他说:"天何言哉! 四时行焉,百物生焉,天何言哉!"从"四时行,百物生"的变化上说明天道,是为哲学上的现象论。他又曾明白地说到祷告的态度,在子路请祷——"祷尔于上下神祇"——的时候,明明表示出祷告是不能愈病的,而有"丘之祷久矣"的拒绝。照《士丧礼》"疾病行祷五祀"之义,子路之请,不能说是没有理由的,而孔子为什么这样严予拒绝呢? 我们只要看他所说的"获罪于天,无所祷也"这句话,就可以知道。如果天是个有意志的神明,难道就不可以用感情去挽回的么? 这可以证明孔子所承认的天,已经不是古代宗教上有意志的天了。再看他对于祖宗的观念,也是从求福降祥的宗教意味,变成为报本返始的纪念了。他说"祭如在,祭神如神在"。这个"如"字,明明表出所祭的对象是假设的而不是实有的。因为他根本不承认死人是有知觉的,他回答子贡死人有知无知之问,很明白地说:

　　吾欲言有知,恐孝子顺孙妨生以送死也,欲言无知,恐不孝子孙弃不葬祀也;赐欲知死人有知无知,死徐自知之,未为晚也。(《说苑》)

在这样模棱的答话中,很可以看出他是不信死人有知觉的;死人既没有知觉,何必祭祀祖宗呢? 所以墨子曾经批评他是"无鬼而学祭礼"的虚伪,而孔子却认为是维持伦理的一种方法,叫人抱着"敬鬼神而远之"的态度去从事祭祀。后来传他学说的孟子、荀子,都是把原始宗教性的天,变了人本化的天。这可证梁任公的话是对的。但是后来的儒教,确实成为宗教了。从汉朝尊孔以后,孔子的地位,变成宗教的教主;他所手订的六艺,变为宗教的经典;他所提倡的孝道,也变为宗教的教义;儒释道三教同源之说,便为一般人所承认。从此历代行政元首的帝王,莫不用宗教的仪式,代表全体人民负起祀孔的责任。各处庄严的孔庙,普遍地建立起来,这样,儒教的"教"字,绝不是仅仅教育的意味,而是有宗教的意味了。我们研究这中间的因果,不能不承认是受了阴阳家的影响。从董仲舒揉合阴阳五行的思想来说《春秋》,把孔子看得有点神秘;阴阳家原来保存不少古代的迷信,这种迷信就变成了东汉所盛行的谶纬之学。谶是一种预言,因此孔子也是未卜先知的神化人了。纬是一种迷信,竟承认是孔子所作。再加上三纲五常的提倡,儒教更为历代帝王所利用的护符,而由国家的功令来提倡尊孔。后来宋代的朱熹,继续完成这宗教化的礼教,统制着千余年来人民的生活。质言之,儒教的成为宗教,实始于汉儒,完成于宋学者。

说到道教,也是创立于汉代,一方面附会着老子的学说,一方面摹仿佛教的组织,而有所谓五斗米道的产生。它表面是以老子为教祖,实际上是阴阳家方士派思想所凝成,迎合人民的低级信仰,以治病驱邪长生神仙之说相号召,硬把宗教家的冠冕,加在哲学家的老子头上。读过老子《道德经》的人,谁都可以了解老子是个唯物的机械论者。他所说的道，不是个有意志的神明——所谓"天地不仁，以万物为刍狗"——而是一个空无所有的抽象的自然。继续发挥老子思想的庄子，他虽有"若有真宰而不得其朕"的怀疑，究竟还是个"未始夫未始有始"的玄学者，而不是宗教家。所以认老庄为道教领袖，实是汉以后的事。从张道陵以后，有魏伯阳、葛洪的炼养服食，有陶弘景、寇谦之的经典科教，于是符箓、丹鼎、经谶等派的道教，次第产生而普遍起来。这与佛教的输入，不无相互的因果关系，宋代朱熹所说"二氏固互相仿效"的话，是有理由的。虽然他比较地说到：

> 佛家偷得老子好处，道家只偷得佛教不好处：理致之见于经典者，释氏为优，道家强欲效之，则只见其敷浅无味。祈祷之见于科教者，道家为优，释氏强欲效之，则只见其荒诞不切矣。

这一番话，未必正确，但是道佛旨趣相同，互相仿效，自是一种事实。

在六朝老佛同重的结果，道教遂驾凌儒教之上。后来唐代以国姓之故而崇老，再以崇老之故而名道家书为经；宋代又集天下道书为《道藏》，道教更见发达，与儒释并行而支配了整个民族的生活。从此道佛二教，支配着水平线以下的低级社会，儒教则在水平线以上的高级社会中活动，是无可否认的。

总之，无论在儒释道三教之中，都隐藏着许多古代多神崇拜的质素。说到这点，不能不提起墨子。墨子的学说，实在是很近于宗教的，他的天鬼信仰，原是古代自然宗教的信仰，以天志为实行兼爱的根据，正与基督教以上帝为爱的根源一样。在春秋战国，独有他是极端的保守古代宗教的，奇怪的很，本不是宗教的儒与道，倒成为宗教，很近宗教的墨子，反而无形地消灭了。但是照我的观察，墨子的宗教精神，并没有消灭，儒释道三教中，都有他的影响在内，我们不能因为墨子学派的形式没有人继续下去，便把他保存古代自然宗教的精神也抹煞了。前面说过中国人民的宗教生活中，很有许多古代多神崇拜的遗传，这种遗传，与墨子学派实在有密切关系。战国以后，那种天鬼多神的信仰，影响到一般平民的生活中，正与当时阴阳家思想的影响有同样的潜在力，这在大多数人们是不甚了解的，这里我们应该补充说明。

现在要说到佛教。佛教本是从印度输入的，但是不久便成为中国的宗教，与原来的形式有很显著的不同。输入之初，因为种族的关系，不免有种种的争端：先有道佛之争，后有儒佛之争。关于前者如《古今佛道论衡》中所记五岳十八山观道士褚善信等上表反对，与在白马寺内道佛斗法的事，这些固然不足凭信，但后来在佛教历史中所说的"三武一宗"之厄，却大半由于道士所发动的。后魏太武帝因听信道士寇谦之与宰相崔浩的话，以及北周武帝听信道士张宾之、唐武宗听信道士赵归真等，乃有坑杀僧尼、毁灭佛寺的惨剧。推究这种争端的原因，由于道教的嫉妒，而不是两教教义的冲突，与民间的宗教信仰未尝发生任何影响；反之，一般人民因佛教频受摧残之故而拥护更力。究竟道佛二教的旨趣相同，仍旧异常融洽，所以像顾欢《夷夏论》中所谓"释道二教，在形而上之道则同,在形而下之器则异,……道即佛,佛即道,在名则异,在实则合"等议论,却可以代表道教中的一般见解。

关于后者,儒家中也不免有很多反对的理论,如六朝时代的范缜,发表他所著的《神灭论》,予佛教以致命的打击,然究因帝王的提倡,仍没有发生什么影响。唐宋学者的攻击佛教,如傅奕、韩愈、欧阳修以及宋代理学家等,除了张横渠从研究《楞严经》的结果而从教义上立论外,其他都不过是形式上的攻击。柳子厚所以说韩昌黎的辟佛,不过是罪其迹,"知石而不知韫玉",这实是对一般辟佛者的确评。但是在拥护与信仰方面,有学者,有帝王,有大多数的人民,如汉末牟子的《理惑论》、六朝时代三教调和的主张,说"周孔即佛,佛即周孔",都是有力的论证。尤其大多数帝王的提倡,与佛教徒宣扬的努力,不但使儒佛二教渐形融洽,更是使佛教日趋发达的重要因素。于是"三教同源",便成为一般社会的信仰。

说到帝王对佛教的提倡,从汉明帝遣使求佛以后,孙权为康僧会建寺江南,石勒的敬礼佛图澄,苻坚的迎取鸠摩罗什,以及南北朝的帝王,无一不信佛的,尤以梁武帝为最,亲手受戒于惠约,迎达摩于广州,三幸"同泰寺",寺院多至几千所,可谓佛教全盛时代。此后历唐宋元明大多数帝王,都于佛教推行上以无穷力量,所谓上行下效,其影响于人民的信仰,自是很大。再从僧徒宣传方面观之,在译著事业与求法精神二点,可以见得大概。

译著工作,根据宋赞宁和尚在《高僧传》所说"初则梵客华僧,听言揣意,方圆共鉴,金石难和⋯⋯次则彼晓汉谈,我知梵说,十得八九,是有差违⋯⋯后则猛显亲往,奘空两通⋯⋯印印皆同,声声不别"之言,可以分为三个时期。从东汉至西晋,为第一时期,大概是西僧主政的,著名的译者有安世高、支娄迦谶等人。从东晋至南北朝为第二时期,是西僧与华人合作的,著名的译者有鸠摩罗什、觉贤、真谛等人。唐朝至贞元为第三时期,是完全由华人自任的,著名的译者有玄奘、义净等人。佛教经典,经过这些名人的译著,不独介绍,抑多发挥,当时学者既厌倦于注疏词章之空疏,又慑于名僧之学问德业,遂易歧视而为欢迎,变容纳而为皈依。又加以一般高僧之历尽艰辛,西行求法,佛教文化遂与中国文化相融合。不独中国学术思想中含有不少佛教思想,如宋明理学然,即佛教本身,亦不再是印度之旧,而成为中国的佛教了。尤其从上行下效的原因,使佛教"转迷启悟离苦得乐"之本旨,影响大多数的平民,因为从兵燹战争中所遭受的痛苦生活,要寻求精神安慰与希望,更容易使"三世因果、善恶轮回"等小乘说素,普遍于民间。于是大多数信佛之人,都本着自私的来生希望,去焚香拜佛,而借以为生活的和尚缁流,迎合这种种心理,寺院庙宇,遍满了全国,既本佛教固有的地狱天堂,又混合着中国古代遗传的多神崇拜,佛教便占着中国宗教上的第一位。虽然也有不少悟道的和尚与智信的居士,而大多数信仰的民众,不能不说是一种多神崇拜的迷信。这种迷信,支配着中国千余年来的人民生活,一直到现在还是具有很大的势力。

　　这样说来,怎能说中国是没有宗教的呢?换一方面看,简直可以说每个中国人民,都有他混合式的宗教信仰:信天,信鬼,信万物都有神明。从坏的一方面说,这种信仰程度是很低的,不合时代的,应加以改正。从好的一方面说,中国人民都是承认精神生活的重要。而且对精神修养方面,更有很丰富的经验,古圣贤人对于这方面有过不少有价值的理论,这也是中国文化上最优越的一点。

第三章　基督教教义与中国

上章已经把中国宗教背景略加说明，这里应当与基督教教义互为比较。不过详细地比较，已有中国基督教学者如吴雷川、徐宝谦诸先生著成了专书，如《基督教与中国文化》之类，用不着在这里噜苏。在这里只根据我个人的观察，提出几点重要的道理，来研究到底基督教在中国宗教的思想与习惯上有无融通的可能。现在先从思想方面说起：

（一）基督教的一神崇拜，与中国固有的对天观念，本没有多少冲突。在中国的对天观念中，虽不免有多神崇拜的倾向，然而认群天之中，有一至高至尊的昊天上帝，执掌着统治全世界的大权，与基督教所信仰的上帝，是一个创造宇宙管辖万有的主宰，初无若何分别。且看中国古人怎样解释这个"天"字。《说文》说："天，颠也。"含有至高无上的意义，《诗经》一类的古书里，有不少"上帝临汝"、"赫赫上帝"等句子，可以证明古代人民具有认天为主宰的信仰。到了春秋时代学者思想中，才有一部分人从哲学的范畴中,把主宰的天变成为义理的天了。如孔子的天行思想、老子的自然主义、庄子的天钧天倪、孟子的天与人归等等,确已修改了对天神的观念。但是孔孟并不把天神崇拜根本推翻,还承认是"天生烝民,有物有则"的主宰。即机械主义的老庄,犹有"天网恢恢,疏而不失","其有真君存焉"一类的话。特别是那个保存古代信仰的墨子,他的《天志篇》里所表现出来的天,不独是一个赏善罚恶的主宰,直是一个爱人利人的父亲。那种思想,影响于后来的学者与一般的人民,实是不能否认的事实。且看汉儒董仲舒的"天人合一",宋儒张横渠的"乾称父坤称母"等等理论,何莫而非是古信仰的遗传? 历来虽然也有不少唯物思想的意见,像荀子的天行有常,像王充的天道自然,范缜的神随形灭等等,不承认有精神界的存在,但却没有影响到最大多数的民众信仰。所以一般社会,还是认天为人类的根源,上帝是宇宙的主宰,在森罗万象之中,有一个无所不知、无所不在、无所不能的具体的神明。

(二) 基督教的教义,包括在一个"爱"字里,从基督的牺牲,彰显了上帝的爱。上帝是爱,这个道理,在约翰的三封书信里,讲得最明白了。他说:"上帝是爱。""上帝爱我们,差他的儿子,为我们的罪作了挽回祭,这就是爱了。""上帝既是这样爱我们,我们也当彼此相爱。""爱神的,也当爱弟兄。"这可以说把基督教的根本道理说得很透彻。全部的《新约圣经》,都不过是阐明这个道理罢了。一方面讲明上帝怎样爱人,一方面讲明人应该怎样爱上帝。上帝看不见,爱弟兄就是爱上帝,所以说

"不爱看得见的弟兄,怎能爱看不见的上帝"。但是怎样爱弟兄呢?约翰又说:"我们相爱,不要只在言语和舌头上,总要在行为和诚实上。"这是根据耶稣自己的话:"我饿了,你们给我吃,渴了,你们给我喝,我们作客旅,你们留我住,我赤身露体,你们给我穿,我病了,你们看顾我,我在监里,你们来看我。这些事你们既作在我这弟兄中一个最小的身上,就是作在我身上了。"实际地怜悯人的困乏,是爱的表现。但这犹不足包括爱的全体。约翰又说:"主为我舍命,我们从此就知道何为爱,我们也当为弟兄舍命。"耶稣说:"你们的仇敌要爱他,恨你们的要待他好,咒诅你们的要为他祝福,凌辱你们的要为他祷告。"可见在基督教爱的道理里,不单是赒济贫乏,还有两点重要的意义,就是(一) 为弟兄舍命,(二) 爱仇敌。保罗在《林前》十三章阐明爱的意义中,更包括着自我的道德,在消极方面,他说:

> 爱是不嫉妒,不自夸,不张狂,不作害羞的事,不求自己益处,不轻易发怒,不计算人的恶,不欢喜不义。

在积极方面,又说:

> 爱是恒久忍耐,又有恩慈,喜欢真理;凡事包容,凡事相信,凡事盼望,凡事忍耐。

又可见爱不单是对人,也是对己的。在自己没有完备的道德,如何能真实的爱人,所以说:"爱不可虚假,要恨恶爱善。"能真实爱人,便是爱上帝,也便是"用心灵诚实拜上帝"。这种道理,在中国古圣贤的教训里,也有许多相同的说法。孔子所主张的"唯仁"的道德中,也有"仁者爱人"的说明。张西铭"凡天下疲癃残疾,茕独鳏寡,皆吾兄弟之颠连而无告者也"的思想,不即是基督教济困扶危的爱么?尤其是墨子的兼爱主义。他所说的"兼相爱",必须从"交相利"上去实行,也有"退睹其友,饥则食之,寒则衣之,疾病侍养,死丧葬埋之"等与耶稣相同的话。孔孟的"杀身成仁,舍身取义",不即是基督教牺牲的爱么?老子的"以德报怨",不即是基督教爱仇的道理么?从理论上讲来,原无多大的分别,即从历史上讲,也有不少真正"杀身成仁"、"以德报怨"足以动天地感鬼神的事实,而一般民族精神,尤都认"乐善好施"为高尚的美德的。

(三)基督教的道德主张,首先叫人明白人生的价值,不是在物质方面,乃是在精神方面,耶稣说过:

> 人若得着了全世界,失去了灵魂,有什么益处呢?
> 人活着不是单靠饼,乃是靠上帝口里的一切话。

见得精神生活比物质生活更重要,同时,也并不叫人看轻肉身生活。保罗很明白地要人知道:

身体是上帝的殿，若有人毁坏上帝的殿，上帝也要毁坏他。

可见身体是何等的宝贵，必须保全自我的身体，来完成上帝的旨意。所以基督教的人生观是积极的，是奋斗的，是乐观的。凭着这积极的奋斗的乐观的人生观，改造自我，改造世界，努力实现天国主义，达到世界大同。从个人的改造到世界的改造，这见得基督教的道德，并不是"独善其身"的个人主义，而是"兼善天下"的世界主义。

但是如何改造自我？第一件要紧的事就是悔改，在祈祷的含义里，最重要的成分，是检查自己，叫人觉悟已往的错误，立定一个未来的新志愿。然后努力向上，追求到完全的地步。"你们要完全，像上帝的完全一样。"以个人完全的道德为建立天国的基础。总之，从对己方面言之，爱人如己为道德的标准，悔改信仰为建德的力量，祈祷默念为修养的工夫。从这点上说到中国，注重精神生活，注重道德修养，与基督教比较，实有过之而无不及。视富贵如浮云，求精神之逸乐，几乎是大多数人的人生观。"正其义不谋其利，明其道不计其功"的非功利态度，也可以说是数千年来所共守的准则。儒家所主张的"反身而诚"、"慎独克己"，正无异于基督教之祈祷忏悔。儒家之人格阶梯，包括于"士希贤，贤希圣，圣希天"三语，圣人是人格上的完人，而圣人却是法天的。尤其是道家、墨家，更明白地以道以天为道德根源，这又与基督教以上帝为道德标准无异。要建立完美的道德，先须从自我起头，所谓忠恕，所谓絜矩，莫不是正己而后正人，"老吾老以及人之老，幼吾幼以及人之幼"，由个人而及于社会，可见中国在道德上的主张，也不是自私的个人主义，而是利人的大同思想。现在且进而研究到这一点，看看两方面的主张怎样？

基督教是要建立起地上的天国，没有国家的界限，没有人种的区分，是一个绝对平等的世界主义。这是基督教的特点，也是中国人所服膺的教训，我们看孔子的大同思想，所谓"不独亲其亲，不独子其子"，"四海之内皆兄弟也"，与孔子的"视人国若其国，视人家若其家"等等主张，何莫而非"天下一家中国一人"的世界主义，这正与基督教若合符节。

我们从上述的三点说来，无论在信仰方面，道德方面，不能否认有互相融通的可能。然而基督教输入中国的历史上，为什么有若干冲突的现象呢？这在我的观察，觉得这种冲突，大都发生于表面上的习惯，决不是根本上的不相容。第一，中国有崇拜祖宗的习惯，在宗法社会家族制度的原则上，祭祖实是一件维系"以家族为单位"的良法，且为一般人所视为极重要的问题。从基督教看来，实与"除上帝外不得崇拜别神"的信条不合，所以基督教乃排斥祭祖为迷信，而中国人却以反对祭祖为忘本，由此而发生了误会。第二，中国自信文化之高，视中国以外的民族，其文化水准皆甚低，所以有"用夏变夷，未闻变于夷"的自尊。这不但对基督教有此态度，即前此反对佛教的理由，亦大都出发于"戎狄是膺"的这一点。尤其是近百年来，在国际上所受到的侵略，往往与教案有多少关系，所以一般人便怀疑到基督教乃是帝国主义的先锋，引起了许多误会。第三，中国人民浸润于儒、佛教义，历时已久，一以纲常礼教为伦理的中心，一以三世因果为社会的信仰，而基督教所主张的自由平等，予儒教以打击，所主张的现世生活，予佛教以难堪，其抨击偶像反对迷信诸端，皆足以动摇两教的地位，因此遂有不可免的龃龉。第四，中国乡村生活中，每以迎神赛会为唯一的娱乐与团结，且亦认此为公民对社会的责任，而信奉基督教的人，反对参加此种举动，便被认为破坏团体生活的不良分子，乃至群起而加以攻击。第五，中国伦理，以孝顺父母为中心，养生丧死，实子女的惟一任务，基督教携来的西方小家庭制度，每发生儿子与父母分居的事，父母死后又不举行追荐祭祀等仪式，以为大有背于孝道，至斥为名教罪人。第六，中国人对于宗教信仰，向抱宏量态度，一个人往往可以信仰几种不同的宗教，既信儒，又信佛道，本无足奇的，而佛教又能迎合固有的儒教，而变更其性质。基督教为保持其独特的本质，不肯有丝毫迁就，对于中国固有的宗教习惯予以排斥，乃至被视为固有宗教的破坏者。第七，基督教自身，亦有予人以怀疑之点。除上述第二点国际关系之外，莫如宗派的分歧，而且各派之中，往往有互相攻击的情形，不独有所谓希腊的、罗马的天主教，又有传自英、美、法、德等不同的国别，乃至被认为含有政治背景。此外如初期教徒的借教行私，引起教案，尤给人们以不良印象。至于传教方式，如当众宣讲，男女杂沓之类，非中国人民所素习。而且负宣教之责者，又为社会上不甚重视之人。凡此种种，为过去基督教在中国发生冲突的因素。降至今日，基督教教义已渐渐为人们所了解，此种冲突，似皆不复存在。例如第一点，宗法制度，已渐崩溃。第二点，排外态度，已渐改变。第三点，社会迷信，已渐破除。第四点，团结民众，已更方式。第五点，道德价值，已经重估。第六点，各教思想，已渐融和。第七点，基督教自身的缺陷，业亦逐渐改进。尤其是基督教所举办的社会事业，如学校，如医院，如青年会，如各种慈善团体，本其牺牲博爱服务精神，予国家社会以新生的力量，一般社会人士，类能表示同情，误会日渐消释，感情日趋融洽，基督教在中国的前途，当有无穷的希望。惟有一点，为基督教人所当特别注意的，即基督教中心教义中的复活与永生问题，在中国的固有习惯中所不甚熟悉的。虽曾有立德立言立功三不朽的格言，究与基督教复活永生的意义不甚相同。所以今后基督教在继续其已往的社会服务工作而加倍努力以外，尤为注意此种教义的发挥。

第四章　基督教始入中国的传疑

基督教何时传入中国？这个问题，很难有肯定的答案，虽然有过不少的考据，但是这些考据，大都是后来才发生的，算不得是有力的凭证，我们只能以传疑态度叙述之。

在印度的传说中，当保罗传教于小亚细亚的时候，有多马与巴多罗买传教到东方，说多马到了印度，巴多罗买到了中国（见《中国基督教四大危急时期》）。也有人说多马传教到中国，在马拉巴主教所著《迦勒底史》中有：

> 天国福音，散遍各处，竟至中国……中国人与埃提阿伯人得信真理，皆出于圣多马之力。

其时正值中国东汉明帝在位，罗马尼禄王虐杀基督徒的时候，所以《燕京开教略》这样说：

> 主后六十五年尼禄虐杀基督徒，六十九年耶路撒冷被灭，基督徒逃难东来，正值佛教输入中国的时候。

李文彬《中国史略》(157—158 页)这样说：

> 在东汉时代，曾有两个叙利亚教士到过中国，他们到中国来，表面上是为了要学习养蚕治丝的方法，把蚕子带回欧洲起见，可是他们的本意，乃是传教。

又 1282 年，由马罗勃(Molober)叙利亚教堂派出的教会使者到了北京，听到一个关于基督教传入中国的有趣故事，说：

> 汉明帝派人到西方去寻求所梦见的金人。据中国历史的记载，求得来的是两个佛教的僧徒，其实并不是什么梦，乃是听说中亚细亚有一个新兴的宗教，所以所带到中国来的并不是佛教徒，而是圣多马的两个门徒。

这是元朝基督教的传说，当然没有可信的根据。不过当时印度与中亚细亚在交通上已有很密切的往来，为一般研究世界史所承认，所以这新兴的宗教，与印度宗教有互受影响的可能。而当时所输入的，究竟是佛教抑是基督教,自然无从证实。但是我们相信,最初中国的基督教,往往借用佛教形式,这在唐朝景教碑文中所采用的佛教名称与术语,就可以知道。而且当时中国对于西方宗教的分别不无隔膜,所以一律以佛教视之,这或者也是可能的。

明朝刘子高诗集,与李九功《慎思录》,均载明洪武年间,江西庐陵地方,掘得大铁十字架一座,上铸赤乌年月,按赤乌系三国孙吴年号,子高因作《铁十字歌》,以志其奇。又铁十字上铸有对联一副云:

四海庆安澜,铁柱宝光留十字;
万民怀大泽,金炉香篆蔼千秋。

下联"万民怀大泽",不是指耶稣受难救世而何? 这也是汉末已有基督教的一个说明。还有在明朝又掘得过三个古十字石碑。一是在福建省南安县掘出的,其形甚古,据考证当是四五世纪时——晋朝南北朝——的东西。一是在泉州府东山寺旁掘出。一是在泉州水陆寺旁掘出。上说的二寺,都是唐初建造的,则寺旁所掘得之石碑,亦必是同时之物。这些都证明唐以前已有基督教。

基督教的输入,与养蚕治丝的问题,有没有直接关系? 也是不容易肯定,不过欧洲人知道中国是发明蚕丝的国家,所以称中国为"蚕丝国",从希腊人称蚕为"赛尔"(Ser)的名词,使欧洲人称中国为"赛尔斯"(Seres)却是很普通的了。在 303 至 305 年阿诺比斯(Arnobius)的

Adversus Gentes 一书中,说:

　　"赛尔斯"为许多福音已传到的国家中的一国。

这也可以证明李文彬所说的一斑。

　　关于这传说的材料,德礼贤氏(Pasquale M. D'Elia)在《中国天主教传教史》中,收集得相当的完备,我们没有什么新发现的论证,在这里只能根据他的材料,加以简单的介绍。

　　他举出产生这种传说的方面,有 1613 至 1615 年间金尼阁氏(Trigault)所译在印度传教的耶稣会士约翰刚保利氏(John Maria Compori)的叙利亚文作品,有 1609 年高伐氏(de Gouvea)所著的《东方史》,有茄斯巴克罗自氏(Gaspar da Cruz)所著《中国志》中关于亚美尼亚人的传说,以及圣方济各沙勿略(St. Francis Xavier)、农诺大公哈(Nuno da Cunha)、埃伯耶稣(Ebedjesus)、阿罗斯(Arnrus)等都说到亚美尼亚人及印度人的传说,大概承认基督教的输入中国,与多马有相当的关系。

　　而在另一方面,不承认这种传说,也有许多人。如 1305 年元代总主教蒙高维诺(Giovanni da Montecorvino)从中国寄信到欧洲,说:

　　宗徒们,或宗徒的子弟们,从不曾到过这个地方。

1555 年巴来多(Melchior Nunez Barreto)在澳门的记载说:

中国从来没有听过福音和天主降世的事情。

这竟不承认在元代以前有过基督教在中国，更谈不到多马来华的传说。至于绝对否认多马来华的，在《1550 年前的中国耶稣信友》（The Christians in China before the Year 1550）一书中，这样的断定说：

大概人看来，这圣多马宗徒来华的故事，不消说得，是出于晚近的来源，这个故事怎样产生，也就不难猜测。

利玛窦对于中国古代信徒的搜求非常努力，但他并没有提到多马的故事。这可以反证这传说的模糊影响了。究竟把耶稣的福音传到中国的第一人，是不是多马或多马的门徒？便成了我们永远不能确实知道的谜了。不过我们相信当初一定有一位教士，远在唐朝以前曾经到过中国传道。这一位教士是不是与多马有直接的关系？绝对地加以否定，也不是正当的态度。上面那些否认元朝以前在中国有过基督教的话，现在看，当然不能成立，至少我们从明朝所发现的景教碑，除非证明它是伪造的，那便不能否认唐朝基督教传布的事实。而且唐以前中国与基督教发生关系，也有好些议论。例如上述第三世纪阿诺比斯（Arnobius）在所著的 Adversus Gentes 中，提到赛尔斯（Seres）已有传教工作一层，我们考查那时在亚美尼亚与波斯已有教堂，中国与中亚细亚亦有往来，基督教因而传入中国，也可能的。再看 511 年有教士从东方带些蚕种到君士坦丁，学者都是从中国西部波斯或锡兰或土耳其得来的。先是 411 至 415 年间塞琉细亚（Seleucia）的主教阿奇亚（Achaues）划定教区的时候，已经把中国和印度包括在内。古伯察氏（Huc）在《基督教中国传道史》(Christianity in China, Tartary and Tibet) 里这样说：

　　自 411 至 415 年，塞琉细亚大主教阿奇亚做了迦勒底（Chaldean）正宗教基督徒的领袖；自 503 至 530 年，西拉（SiIas）做聂斯脱里教的主教；自 714 至 728 年撒利巴萨加（Saliba Zacha）做了聂斯脱里教的主教。所以，如果我们违反从来许多人的意见，承认中国的主教教区，是撒利巴萨加所设立的，那末，越发可以证实华人皈依基督教，远在这位聂斯脱里教父之前了。实在的，如果在一个国家中，基督教没很大的进步，没有几处可以监督的教区，怎会有总主教及教区的设立？设总主教原是管辖已经建立的教会的。假定埃伯耶稣所说的中国总主教教区是阿奇亚在将近 411 年时所设立的，那末，基督教在使徒时代传入的传说，很可以使我们相信了。阿舍马尼（Assemani）在他的著作中引塞琉细亚主教名单，把中国教区与印度教区相提并论，所以，我们可以推测这两处教区是同时设立的。

这是一篇很有理由的推测，假定 411 年时在中国已设立主教，已有教区，又可以推想在 411 年前基督教已传入中国了，决不是第 7 世纪的唐朝才开始的。

第五章　基督教在唐朝的传布

没有说到唐朝基督教以前，先须说到唐朝的政治背景与宗教情形。从南北朝以来，经过了大约二百年(420—620)的纷纭扰攘与政治分裂，至此才告统一。唐高祖开创基业以后，有太宗的英明守成，规复了汉朝承平的旧观，史称为贞观之治，发挥其伟大的政治力量，不但在治内方面臻于全盛，而且四夷宾服，满、蒙、朝鲜、新疆、西藏、安南、北印诸地，尽隶版图，国富民安，实为中国历史上最光明的时代。又与中亚细亚的波斯、米索布达米以及印度等国，有水陆交通，往来贸易，东西各邦外人的来华观光、朝贡、游学者，颇不乏人。由是西方宗教信徒，亦得挟其宗教经典，东渐宣传，如火祆、摩尼、回回等教，在中国创立起不少寺宇，尤其是佛教徒，往来频繁，为中国佛教最发达的时期。那末，在中亚细亚最活动的景教，乘此向东发展，实是一件很自然的事。

一 景教碑的发现

说到景教，当时并没有人知道是基督教，在《唐会要》、《唐书》等典籍中，只有波斯僧、大秦穆护袄、弥尸诃教等名称，一般人都看它是佛教一类的东西，而且在唐武宗毁灭佛教以后，与景教碑未发现以前，很少有人知道在九百年前，有过这长时期传布的景教，因为在中国历史上没有什么显著的记录。及至明朝天启五年(1625年)陕西西安西郊土中无意中掘得了一块大石碑，上面刻着"大秦景教流行中国碑颂"等字样，方始引起了许多学者及教士们的注意而加以考证。在学者之中，那些研究金石文字的，如清代有钱谦益的《金石文跋尾》(见《潜研堂集》卷七)、王昶的《金石萃编》(卷一〇二)等等，他们的考证，往往有许多附会错误的地方。惟有仁和李之藻的《读景教碑书后》一文与葡萄牙教士阳玛诺的《唐景教碑颂正诠》一书，以及后来意大利教士艾儒略所著《西学凡》中附录《大秦寺碑》一篇，比较正确。李之藻得岐阳张赓虞拓寄碑文云：

> 迩者长安中掘地所得，名曰景教流行中国碑颂，此教未之前闻，其即利氏西泰所传圣教乎？余读之良然。

才知道这所谓大秦景教，就是现在所盛行的基督教。并且继续在清光绪庚子时，从敦煌石室中发现了《大秦景教三威蒙度赞》、《世尊布施论》、《序听迷诗所经》(由日本羽田享氏译出共 170 条)与李盛铎氏所藏《志元安乐经》、《宣天至本经》二种,以及日人所收藏的《一神论》、《一天论》等,更足以证明景教之即基督教无疑。再根据这些材料,考证到前此的《西溪丛话》、《僧史略》、《释门正统斥伪志》、《唐会要》、《册府元龟》、《贞元释教录》、《新旧唐书》一类的古籍,更知道景教在唐朝的流行,确是一桩实事,并没有丝毫的假借。当时有人怀疑到埋没土中七百八十年之久,碑文未尝剥蚀的缘故,认为近代教士所伪造,究竟无法否认其事实。

这块石碑上刻着"大唐建中二年岁在作噩太簇月七日大耀森文日建立"字样。建中是唐德宗的年号,建立后经六十四年因唐武宗毁灭佛教及大秦教的缘故,或由教士们自动把这石碑埋入土中,直到明朝末叶重行发现。碑的形式是这样的:上端刻着十字架,两旁有莲花云霓;碑高长四尺七寸半,广三尺五寸,除上下款碑题及具名外,文长凡 1 695 字。碑文之后与左右两旁,具人名及职名,每一人名有叙利亚文汉文并列,并叙利亚文之职务,如大主教、中国教父、长老、乡主教、修士、牧师、博士等分别。人名之上皆题一"僧"字,撰碑文者具名为"大秦寺僧景净述",后有"时法主僧宁恕知东方之景众也"句(意或宁恕为当时的大主教)。书写碑文的,具名为"朝议郎前行台州司参军吕秀岩书"(有人怀疑到吕秀岩就是吕洞宾,我以为是穿凿的)。

从碑文中写着"太宗文皇帝光华启运,明圣临人,大秦国有上德曰阿罗本,占青云而载真经,望风律以驰艰险,贞观九祀,至于长安,帝使宰臣房公玄龄,总使西郊,宾迎入内,翻经书殿,问道禁闱"等语,知道景教传入中国,乃在唐太宗贞观九年(635),首来中国的教士,名阿罗本。我们从基督教历史中知道431年的时候,在以弗所第三次会议中,聂斯脱里派与亚力山大派起了冲突。聂斯脱里是第5世纪中一个教会领袖,他当过君士坦丁堡的大主教,具有虔敬的信心与办事的热忱的。因为神学上有他自己的主张,注重耶稣为人之道,而与亚派注重耶稣为神之道不同。故亚派领袖西里尔(Cyril)讼聂派于东罗马帝及教皇,结果,判定聂派为异端而开除教籍。聂派便流窜到阿拉伯及埃及,后来他的学说为波斯学者所欢迎,遂得由波斯渐布及印度、中国等处,阿罗本奉其教而来中国,可知此所谓景教者,即聂斯脱里派的基督教。

二　景教教义与基督教

现在且把景教教义与基督教互相比较,可以确实承认景教之即基督教,李之藻亦曾从景教碑加以比较,略举如下:

景教碑文	基督教教义
先先而无元后后而妙有	上帝无始无终
三一妙身	三位一体
无元真主阿罗诃	上帝耶和华
判十字以定四方	十字架
匠成万物然立初人	上帝创造天地又造人

娑殚施妄	魔鬼撒旦
三一分身	耶稣为上帝化身
景尊弥施诃	基督弥赛亚
室女诞圣	童贞女马利亚生耶稣
三常	信望爱
八境	八福
魔妄悉摧	耶稣旷野胜魔
亭午升真	复活升天
经留廿七部	新约廿七卷
七日一荐	七日礼拜
三威蒙度赞	基督教义
慈父阿罗诃	天父耶和华
蒙圣慈光救离魔	上帝是真光救人脱离罪恶
弥施诃普尊大圣子	弥赛亚圣子耶稣
慈喜羔	上帝的羔羊
圣子端任父右座	耶稣升天坐上帝之右
三身同归一体	三位一体
瑜罕难	约翰
卢伽	路加
宝路	保罗
摩萨吉思	摩西

贺萨耶　　　　　　　　何西阿

伊利耶　　　　　　　　以利亚

这些经名或人名，都是译音的，略举几条以概其余，若再从《世尊布施论》加以研究，更为明了。所云：

"若左手布施，勿令右觉。"与《马太》六章三节同。

"有财物不须放置地上，……有盗贼将去，财物皆须向天堂上，必竟不坏不失。"与《马太》六章十九节同。

"唯看飞鸟，亦不种不列，亦无仓窖可守。"与《马太》六章廿六节同。

"梁柱着自己眼里，倒向余人说言汝眼里有物。"与《马太》七章四节同。

"汝等于父边索饼，即得，若从索石，恐畏自害，即不得。若索鱼亦可，若索蛇恐螫汝，为此不与。"与《马太》七章九节同。

从这几条，已可见两种经义完全相同，惟译文稍有分别耳。此可证景教之即基督教毫无疑义。

三　景教的盛况

根据碑文所载，我们便可以推测景教在当时的经过情形。碑云：

贞观十二年秋七月诏曰：道无常名，圣无常体，随方设教，密济群生。大秦国大德阿罗本,远将圣像,来献上京,详其教旨,玄妙无为,观其元宗,生成立要,词无繁说,理有忘筌,济物利人,宜行天下,所司即于京师义宁坊造大秦寺一所,度僧二十一人。

这一个诏谕,在《唐会要》中亦有相同记录:

贞观十二年七月诏曰:道无常名,圣无常体,随方设教,密济群生,波斯僧阿罗本远将经教,来献上京,详其教旨,玄妙无为,生成立要,济物利人,宜行天下,所司即于义宁坊建寺一所,度僧二十一人。(见《唐会要》卷四十九)

其不同之点,即一称波斯,一称大秦,宋敏求《长安志》卷十有云:

"义宁坊街东之北波斯胡寺",其原注"义宁坊本名熙光坊"。波斯胡寺下注云:"贞观十二年太宗为大秦国胡僧阿罗斯立。"

阿罗斯当即是阿罗本之误。先是唐韦述《两京新记》中亦有"义宁坊十字街之东北波斯胡寺"的话。起初原皆称波斯寺,后来因为要与火祆教有所分别,乃改称为大秦。《唐会要》卷四十九有诏改寺名之事,云:

波斯经教,出自大秦,传习而来,久行中国,爰初建寺,因以为名,将欲示人，必修其本，其两京波斯寺宜改为大秦寺，天下诸府郡置之者，亦准此。

碑文又说：

高宗大帝，克恭缵祖，润色真宗，而于诸州各置景寺，乃崇阿罗本为镇国大法主，法流十道，国富元休，寺满百城，家殷景福。

可见太宗为建景寺于义宁坊后，高宗又继续建立景寺于各州，乃至有"法流十道，寺满百城"的盛况。（唐分全国为十道，故所谓十道即全国之意）碑文又云："圣历年释子（和尚）用壮（疑即玄奘）腾口于东周；先天末下士（道士）大笑，讪谤于西镐。"东周即洛阳，西镐乃长安，又可见长安、洛阳皆设立景寺，引起佛教与道教的反对，景教处此道佛交攻的情形下，得以继续维持于不堕，当然是因为当时帝王的优遇，而景教教士的继来，声望毅力，其功亦有足多。故碑文有云："有若僧首罗含，大德及烈，并金方贵绪，物外高僧，共振玄纲，俱维绝纽。"罗含、及烈，当是继阿罗本之后而来的教士，及烈之名，亦曾两见于《册府元龟》："开元二十年九月波斯王遣首领潘那密与大德僧及烈朝贡。""开元二十年八月庚戌，波斯王遣首领潘那密与大德僧及烈来朝。"及烈原是武后时景教的领袖，这里所说在玄宗时来华，据近人考证，当时曾经回国而复来的。但在玄宗后期，又有许多教士来华，据碑文云：

三载(即天宝三年)大秦国有僧佶和瞻星问化,望日期尊,诏僧罗含僧普论等一七人与大德佶和于兴庆官修功德。

肃宗时命令景僧伊斯,参郭子仪戎事,碑云:

伊斯和而好惠,闻道勤行,远自王舍之城,聿来中夏,……中书令汾阳郡王郭公子仪初总戎于朔方也,肃宗俾之从迈,虽亲见于卧内,不自异于行间,为公爪牙,作军耳目。

亦见教士中,于修德传教之外,竟有参与戎幕的人。西来教士,见于碑文中的,虽仅二十余人,一为推测,必不止此数。从碑末具名之人数计之,有七十六人之多。长安大约为景教教会之总机关,列名于碑上的,当为总机关中的职员。而当时教会已推及全国,所谓"法流十道,寺满百城",虽属形容之词,但教会日渐扩展,传道人数,更不止碑文所载十人而已。

碑文中的话,虽近于夸大,但当时取得帝王及大臣的赞助,不是绝对无因的。因为唐朝对各种外来宗教的优容,不独于景教是如此。碑中所举自太宗以至德宗六代帝王,莫不予景教以好感;如太宗命宰臣房玄龄宾迎阿罗本,又把皇帝肖像画在景教寺墙壁之上,碑云:"旋命有司,将帝写真,转模寺壁。"高宗又于诸州各置景寺,仍崇阿罗本为镇国大法主;玄宗命宁国五王,亲到景寺中设立坛场,并且把五代祖宗遗像,陈列寺中;碑云:"玄宗至道皇帝,令宁国五王,亲临福宇,建立坛场。天宝初,令大将军高力士送五圣写真,寺内安置。"肃宗又重建景寺,碑云:"肃宗文明皇帝于灵武等五郡,重立景寺。"代宗则于耶稣圣诞时送香赐馔,以表庆祝,碑云:"代宗文武皇帝,每于降诞之辰,锡天香以告成功,颁御馔以光景象。"至于德宗登极的第二年,即为立碑纪念之时,其于景教的优容,亦可以见。德宗以后情形如何,我们不得而知,而从此至武宗,尚有六十多年经过,单从武宗毁废佛寺的诏令中,与李德裕的《德音表》观之,亦可以反证当时景教的隆盛,与佛教相伯仲。当时大臣如房玄龄、高力士、郭子仪等皆奉命招待,与景教发生密切关系,后人疑房、郭为景教徒,虽无佐证,也有可能。

四　景教的传教方法

景教的传教方法,我们在景教碑里,可以看出有两种:一为翻译经典,一为医治疾病。当唐太宗宾迎阿罗本时,即令为他"翻经书殿"。后来那个撰碑的景净,确是景教中的一个著作家,《诸经目录》中曾说他译经三十部卷,大约当时景教经典,经他翻译的,一定不少。从敦煌石室中所获得的《三威蒙度赞》等等(见上述),是不是这三十部卷中的东西,却不能断定,但他确曾努力译著,是可信的。我们从《贞元释教录》,知道他曾与般若共同翻译佛经,其文如下:

乃与大秦寺波斯僧景净,依胡本《六波罗密经》译成七卷,时为般若不闲胡语，复未解唐言，景净不识梵文，复未明释教；虽称传译，未获半球，图窃虚名，匪为福利，录表闻奏，意望流行。圣上浚哲文明，允恭释典，察其所译，理昧词疏。且夫释氏伽南，大秦寺僧，居止既别，行法全乖。景净应传弥尸诃教，沙门释子，弘阐佛经，欲使法区分，人无滥涉，正邪异类，泾渭殊流。

查《六波罗密经》，原有两译本，一为十卷本，一为七卷本，现存藏中，题为唐罽宾沙门般若译，而七卷本今已无存，当即般若、景净合译，德宗评其"理昧词疏"，乃至废弃。然所谓理昧词疏，大约是译文中有许多牵强之处，基督徒而翻译佛经，所用名词，或许多附会，看景教碑与《三威蒙度赞》等文中，有许多佛教名词，如"妙身"、"慈航"、"真寂"、"僧"、"法王"、"寺"、"功德"、"大施主"、"救度无边"、"普度"、"世尊"等类，便可以知道了。

传教之士，往往有精通医术的人，以医药为传教方法，为历来基督教所看重。唐朝景教教士中，亦必有不少医生在内。《旧唐书》记睿宗之子玄宗之弟让皇帝宪有病，经景僧崇一为他医治。《让皇帝宪传》里这样记着：

开元二十八年冬，宪寝疾，上令中使送医及珍膳，相望于路；僧崇一疗宪稍瘳，上大悦，特赐绯袍鱼袋，以赏异崇一。（见《旧唐书》卷九十五）

崇一这个名字,含有"崇奉一神"的意思,景教徒中以"一"为名的,如景教碑所列的人名中有"元一"、"守一"、"明一",以"崇"为名的,也有"敬崇"、"崇德"等类,可知"崇一"是个景教教士,而不是和尚。并且所赐的"绯袍鱼袋",据《唐书·舆服志》,绯袍是红色的品官服饰:

> 四品服深绯色,五品服浅绯色。

鱼袋也是唐朝一种大官所用的东西,上面刻着官姓名,随身悬佩,都不是和尚所用的,故可以断定这崇一是景教徒之名医的。又杜环《经行记》说:

> 大秦善医眼及痢,或未病先见,或开脑出虫。

足证西医已于此时随景教以输入,而为传教的一种工具了。

五 景教的灭亡

景教传到了武宗会昌五年(845 年)遭受着很大的打击,因为武宗听信了道士赵归真的话,发出一道严厉的灭佛诏谕。从经济的立场,以为僧尼穆护,都是坐食分利,饬令还俗。在诏谕中有这样的话:

> 僧徒日广,佛寺日崇,劳人力于土木之功,夺人利为金宝之饰,……

今天下僧尼不可胜数,皆待农而食,待蚕而衣。(《唐书》卷八十)

当是宰相李德裕十分赞成,所以上一道庆贺武宗毁佛寺《德音表》,也这样说:

遂使土木兴妖,山林增构,一岩之秀,必极雕镌,一川之腴,已布高刹,耗蠹生灵,侵灭征税。(见《李卫公文集》卷二十)

《资治通鉴》记着:

会昌五年秋七月,上恶僧民耗蠹天下,欲去之;道士赵归真复劝之,乃先毁山野招提兰若。至是敕上都东都两街各留二寺,每寺留僧三十人。天下节度观察使治所,及同、华、商、汝州各留一寺。分为三等:上等留僧二十人,中等留十人,下等五人,余僧及尼并大秦穆护祆僧,皆勒还俗。寺非应留者,立期令所在毁撤,仍遣御史分道督之。财货田产并没官,寺材以葺公廨驿舍,铜像钟磬以铸钱。(见《资治通鉴》卷二百四十八)

这里说"道士赵归真复劝之",究竟他是劝武宗毁灭佛教呢? 还是劝武宗存留都城的佛寺呢? 很难知道。若以"耗蠹天下"为灭佛理由,当时道教也非常兴盛,何以在这大案中,别的宗教都牵连在内,独不及于道

教,难道道教不是耗蠹天下么？那可以知道赵归真之劝与唐武宗之恶,并不单是经济方面的耗蠹天下。我们再看他诏谕中所说:

是逢季时,传此异俗。……而岂可以区区西方之教与我抗衡哉?

一则曰"异俗",再则曰"西方之教",便可了然于武宗此举,是出发于排外思想,佛教是印度来的,景教是大秦来的,其余波及的一切宗教,都是外国教,所以他毁灭了一切宗教而独不及道教。究竟当时毁灭的宗教有多少呢?《唐书·食货志》云:

武宗即位,废浮屠法,天下毁寺四千六百,招提兰若四万,籍僧尼为民二十六万五千人,奴婢十五万人,田数千万顷。(官赐额为寺,私造者为招提兰若,招提梵语,汉译为四方僧物,兰若亦梵语,汉语译为空净闲静之处。)大秦穆护袄二千余人。(即景教回教袄教信徒)

《唐会要》有相同的记载:

其天下所拆寺四千六百余所,还俗僧尼二十六万余人,收充两税户;拆招提兰若四万余所,收膏腴上田四千万顷,收奴婢为两税户十五万人,隶僧尼属主客,明显外国之教,劝大秦穆护袄三千余人还俗。(见《唐会要》卷四十九)

而李德裕《德音表》中所举数目略有不同：

> 拆寺兰若共四万六千六百余所，还俗僧尼并奴婢为两税户共约四十一万余人，得良田数千顷，其僧尼令属主客户。大秦穆护祆二十余人，并令还俗者。（见《李卫公文集》卷二十）

这里所说的二十余人，或为二千余人之误。数目虽有不同，毁灭佛教及一切外来宗教的事实，是可信的。所以在唐朝二百十年传布的景教，遭着这一次空前的教难，是非常不幸的。观会昌五年七月中书门下条奏所云："其大秦穆护等祠，释教既已厘革，邪法不可独存，其人并勒还俗，递归本贯，充税户。如外国人所送还本处收管。"知道外国教士都被驱逐回国，中国信徒均须纳税为民（当时宗教徒是免纳国税的），景教在中国，似乎告一段落，但却依旧没有绝迹。因为下一年武宗就死了，继他的王位的是宣宗，是武宗的叔父。他即位之始，便贬斥李德裕，一反武宗所为，收回灭教的成命，重建寺院，有"虽云异方之教，无损致理之源，中国之人，久行其道，厘革未当，事体未弘，其灵山胜境，天下州府，应会昌五年四月所废寺宇，有宿旧名僧，复能修创，一任住持，所司不能禁止"这一番救谕，佛教便恢复起来。景教有没有恢复呢？这却无从知道。不过从此三十多年以后，据一个阿拉伯作家的述说，黄巢作乱时，曾经在广府歼灭了十二万回回、犹太、波斯和信奉景教的人，事在880年左右。广府在何处？有说是广州，有说是杭州，至难考定，不过在武宗以后，景教仍旧在传布，可以想见的。经过黄巢的大屠杀以后，中国又入于纷乱之局，西北土地沦陷于吐蕃，西域来华之路于是被塞，又经八姓十三君的五代大乱，景教便陷于无法继续的情形之下了。一部分教士退入到蒙古境内，待机恢复，裴化行在所著的《天主教 16 世纪在华传教志》中这样说：

　　景教直到一四〇五年，在外蒙古一带，还有他们的踪迹。又有一个亲眼见过他们的人记载说：那些聂斯脱里教人，仿佛是从作坊里走出来的铁匠一样。直到现在，还时常在黄河套左近发现些古时崇拜十字架的人们的遗迹，有人曾想在当时那些人们所信奉的或许是景教。（见该书 32、33 页）

似乎景教在中国已经灭绝，只活动在蒙古境内；其实不然。我们从马哥孛罗的游记中，看见他跟着他父亲到中国来的时候，经过梁州府、宁夏、归化等处，多遇到景教的人。后来他另一次旅行，经河间府，见该处有景教徒，也有教堂。南行经运河到扬州，记载在该处及镇江有景教教堂，杭州亦有景教堂一所，这可见唐朝以后，景教在中国内地未尝绝迹，惟其势力不若唐时之盛而已。容于下文再为详叙。

第六章　元代基督教的传布

当 13 世纪的时候，在东方崛起了一个民族，凭着他们举世闻名的武功，东征西讨，建立成横跨欧、亚两洲的大帝国，这便是中国的元朝。元朝开始于 1206 年的成吉思汗铁木真，他带领了蒙古军队，从中国的西北部出发，平定了西辽及花剌子模，灭西夏，雄震亚洲。他的儿子窝阔台，就是元太宗，继承遗志，联宋灭金，并吞了中国北部及高丽，复侵入欧洲，进军俄罗斯、波兰、匈牙利。此后历定宗、宪宗而至世祖忽必烈，他在 1260 年即位，至 1278 年灭宋而一统中国，定都燕京，又东征日本，南征缅甸、安南、占城、爪哇等国，其领土之广，包括东欧及亚洲大部，实为前此所未有。

蒙古帝国既凭借其武力，统治了中国，他的国际贸易，不但推行到中亚细亚，更及到了欧洲，海道陆路的交通，远至欧洲的意大利等国，听到"中国"这个名字，亦相率东来。蒙古的长官，对于外来的商人和教士,具着极优容的态度,处处予他们各方面的便利。在宗教方面,允许人民有信仰的自由。蒙古人所崇奉的宗教,本来是多神的,所以朝廷在那时候,对于各种宗教是兼收并蓄,来者不拒,天主教也好,景教也好,佛教也好,回教也好,什么都欢迎,什么都附和。凡属教徒,都可以不纳租赋,不完捐税,并免除其他任何国民的义务。借着这漫无限制的机会,于是潜伏在蒙古与内地的景教,既可以卷土重来,即流行于罗马的天主教,亦得乘时东渐,这两派基督教,使沉寂已历四百年之久的基督教,从新复活起来。现在且分说之。

一　元代的景教

聂斯脱里派景教在唐朝以后,不但在美索不达米亚、中亚细亚及蒙古境内没有绝迹,甚至连中国疆域以内的景教团体还有存在,已见上述。最近宓亨利中国基督教四大危急时期的演说中,在叙述景教之后,又说:

基督教在中国本部,未及推广,其在中亚,则继续传布,在十三世纪中叶元世祖时,东方基督教日渐来华,重整旗鼓。

相传成吉思汗为他儿子娶了开尔脱(Kerart)部的公主为妻,这公主是个景教徒,所以在他的营内也有个景教寺。开尔脱的景教徒,都占有相当的权势,在成吉思汗的领导下,在黄河北面河套的地方, 所以随忽必烈入主中国复兴起来，并不是一件奇怪的事。景教这个名称，在元朝的历史中，却有一个特殊的名字，叫做"也里可温"。"也里可温"是蒙古语的译音，意思就是福分人，或有缘人，或即"奉福音人"。多桑谓蒙古人呼基督徒为 Arcoun，唐朝传景教之大德阿罗本，或即"也里可温"的古音。多桑译著《旭烈兀传》：

> 有蒙古人称天主教为"阿勒可温"一语，始不解所谓，继知阿剌伯文回纥文"也""阿"二音，往往相混，"阿勒可温"即"也里可温"。

但也里可温究竟是那一派的基督教呢？是聂斯脱里派的景教呢，还是佛兰西斯派的天主教呢？清洪钧《元史译文证补》中《元世各教名考》曾经这样说：

> 也里可温之为天主教，有镇江北固山下残碑可证；自唐时景教入中国，支裔流传，历久未绝，也里可温，当即景教之遗绪。

洪钧之分不清楚也里可温是天主教，抑是景教，是很难怪的，因为那时候所称的也里可温，正像现在人称基督教一样普通，变为任何派别不同的总名称。其实在镇江等地的也里可温，还是景教一派。从《至顺镇江志》考证，知道有一位也里可温教徒叫马薛里吉思，他做了镇江的副达鲁花赤，在 1278 至 1282 年间，在城内外兴建了景教寺院六所，又在杭

州建寺一所,其热心宗教的情形,可以从《梁相记》中见之:

> 薛迷思贤,在中原西北十万余里,乃也里可温行教之地。愚闻其所谓教者,……今马薛里吉思,是其徒也,教以礼东方为主,与天竺寂灭之教不同。……十字者,取像人身,揭于屋,绘于殿,冠于首,佩于胸,四方上下,以是为准。……十四年钦受宣命虎符怀远大将军、镇江府路总管府副达鲁花赤,虽极荣显,持教尤谨,常有志于推广教法。一夕,梦中天门开七重,二神人告云:汝当兴寺七所,赠以白物为记。觉而有感,遂休官,务建寺:首于铁瓮门舍宅建八世忽木剌大兴国寺,次得西津竖土山并建荅石忽木剌云山寺、都打吾儿忽木剌聚明寺,二寺之下创为也里可温义阡。又于丹徒开沙建打雷忽木剌四渎安寺,登云门外黄山建的廉海牙忽木剌高安寺,大兴国寺侧又建马里吉瓦里吉思忽木剌甘泉寺,杭州荐桥门建样宜忽木剌大普兴寺;此七寺实起于公之心,公忠君爱国,无以自见,而见之于寺耳。完泽丞相谓公以好心建七寺奏闻,玺书护持,仍拨赐江南官田三十顷,又益置浙西民田三十四顷,为七寺常住。公在镇江五年,连兴土木之役,秋毫无扰于民;家之人口受戒者,悉为也里可温。(见《大兴国寺记》)

我们在这一段文中,不但可以知道镇江也里可温的创始,与马薛里吉思的舍宅建寺情形,而且知道当时的也里可温就是唐朝的景教。在马氏兴建七寺的时候,正元世祖入主中国之始,仅仅镇江一地,已有那样伟大的建设，其他亦可想而知。关于镇江一隅的事实，后来在马哥孛罗的游记中，亦曾提到：

> 镇江府有景教礼拜堂二所，千二百七十八年，大可汗命景教徒名马薛里吉思者为其地长官。寺即其所建。

这明明说镇江的教堂，乃是景教寺院，清朝俞曲园序《杨文杰东城记余》说道：

> 余读其中大普兴寺一条，称其奉也里可温之教，有十字者，乃其祖师麻也里牙之灵迹，上下四方以是为准，与《景教流行中国碑》所云"判十字以定四方"者，其说相同。（见《春在堂杂文》）

当时景教在中国的复兴，不下于唐朝，几乎弥漫到各地，固不独在镇江、杭州之有景教寺院；一般人所以只提到镇江、杭州，乃因镇江大兴国寺碑文独得保存在《至顺镇江志》中的缘故。假若我们看一看元朝的官制，根据《元通制条格僧道词讼门》的一条记载：

> 至大四年十月十四日，省台官同奏，昨前宣政院为和尚也里可温先生等，开读了圣旨的上头，奉圣旨教俺与御史台集贤院崇福司官人每，一同商量者么道，圣旨有来，御史台集贤院崇福司来省里一处商量来，

崇福司官说：杨暗普奏也里可温教崇福司管时分,我听得道来,这勾当是大勾当,不会与省台一处商量,省台必回奏,如今四海之大,也里可温犯的勾当多有,便有一百个官人,也管不得,这事断难行。

　　宣政院是管释教的,集贤院是管道教的,崇福司乃是管也里可温的。当时杨暗普做江南释教总统,崇福司就根据他的奏章提出这番意见,以为也里可温所犯的勾当既这样多,就是有一百个官员,也管不了许多,可见也里可温人数之多了。再从《至顺镇江志》户口调查：寓户3 845之中,有也里可温 23 户;10 555 人口之中,有也里可温 106 人;2 948单身人之中,有也里可温 109 人。从镇江一区而论,平均 167 户中,有一户是也里可温;63 人中,有一个也里可温人。无怪这个崇福司官要着急了。若再从《元史》职官、列传去看,有许多职官写着也里可温字样的。北方如山西、陕西、河南、山东、直隶等省,南方如广东、云南、浙江等地,皆有也里可温散居着。有也里可温驻居的地方,当然有礼拜寺及崇福司官在管理。《元史·顺帝纪》,说到别吉太后之丧,有下列的话：

　　后至元元年三月,中书省臣言甘肃甘州路十字寺,奉安世祖皇帝母别吉太后云云。

甘州有十字寺,马哥孛罗也提及过：

甘州者……其地基督教徒,于城中建大礼拜寺二所。

别吉太后是个基督徒,所以奉安在甘州十字寺中,《文苑记》也有"命也里可温于显懿庄圣皇后神御殿作佛事"的话。这不独可以知道别吉太后是基督徒,更足以证明也里可温教的普遍全国了。在《元史》中所称为也里可温人者,有不少是达官,是孝子,是良医,是学者,是义士;而且他们的名氏,又多与古基督徒相同。当时著名的文学家马祖常(见《元史》卷一四三本传),是聂斯脱里望族,他的祖宗都是历代的达官,他曾为他的曾祖月合乃做《神道碑》(见《元史》卷一三四),可以看出他们是元代大族,并且都是信也里可温的。黄溍曾著《马氏世谱》、余阙《合肥修城记》记马氏政绩,都有也里可温字样。

后来更有从地下掘出许多景教的遗迹,如在福建泉州及附近地方,掘得了五块有十字的石碑,都是这时的遗物。泉州是中国中古时代的通商海口,等于后来的厦门,是唐朝以来一切阿剌伯人及其他外国商人教士们进出的地方,到现在还有许多关于佛教、回教、基督教的遗迹。又在蒙古石柱子梁找得了好几个有十字的墓石,大约也是十二、十三世纪的遗物。1919 年在北平西南四十里地方的十字寺里,又发现了两块刻花的石碑,碑头上都有十字,与泉州出土的石碑相似。此外在新疆、蒙古等处,有几个义冢里有十字形的墓碑,大都刻着十三、十四世纪的年代。凡此皆足证明元代景教的发达了。

二 元代的天主教

当蒙古侵入中国的时候,也正是欧洲发生大变动的时候。自西罗马帝国灭亡后,伟大的新时代产生了,文化的改进,商业的繁荣,影响及于东方,于是商人们欢喜到中国来,引起了罗马教徒传教东方的热忱,便在西亚细亚设立了传教的分所。当时有二个新兴的宗派:一名方济各派(Franciscus),一名多明尼派(Dominicus)。圣方济各是死在1226年的,他曾经传道给埃及的回教徒,并且到过圣地。多明尼很想联合全世界传教工作,使罗马各教派都隶属于正宗天主教。当蒙古军队快速度发展的时候,欧洲人很受到他的威胁,教皇依诺增德四世(Innocent IV)派遣专使,赴蒙古探访,这个专使,就是方济各派的修士,名叫柏朗嘉宾(Jean de Plan Carpin),他是意大利人,是方济各的弟子,在1245年由里昂(Lyons)出发,次年7月才到蒙古都城喀拉库伦(Karakorum),朝见新君定宗贵由,呈递教皇文书,二月间得了定宗回书回欧,于1247年到了法国,报告教皇。

1248年因法王得到蒙古长官阿尔及吉台(Aljigidai)所差来两个景教徒的报告,知道定宗皇帝和他的母亲,都信了天主教。就派遣多明尼派的法国人,名叫龙如美(Andre de Longjumean),带了另外两个多明尼派修士,于1249年从塞浦路斯(Cyprus)动身,次年到了蒙古,可惜定宗已于上一年去世了,仅取得皇后兀立海迷失(Ogul-Gaimish)的回书。此后教廷与蒙古间的使节往还,固非一次,而从这些使者的报告中,得知有许多聂派的景教徒改信了天主教,并且知道天主教在东方一天发达一天。元世祖忽必烈派遣马哥孛罗的父亲和叔父回去向教皇要求派科学家和宗教师一百人来中国,结果,因着战争的阻碍,那将来中国的多明尼派教士,中途折回,只剩马哥孛罗父子二人回到中国。马哥孛罗在中国住了多年,帮助了忽必烈许多事体,他也曾游历过中国许多地方,著成世界闻名的一部游记(已经译成中文),引起了欧洲人对中国的兴趣。

在这个时期里,与天主教在中国工作上关系最大的人,莫如那个约翰·蒙高维诺(Giovanni da Montecorvino)了。他是方济各派的意籍教士,在1294年奉教皇派遣,来到中国的京都北平,得着新皇帝元成宗铁木耳的欢迎,他就开始在中国做传教工作。第一件事,就是他劝化了一个景教徒高唐王阔里吉思信教,这位高唐王为了纪念教士的缘故,替他自己的儿子题名叫约翰。他在景教徒的反对情形之下,创建三座教堂于北平——从1298至1318年间——当1305那一年,替六百人施洗。又曾招收了一百五十个外教人家的男孩——7岁至11岁——给他们施洗,教他们学习拉丁文和教会礼节,把他们组织成一个唱经班和歌咏队,用蒙古文译出许多经文和歌词,一部分学习成功的,便在礼拜时帮助崇拜的仪式,每逢礼拜,甚至在皇帝宫里也听到他们的歌唱声音。那个高唐王,也在教堂里担任些职务。高唐王阔里吉思更领导了他的人民信奉天主教。他死之后,他的兄弟把这些人民带回到绥远东南部自己的封地,所以约翰常常去看他们,因此对于那地方的语言文字都很熟悉了,把《新约》与《诗篇》翻译成这种文字,他的工作范围便日愈扩大了。

约翰虽只是有 58 岁的人,但他的形状却已经很老了。因为有十二年之久,没有得到一些教皇的消息。十年以来,只有他独个儿主持这样的繁剧,到 1303 年方有一位德国教士阿诺尔德(Arnold of Cologne)来和他同工,但也只有大约两年工夫。

他在 1306 年所建造的第二座教堂,离开皇宫很近,皇宫里的人,早晚都能听见歌唱。这个教堂的地基,是一个名叫彼得的送他的,建造的经费,是向各慈善家捐来的。礼堂可容二百人,另外有办公室,规模虽不甚大也可见得他独力经营的不易了。他鉴于事业一天天的扩大,自己觉得孤立无援,曾经写信给同会的弟兄,又托一位在亚洲多年传道的教士叫多伦底诺(Tolentino)带信给教皇,结果,约翰被委为北平总主教,管理东方全境教会,并且又派来七个副主教,从 1307 年启程,其中有三位,都在印度死了,又有一位做了得利斯带(Trieste)主教,只有三位于 1313 年到了中国,一名安德肋贝鲁日亚(Andrea da Perugia),一名日辣多阿布意尼(Gerado Albuini),一名贝来格理诺加斯歹劳(Peregrino da Castello)。那个日辣多做了新教区泉州的第一任主教,在泉州建造起一座教堂。其余的二位,留在北平帮助总主教办事。除了在泉州新教区以外,并且分派修士们到浙江的杭州、江苏的扬州去开教。

1322 年,有一位意籍方济各派教士名和德里(Friar Odorac of

Pordenone)到了中国,在泉州登陆,后来取道福州、杭州、南京、扬州、临津、济宁,沿着黄河,到了北平,一路上考察各该地教会情形,在北平耽搁大约有三年之久——1325 至 1328——劝化了许多人信奉天主教。1328 年才由西北经陕西、四川、西藏、巴大格山、波斯、亚美尼亚,回到意大利,原期请求教皇派遣五十个教士,同来中国传教,不意在到达意大利的次年——1331 年——即逝世了。

　　1318 年泉州主教日辣多逝世,由贝来格理诺继任,五年后又逝世了;再由安德肋继任。在他的任内,又建造起一座教堂与一座较大的修道院,建筑刚完成,他也在 1326 年病故,便没有人继续他的职位。1328 年北平总主教也去世了。他在中国做了三十年工作,在中国的首都建立起天主教的事业,他那种勇敢有毅力的精神,实在给予当时的影响不少,可以算得元朝天主教中的伟人,可是从他死了以后,得不到一个相当继任的人。教皇曾派遣了巴黎大学神学教授尼哥拉司(Nicholas),不幸中途死了,没有到任,所以蒙古皇帝派了大使和十五个教会代表,去请求教皇派遣继任的人。信里面写着这样恳切的话:

　　自约翰死后,中国教会缺少了一个精神上的领袖,需要派一个继续的人。

结果,教皇派来了一个名叫马利诺利(John of Marignolli)于 1342 年来到中国北平,他穿着很庄严的祭服,在盛大的仪式中朝觐中国皇帝元顺帝,并且把教皇所赠送的战马和礼物书信献上,颇得皇帝的欢喜。但他鉴于中国那时的政潮险恶,逆料元朝的命运不久,大乱即将发生,于1345 年决计回欧,虽经元帝恳切挽留,亦置之不顾。他取道马剌甲、锡兰、耶路撒冷等地,于1352 年到达亚味浓(Avignon)向教皇陈说有继续派遣教士至中国的必要。虽然后来曾经先后派过三个人:——一名多默(Tomasso)1362 年,一名伯拉多(Prato)1370 年,一名加布阿(Capua)1426 年,都没有到任,所以天主教在中国便无形地停顿了。

三　元朝基督教的灭亡

元朝借武力所造成的国家,不到一百年,便被中国人把他们驱回蒙古去。同时,在中亚细亚等地也被回教所占领,一般西方的商人和教士,都受着阻碍。不但元朝的国运从此告终,即将近百年惨淡经营的基督教,也受了致命的打击。

原来罗马教皇很想把中国天主教的工作继续地保存下去,他在1370 年以后派了许多主教,像考斯米萨来亚(Cosme Sarai)没有到任;威廉伯拉多(William of Prato)带着许多同伴,也不知下落;佛兰西斯波多(Francis of Pedio)带了十二个同伴,也失了踪。还有十个北京主教的名字,最后一个,在1475 年被土耳其人捉去,监禁了七年,释出后不久就死了。其他有北京主教的头衔的,大都是有名而无实,因为那些人根本没有到中国任职。所以天主教在这时候,便无法继续。关于这一代天主教在中国的成绩,也难加以考证。根据一部分不很确实的报告,说归化天主教的有三万人，不过这些人不都是汉族人，以阿兰人及蒙古人居多。可见得当时民众，对于天主教，没有受到重大影响。穆尔氏（A. C. Moule）在《1550 年前的中国耶稣信友》一书中这样说：

> 古代和中古时代中国信徒的故事，并不是天主教的教会在中国开始成立的故事，却多少在名义上或是在实际上，是信奉耶稣的外国人，在中国久居，或是暂居的记载。

他又根据古经上题着的文字，都是拉丁波斯及回文而没有中国字，断定德主教约翰所施洗的外教人，都是中亚细亚民族的人民，而不是真正的汉人。那些方济各派的教士，他们留下来的遗迹，可以做我们考证的却是很少，只有现在保存在意大利弗劳伦斯老楞佐图书馆中的一本拉丁文《圣经》，这本《圣经》，是由于耶稣会修士柏应理（Couplet）在江苏常州地方一个外教人家里得着的，据说这是他家的祖先从元朝传下来的。最近德礼贤氏寻获一只 14 世纪的天主教圣爵。

在景教方面，我们从元朝文告中，见到一件重大的故事，就是也里可温同佛道的争端。《至元辨伪录》所记：

> 释道两路，各不相妨，只欲专擅自家，遏他门户，非通论也。今先生言道门最高，秀才人言儒门第一，迭屑人奉"弥失诃"，言得生天，"达失蛮"叫空谢天赐与，细思根本，皆难与佛齐。（见钱大昕《二十二史考异》

卷八十七所引）

"弥失诃"指景教，"达失蛮"指回教，这一番话，出于佛教徒排斥他教的口吻，也可以见得当时各教互争地位的情形。我们又从《元典章》里见有一道咨文，大致是说：

大德八年，江浙行省准中书省咨，礼部呈奉省判集贤院呈：江南诸路道教所呈，温州路有也里可温，创立掌教司衙门，招收民户，充本教户计，及行将法箓先生诱化，侵夺管领，及于祝圣处祈祷去处，必欲班立于先生之上，动致争竞，将先生人等殴打，深为不便，申讫转呈上司禁约事。得此，照得江南自前至今，止有僧道二教，各令管领，别无也里可温教门，近年以来，因随路有一等规避差役之人，投充本教户计，遂于各处再设衙门，又将道教法箓先生侵夺管领，实为不应，呈乞照验。得此，奉都堂钧旨，送礼部照拟，议得即日随朝庆贺班次，和尚先生祝赞之后，方至也里可温人等，拟合依例照会外，据擅自招收户计，并挽管法箓先生事理移咨本道行省，严加禁治，相应具呈照详。得此，都省咨请照验，依上禁治施行外，行移合属并僧箓司也里可温掌教司，依上施行。（见《元典章》卷三十三）

这道教呈控里的重要理由，一为也里可温将法箓先生诱化，所谓招收民户，充本教户计，认为是侵夺管领之权。一为祝圣祈祷时的班次，列在佛道之前,甚至将法箓先生殴打。这可以想见当时也里可温的兴盛,乃引起佛道二教的排挤。实际上当时景教徒的行为,的确也有许多可以非议的地方,在来德理(K. S. Latourette)著《中国基督教史》里这样说:

> 景教徒是不是可以称为基督徒的,是很难说。有一个名威廉罗伯莱克(William of Rubruck)的,在中国边境遇到几个景教徒,他们念起经来,果然同欧洲的僧侣一样,但是他们大都是醉汉,多妻的,盘剥重利的人。

这未始不可以说是景教内部的腐化,足以招致外来的排挤。再看镇江的十字寺被佛教没收改作金山寺院的一次交涉,也里可温实遭受一次很大的打击。原来这寺本来是由佛教金山寺改建的。金山寺是晋朝建武时建立的,初名泽心,后来梁天监在这寺内举行水陆道场,宋大中祥符时改名龙游,到元朝至元十六年,马薛里吉思做镇江副达鲁花赤,始改建为十字寺,到二十八年,复被收为金山寺院,归佛教所有。这是根据赵孟頫的按语的;赵孟頫曾为该寺撰碑,其碑文有云:

> 也里可温擅作十字寺于金山地,……特奉玉旨,金山寺地,外道也里可温,倚势修盖十字寺,既除拆所塑,其重作佛像,绘画寺壁,永以为金山寺院,命臣赵孟頫为文,立碑金山,传示无极云云。(见《至顺镇江

志》卷十）

同时，潘昂霄也奉旨撰碑，有大旨相同的话。镇江景教受此打击以后，其势力日就衰微，而渐至灭亡。所以总景教灭亡之原因，除了受着异教的压迫以外，还有自身内部的问题，在《四大危急时期》中说：

> 中国景教徒为数颇众，大半系蒙古人，非中国人，威廉伯罗鲁克来华，即在中亚传道，与中亚景教接触，评其缺乏知识。……设此两派耶教，均以基督为法，互相敬爱，则耶教在华在亚之发展，必无限量也。总主教约翰初居北京宁夏时，景教徒极力反对，是以两方互仇，不能协力同心。

物必自腐而后虫生，两派互相倾轧，使佛道二教坐收渔人之利，是不足为怪的。

末了，我们要问为什么元朝基督教会和唐朝景教一样的失败？为什么他们对于中国人的影响会这样小？实在的原因如何？我们不能知道。但是元朝比唐朝的情形更觉得困难，是无可否认的。元朝是挟带了蒙古民族习惯来统治中国，处处与汉人显得异样，也许汉族人民的民族思想，对于蒙古民族有些歧视，所以蒙古皇帝与长官所热烈提倡的基督教，汉人对之，格外冷淡。尤其在唐朝与元朝的两时期中，基督教的活动都在君王与贵族之间，与普通的平民阶级没有发生什么关系，君王的势力一倒,基督教也随着消灭。等到汉族人起来推翻蒙古人的统治,把他们驱逐出长城以外,盛极一时的基督教也就没有站足之处了。本来与基督教站在对立地位的儒释道三教,仿佛得了一个报复的机会,也在这种变动之中发展其排挤的一部分力量了。

第七章　明代基督教的输入

　　蒙古人在中国政权倾覆以后,基督教的工作就沉寂了,但这沉寂却是暂时的现象。不久,欧洲的天主教徒,受着文艺复兴的鼓动,随着商人的足迹,图谋向外发展。15 世纪可以说是世界地理上的新发现时期,葡萄牙人沿非洲西岸绕好望角而到达印度,并及于远东的日本与中国,与哥伦布向西航行发现新大陆有同样的意义。葡萄牙商人既觅得了这市场,纷纷东来,天主教的教士们,他抱着传道的热忱在千辛万苦的情形下,想做一番开辟的工作。他们曾经到印度、马剌甲、日本、安南、暹罗以及中国。澳门做了他们的根据地,继踵而来的西班牙人,也必经澳门而集中于菲律宾群岛。所以中国官场为了要把两种人加以分别,称前者为马剌甲佛郎机,称后者为吕宋佛郎机(佛郎机乃回民加于欧洲天主教徒的名称)。而葡、西两国人,可谓 16 世纪东方传教事业的先锋,来扣严扃着的中国之门的。等到意大利人来,才把这门扣开。这种扣门工作的艰难困苦,实有非我人所可想象者。初期的教士们,莫不感到无门可入的痛苦,中国官府,严禁外人入境,因此,教士们有的被捕入狱,有的遇险丧命,也有至死而未能足履中国地界。范礼安(Valignani)因不能入中国境内,乃至对中国界石发出沉痛的叹息,说道:

磐石呀! 磐石呀! 什么时候可以裂开呢?

可见当时欲传教入中国的不易了。但是教士们抱着前仆后继的精神,虽遭失败,未尝为之气馁。兹举其可资纪念者数人于下:

其一为耶稣会士沙勿略(Xavier)。他在 1542 年到达了印度的果阿(Goa)城。因为听说到中国去经商人很多,他就到了马剌甲;从一个日本人叫雅吉洛的信教关系,曾到过日本,在日本,他了解到日本的文化是渊源于中国的,所以他以为对于在日本最好的传教方法,莫如先到中国。他希望从日本国王得到一张护照,能把他送到中国皇帝那里。但是欲得到护照,必须请求诸侯们盖印,而那时日本的诸侯们非常专横,所以无法取得。只是他到中国来的心志仍未稍杀,于是他终于离开了日本,在 1551 年到了中国沿海的一个小岛——上川——那时正是倭寇骚扰中国海岸,在闽、粤海岸亦充斥海盗,沿海居民,航海商旅,往往惨遭劫掠,或遭监禁,或被杀戮,尤其是欧洲人士,危险性更大,而沙氏竟冒险往返,幸获安全。他曾经这样说过:

一点不要信托自己，要完全依靠天主，这样，我们既然有了强大的保护者，不要有丝毫害怕的意思，一定能得最后的胜利。

他本着这样的信心，安然地到了上川岛，既到这岛，只知道中国是远东的枢纽，却不知道从那条路可以进入中国。有一次，他到了一个三洲岛上，想法与那些中国商人联络，希望他们能够把他带到广东，费了不少力气和他们商量，都被他们所拒绝。后来他费了二百块钱雇用一只小船，想秘密进入广东。许多同伴都劝阻他，以为这样办法有两种极大的危险：第一，船上人为避免官厅耳目，有把他扔在荒岛的危险。第二，有广东官长把他送进监狱的危险，因为那时凡不得皇帝许可的人，一概不准入境的。他记起耶稣的话："在今世爱惜自己生命的，必要失掉；凡为我丧生命的，倒得保全。"因此，他那上中国这块禁地的心，仍旧像火一般地燃烧着。但事实却都使他失望。后来，他想变更一个计划，将跟随暹罗公使，冒充公使馆人员，一同上北京去。他那种伟大的计划，不料在1552年12月3日晚上，竟跟着他的身体一同消逝，而死在上川岛上了。他那样平凡地死去，得不到当时人的注意，但是他那种传道的热忱，却激发了许多后来要向中国传道者的勇气。不但是同会的耶稣会士接踵而来，就是那多明尼会、方济各会和奥斯定会的教士们，也都闻风兴起，在此后三十年间乘着他那种精神，继续不断地来扣中国之门。

印度各传教会，得着了沙勿略的死耗，都感到极度的悲哀。继任沙氏职位之贝而斯(Berse),也是很想到中国传教的,可惜他于次年十月间逝世了。继贝氏任传教会会长的,是一个耶稣会士,名叫巴来多(Barreto),也是葡萄牙人,就任以来,就接到从日本来的请求书,得着同会的叫平托(Pinto)的怂恿,他们便出发到日本去。刚到中国海岸,得着教皇禁止印度省会长离开职位的命令,便中止远征。想借此机会一履中国地界,于是未能成功,只好重返印度。当时,另有一位和巴来多同来东方的多明尼会士名叫克卢斯(Cruz)听说在广州的中国门户已经开放,便和巴来多一同离开印度,来到中国的门口,到达了上川岛,在沙勿略墓上举行弥撒。但是他们仍旧不能进入广州,结果,巴氏乃上日本去,克氏却回返印度。这时中葡间的商业,一步步地走上繁荣之途;葡人又曾助广州当局消弭海盗,取得官厅好感,他们便从上川等小岛自动移到澳门。澳门是一个极小的半岛,面积不过 480 公顷,在香山县境,直接属广东省肇庆府管辖。起初是个极卑陋的地方,后来竟变成世界著名的商埠,那不能不归功于一个传教士名叫公匝勒(Gonzalez)的。他是最早受马剌甲司铎的委派,到那里去传教,那便成为澳门的开辟者。巴来多、克卢斯等既到了澳门,便有到广州的机会;可是中国官厅的限制,仍旧很严,所以克卢斯曾经这样说:

官家布置一些哨兵,把守广州,凡是没有得到许可的,决难渡过门禁森严的城垣。⋯⋯为了这个缘故,不论是我或是别的司铎,已经为传教事业试办过好几次,都未能在中国得到结果。

虽然还是困难，却比已往接近得多，所以一般谈论中国传教问题的，都是抱着乐观，认为中国人并不固执地拒绝外来宗教，不过对于一种新宗教，没有得到长官及皇帝的允许，不敢冒险的接受。所以有人主张由葡王派遣公使团，向中国皇帝进贡，借此取得皇帝许可的根本办法。后来巴来多被调往别处，克卢斯回返葡国，只有公匦勒一人，仍旧留在澳门工作。1563 年的时候，在澳门至少有八位耶稣会士，外来人民增至五千上下，内中有九百个是葡萄牙人，在这些葡人中间，有很多人计划进中国传道，像贝勒兹(Perez)上书广东布政司，结果，因不懂得中国话，致被拒绝。像阿乐迦拉(Alcaraz)、拉弥来(Ramirez)在中途遭风死于非命。此外如利培拉(Ribera)、发拉(Volla)虽然屡经险阻，仍请求澳门当局准许他们到广州去，均未成功。利培拉乃有改换中国服装，托一个舟子把他带到广州江岸的计划，同伴皆以为此举太属危险，设法阻止。不久，此三人皆被召回欧洲，他们所有的计划，都成了空虚的幻梦。有人以为中国门户的开放，较前进步，其实在沙勿略死后，所有的情形，更觉令人失望；不论是葡王的公使，不论是英勇的传教士，都不能冲过中国的重围。试用的方法，几乎已经用尽，但一点也不发生什么效力。所以一般激进的人，以为用和平的方法传教既然不行，用武力干涉或外交压迫当可以有了保障，传教士的善意既被拒绝，不如采用武力以克服抵抗。利培拉曾有这样的意见，若是不用战争，不借兵力，是没有使他们归化的希望的。原来中国人民是极易劝化的，只是他们在严格管理之下，就不敢尝试罢了。嫩耶斯(Nunez)也有这样的意见，他在一封信里说：

欧洲各王侯,与其相争斗,自相残杀,何若设法扩大基督的国,而迫令中国皇帝允许教士在国内传教。中国民众极易劝化,因为我们的风俗文化是他们所喜悦的。

这种意见,正是表示他们极端的反动,是在计穷力尽时所想出的最后办法。这办法简直要把传教工作变成征服属地的工作,不择手段求达目的。幸亏这方法没有实现,给后来一班有远见的教士们加以纠正,认为此种思想非常危险。惟一的办法,只有用长期的忍耐,来取得事业的成功。因为他们并没有失掉了希望,博而日亚(Borgia)听到代宰拉的乐观主义,说道:

我对于他所具有的进中国的希望,觉得很是快乐,我也是这样希望着。

所以那些希望传道到中国的教士们,都抱着忍耐的心,集中在澳门(那时的澳门,已经成为非正式的居留地)。他们既然不能进中国,只好在澳门经营着宗教事业,所以到 1565 年,已经有五千以上的信友,在公匝勒的领导下,建立起会所及教堂。卡内罗(Carneiro)奉了教皇的命令,于 1568 年到澳门,称为第一任中国主教;那已经在澳门经营教务有十一年之久的公匝勒,被马刺甲主教召到摩鹿加去了。卡内罗颇得修士们的欢喜,为了请求中国官厅允许在广州成立会所,曾经到过广州两次。然而中国人总是怀疑那些葡萄牙人有占领土地的野心，始终未予允许。他们既无法向中国内地进行，只好在澳门劝化人信教，并且改善葡萄牙人自己的风俗。卡内罗曾经这样说：

当我来到称为"天主圣名"的商埠澳门时，第一件工作，是不令本处教友供给外教人看轻基督的机会，并禁止我们有钱有势的商人，有不好的行为。

并且开设一座医院，不分教外教内人，一律收容，可以说他是把西药传入中国的第一人。他又注重慈善事业，自己的生活非常刻苦，注意于教会内容的充实，等候着将来对中国新局面的展开。当时澳门教会的使命：一为预备向中国内地传教的根据地，一为远东教士们旅居之所。他们最大的目的，还是在前一点。当科斯塔（Costa）到广州请求官厅准许教士居住广州的时候，事虽未成，却得着一个青年慕道的和尚，跟着他回到澳门。卡内罗主教见这个有为的青年，很想使他受点高深教育，并且送他到日本去求学，在圣诞节给他受洗，圣名保禄。想不到为了这个青年，却引起极大的风波：那些和尚们散播许多谣言，鼓动民众示威，声言欲捣毁澳门商埠，没收商人货品；当局亦发出扣留葡国商船的命令。葡国乃花了许多运动费，允许找回这青年和尚。澳门教会经过长期讨论，无法两全，而那青年自己不欲使大众受累，自愿回返广州。卡内罗不得已，只好伴他前往。一到官厅，那青年被捕去，遭受毒打,判了流徙之刑,卡内罗也无计可施。这青年可以说是中国为基督受苦难的第一人。广州市内便有传教人拐骗小孩的诽谤,教士们要想传教内地的困难亦愈加增,仿佛在关闭着的中国之门上加了一把锁一样。

在葡萄牙积极扣门的时候,西班牙挟其战胜荷兰叛变的余威,开始向摩鹿加群岛、菲律宾群岛及太平洋东部进行。而那些奥斯定教士,对于拥有丰富利源与繁庶民众而又具有优良文化的中国,当然被看作良好的传道区域。所以他们以全力从事于国外传道之余,单注意到中国,以菲律宾群岛为根据地,成立中国奥斯定会传教省,或称为驻在菲律宾的中国传教省,时常准备到中国传布福音。起初有巴斯克(Basque)、马丁拉达(Martin de Rada)和雷迦斯毕(Legazpi),在该岛上经营教育与建设事业,一面又很热烈地预备进入中国,先期学习中国语言。到1575年有一个进入中国机会:适中国统兵王望高为征讨海盗林风的缘故,到了马尼剌,马尼剌当局便把传教士欲到中国的事与之商量,结果,便有奥斯定会士拉达(P. de Rada)、马林(Marin)随着王望高到福建泉州,并至福州谒见总督,要求居住在中国传教,未得允许;在中国仍旧不能立足,只得回返吕宋。第二次那位拉达,与同伴阿尔部开尔克(Albuquerque)又附王望高的军舰来到中国,竟为王望高所卖,把他抛弃在桑提阿哥(Santiago)海岸沙滩上,他们的翻译员及仆役皆遭杀死,而这两位教士,也已奄奄一息了。但奥斯定会并不因此沮丧,依旧不断地努力。不过西班牙人的这种努力,却引起了葡萄牙人的嫉妒,在澳门的葡萄牙人,深恐西班牙人的势力膨胀之后,自己要受到害处,乃秘密和罗马教廷商议抑制西班牙势力的办法,把中国及日本附近各岛,尽归澳门管理,因此西班牙人受了许多限制。及至 1573 年范礼安被任为远东视察员,携带四十多名新会士,内中意大利、西班牙、葡萄牙人都有,特别西班牙最多,于是国籍的分别,渐渐消除。

范礼安是意大利人,1566 年在罗马加入耶稣会,他带了四十余人视察澳门教会,可以说是一种划时代的工作,因为从他手里领导了两个开创这一时期教会的伟人,就是罗明坚与利玛窦,他自己虽往来于印度及中国海上垂三十二年之久,没有达到他开启中国这磐石的愿望,而他那不馁的精神,实在做了建设中国教会的磐石;同时,他结束了当时国籍的倾轧,使一切负传教使命的人,只知在耶稣十字旗帜下尽责,忘记了国别,这是他承前启后的大贡献。他也到过日本,在日本劝化过马郡藩主一家信教,也建立起几所修道院。他以为预备入中国传教,首要条件必须熟悉华语,于是函请印度区长物色一个这样的人,当其选者即为罗明坚(Michele Ruggieri),于 1578 年偕同巴范济(Francois Pasio)、利玛窦(Matteo Ricci)同来澳门。罗明坚遂从一中国画师,学习中国文字。范礼安曾誉为"我所喜爱之一人",说:

他用谦逊坚忍,把中国关得很紧的大门打开,因为他是第一个用中国语言文字,将耶稣救世的道理,在中国传布,更是由他把智慧的利玛窦领入中国。

时葡萄牙人与中国贸易每年有一定时期，在广州附郭举行，日入后，葡萄牙人必须归舟，不许逗留中国境内。罗明坚利用这种情况，呈请许其居留陆上。中国官吏认其请求正当，且喜其善华语，乃许居于暹罗贡使之驿馆中。后又得两广总督之邀，与巴范济同至肇庆，时在1582年，得居于东关某佛寺中，这佛寺便成为中国内地之耶稣会第一会所。其后总督黜职，二人被迫返澳门，巴氏遂改道赴日本，罗氏于次年请命于新总督郭某，乃偕利玛窦重赴肇庆。一日在城墙下见一病者，异入寓所为之诊治，病愈，令受洗入教，此实为中国第一受洗之人，惜不知其姓氏。同时，有一学生研究教理，亦受洗入教，其人姓氏有写作 Kin Ni Ko 或写作 Cin Ni-Co，其受洗之名称若望（Jean）。此消息传之澳门，范礼安欣喜异常。后来郭总督升迁他官，乃携罗氏至其故乡绍兴，总督之父因此接受洗礼。此罗明坚氏始入中国工作之大概情形，谓为明朝中国内地传教之开创者，亦无不可。

第八章　利玛窦与其他教士

　　开创第三期中国基督教事工的，当然要算到利玛窦，在他以前许多冒险而努力的人，都不过是他的开路先锋。前人种，后人收，前人之功固不可没，而利氏苦心孤诣，亦足以垂万世而不朽。其生平事迹，见之于一般记述者甚多，兹且据艾儒略《大西利先生行迹》略述如次：

　　利玛窦，字西泰，(明代天主教士，依照中国习惯，往往于姓名之外，特题字号。)生于1552年意大利马知拉打(Macerata)地方。这一年便是沙勿略去世的一年。他的父亲，曾经做过高官，也希望他的儿子能步其后尘，所以叫他到罗马京城去肄习法政。但在他年十九的时候，有志修道，不愿婚娶，屏除名利，入耶稣会，有传道四方之志。他把这意思写信告诉他的父亲，他的父亲极端反对，欲亲往罗马去劝阻他，正欲动身，忽然得病，病愈欲行，又病而回，这样有三次，乃幡然觉悟，以为这或是天主的意思，便写了一封回信给他，慰勉一番。他便在研究习文理科学识之外，进圣安德修道院研究神学，在院立志传道印度，于1577年附舟历数国辗转至印度。1580年受司铎之职，次年得范礼安之召，乃至澳门。这时澳门已经中国政府允许作葡萄牙人居留地，耶稣会士创立了会所一座，并且成立为主教区。利氏到了澳门之后，范礼安便命他学习华语，因为范氏鉴于前此诸教士工作的未获成效，乃由于不懂华语之故，于是命罗明坚、利玛窦等努力学习。后来，因为他们能操华语之故，获得总督嘉许，使耶稣会得由广州而入肇庆，立定了传道的基础。先是广东总督名叫陈瑞，起初到任的时候，便借口调查澳门葡侨之名，乃传令召澳门首领门多萨（Airoz Gonjaloj de Mendoja）及新近登岸的萨来约（Don Leonardo de Saa）主教到肇庆总督府质问，其实他别有用意。这消息传到澳门之后，一般侨商，咸为不安，恐怕有什么不幸的来临。不得已选派两个能说华语的人员代替前往，于是令检查官巴乃拉（Panela）代替门多萨，罗明坚代替萨主教，来到肇庆，向总督从容陈辞，并呈献所带布匹、丝绒、水晶镜等约值二千余元银两之物，总督遂变其傲慢态度，款待礼遇，留居府内十五天之久，又以罗明坚酷好文学，赠给他们许多中国书籍。罗明坚见时机可乘，便向总督请求驻所，以便留此学习中国文字，虽然未得允许，却彼此十分投契。此后罗明坚得几次谒见总督，在肇庆建立了根基。二年以后，罗明坚乃带了利玛窦（1583年）到肇庆谒见新任总督郭公。肇庆是当时广东省的省城，风景非常美丽。他们到了那里，首先谒见知府王公，按照中国习俗，行跪拜礼。知府对于这几位外来的朋友，十分殷勤。他们向知府唯一的要求，希望得到一块远离市廛的空地，可以为建筑教堂及寓所之用。知府立即派人带他们到西门外江边观看地方，离这里不远正在建筑一九层高的八角塔，他们觉得这地方非常合宜，乃在附近择定一角。罗明坚便回澳门计划建筑经费，利玛窦一人留在肇庆。因为他学习中国语还不过二年工夫，对于各种事务的处理，自感非常困难。官厅虽然允许他们建筑，而民众却异常反对，于是引起了骚动，谣言蜂起，几乎酿成大狱。幸亏那个知府加意保护，张贴告示，说明教士来华理由，经过六个月的口舌，风潮方始和缓。所建造的房屋，完全是欧式的，下层一共五间，中层暂作教堂的一间客厅，上层为教士们住室，前面有一个阳台，从远处看来，式样非常美观，而且与旁峙的九层高塔互相辉映。人民少见多怪，轰动全城。利氏因而常住肇庆。他本是长于数学及地理的研究，于是把一张世界地图放大尺寸，改绘成中国字的地图，将中国本部十五省绘在中央，虽然与事实不符，但却投合中国人自大的心理。他把这地图与浑天仪、天地球考、时晷、报时钟等物赠予当道，他们都觉得非常新奇，并佩服他们的学问而得一般学者的尊敬。罗明坚既然跟着卸任的总督到绍兴去了，利玛窦便独当一面地进行着他的工作。他不但是用学问使人佩服，并且用道德去感召人，横逆之来，都能忍受。有一次，他的佣人捉住一个从后面墙上进来偷柴的人，他反而自己背了些柴送给他，说他是为了贫穷的缘故，不必和他计较，那个人觉得很惭愧。自然这样的事情便传布开来，他的名字也一天天受人称赞。他们在肇庆，差不多有十年光景，苦心学习中国语言，并且研究中国文字，对于中国的五经子史，都能明晓其意义，据此著书立说，发明教义。他欲实现保罗所说的"在什么样人中成什么人"的教训，他要"在中国成中国人"，于是他也像罗明坚一样在饭食起居仪节生活上都完全中国化，穿着和尚的服装，而改变欧洲的习惯。后来遇到瞿太素，才劝他改穿儒服，废除僧名。那时有因爱慕其学问，而来跟从他的，如钟铭仁、黄明沙等人。亦有因邪魔作祟而来请求祈祷的，于是在肇庆便有许多人信奉天主教了。到 1589 年一个新任总督叫刘节斋的，他羡慕利氏等的住宅，想要把他夺去，逼迫那些教士退到澳门，但却不愿居一恶名，所以仍旧叫教士回到肇庆，愿偿还其房价，利氏等力辞不受，只望在别一城中居住，总督遂指定韶州南华寺为其居所。韶州接近江西，传教工作遂因此向北推进一步。利氏既到韶州，便请在城河西首官地建造堂宇。鉴于前次的纠纷，不复用欧洲式，建成华式的住宅及礼拜堂各一所，时在 1589 年。在韶州遇到瞿太素。（按：太素乃文懿公常熟景淳长子，文懿公有数子曰汝夔，曰汝稷，曰汝说，后来殉国的瞿式耜是汝说的儿子，也是个热忱的基督徒，可见太素之接受基督教，影响于其后来的家庭。）他本来认识利氏于肇庆，适过韶州，谈论甚契，愿奉为师。本来他想从利氏学得仙丹，却不料所学的乃是宗教真理与数理几何等学问，历时不久，颇有心得，所以后来在 1605 年受洗入教了。利氏曾问太素有何祈求？太素答以行年四十三，尚未有子，能为我祈天主乎？是年，太素果生一子，名曰式榖。太素本是一个著名的学者，得其揄扬于缙绅之间，利氏之名遂大噪。

利玛窦曾乘暇游南雄，遇见王玉沙在南雄做官，深为契合，遂得在南雄暂住,为若干人授洗。时同伴麦安东(Antoine d'Almeyde)、石方西(Francois de Petris)相继逝世,利氏遂感到孤单。适郭居静(Lazarus Cattaneo)至韶州(1594年),遂共商赴北京计划。次年跟随起复之大吏姓石的少司马同行,想借此以至北京。逾梅岭后,溯赣江而上,要经过十八滩,波涛险恶,所乘之船触滩沉没,全船之人皆落水,随行的青年名Jean Barradas者惨遭溺毙。利氏自己既没水中,不谙游泳,度无生望,忽手触一绳,乃得脱险。不意该大吏忽然变计,深恐携一外人入境而获咎,欲把利氏遣回广州,几经力请,始许带至南京,而该大吏本人则陆行北上了。既至南京,不为官吏所容,复还江西,至南昌,心颇懊丧,适有医士王继楼者,本相识于韶州,至是见利氏至,殷勤款待,赖其见容,得识城中士人。时江西巡抚陆仲鹤,邀见甚喜,利氏以其所著书并三棱镜献之,遂得留居于南昌。由此,得谒见建安王,王甚欢迎之,握手而言曰:

　　凡有德行之人,吾未尝不交且敬之,西邦为道义之乡,愿闻其交友之道。

　　利氏便著成《交友论》一卷献之。时适同会苏若望(Jean Soerio)带了些金钱来,遂租得小屋同居于此。从此利氏之名愈著,过访者户限为穿,有见其太烦而劝其托词不在以谢客,利氏答曰:

天主不容我作伪言，宁愿过客倍增，不愿言行背道。

因此，人家愈加看重其人格与其教道。利氏身居南昌，心常不忘北上，1598 年适有旧相识王忠铭，新授南京礼部尚书，将入京觐见，路过韶州，原欲携带利氏入京，继知利氏在南昌，遂偕郭居静至南昌，将与利氏同至北京。

先是利氏在肇庆时，绘有地图一幅，为赵心堂所得。时赵公方将开府姑苏，适王忠铭带利氏到南京，赵公馈送礼物中有此地图，王公甚奇，以示利氏，方知此图本为利氏所作，乃作书以告赵公，赵公喜出望外，具车以邀利氏，相得甚欢。利氏并出天主像，赵公悬之于日常拜天之所，稽首敬礼，并遍请当道诸公，同为瞻仰，畅谈十余日。时王忠铭已先北上了，赵公乃命人护送入京。时正因中国与日本因朝鲜事发生战争，流言外国人为日本间谍，为避嫌计，不得已使郭居静径返南京，自己则往苏州访瞿太素，太素劝其在苏州建一住所，然以利氏久病新愈，宁赴镇江休养，至 1599 年仍还南京。时王忠铭已就南京新职，介绍许多官吏与之订交，一般士大夫咸以与利氏订交为荣。郭居静亦由山东来会，商量建筑住所。户部刘斗墟曾于洪武冈建有住宅一所，因常为魔扰，愿让给利氏；视之，极为满意，即奉天主神像于其中，夜与郭居静、钟念江迁入同居，安然无异。次日诸相知过访，咸以为邪不胜正，始知堪舆择日之俱属妄诞。有太史王顺庵者，博学多闻，常有志于度数历法之学，知利氏精此学，乃令张养默先就利氏受业，习之既久，于浑仪度数，始有所得,乃喟然叹曰:"彼释氏之言天地也,但闻一须弥山而日月绕其前后,日在前为昼,在背为夜。其言日月之蚀也,则云罗汉以右手掩日而日蚀,左手掩月而月蚀。言地在须弥山四面,分四大部州,而中国居其南。天地之可形像测者,尚创为不经之谈,况不可测度者,其空幻虚谬可知也。今利子之言天地也,明者测验可据,毫发不爽,即其粗可知其细。圣教之与释氏,孰正孰邪,必有辨之者矣。"名士吴左海、李卓吾亦皆订交利氏,赋诗为赠。又尝折服道家李公、高僧三槐,其学识为当时人所惊服者类此。诸大夫中首先奉教的,乃一七十岁之武官,洗名为保禄,后其子及全家皆受洗。斯时奉之人日多,就其新住的礼拜堂中公开礼拜。郭居静释此情形赴澳门报告,并请派辅助之人。不久,郭氏偕庞迪我(Didace de Pantoja)同来,留郭氏主持南京教务,利氏则偕庞氏作北京之行,时在1600年。所带贡物,有大小自鸣钟各一,油画三幅,内圣母像一,耶稣偕约翰像一,救世主像一,镜数面,三棱玻璃柱两面,《圣课日祷书》一册,手琴一具,《万国舆图》等。被内臣马堂,截夺贡物,自行上奏,奉旨便殿召见,命内臣学习西琴,并问西洋曲意,利氏乃译《西琴八曲》以进;帝尤爱自鸣钟,命此二外国人留居京师,并赐月俸。向例外臣贡物,必由礼部呈进,今因利氏径由内官直达,礼部大臣认为越级,颇示不满;后经利氏说明马堂强夺邀功之事,方释嫌怨。利氏虽留京师,却居夷馆中,乃具疏请命,冀能于两京或吴越,得一居所,未蒙报可;后经礼部赵邦靖周旋其间,始得在北京僦屋以居。后赵公因事去官,利氏独往唁慰,赵公感激知,归而研究利氏《天学实义》一书,颇多领悟。利氏住京师凡十年,时与名公巨卿论学,宾客过访,络绎不绝。每接见宾客时,辄言天主教理,一有宾客,则倒屣出迎,虽在抱病呻吟之时,亦必欣然出接,忘其所苦,客去则呻吟如故,无分贫富贵贱,一视同仁。因此,交游日广,人多乐以相亲,受其感召者,大不乏人。名公巨卿,翰苑闻人,颇多受洗入教,徐光启、李之藻即其中之一。时北京奉教者已有二百余人。徐光启本于 1603 年领洗于南京罗如望(Jean de Rocha),次年为翰林,至 1632 年入阁为尚书,为当时华人信道中最有贡献的一人。李之藻从利氏学西学,深佩利氏器识;适患重病,以独居京师,乏人照料,利氏朝夕于床第之间,为之调护,及病笃时,乃劝其立志奉教,遂为施洗,而病亦渐痊,后为基督教多所著述。

1609 年利氏曾创立信徒团体,名曰天主母会,在会之人,相约以德行范世,赡养穷人为务,按月聚会,互相策励。其日常工作,除为志愿受洗之人讲说教理外,又尝努力学问,于中国文学造诣甚深,《四书》《五经》都能熟读,故其在应对周旋之时,往往引经据典,阐明教义,深得当时儒者的钦佩。本其于中国学问的素养,从事著述,一书之出,莫不受人称誉。教内外人士致书请问的,日有多起,辄手自裁答,虽缕缕长言,亦不惮烦。又尝就北京建筑大礼拜堂,亲自督理工程。以一身任此繁剧,劳苦不辞,乃至促其年寿,于 1610 年 6 月 11 日卧疾不起,年仅 57 岁。遗命以龙华民(Longobardi)继其后任。庞迪我、熊三拔等具疏奏请葬地,乃以籍没杨内官私创二里沟佛寺及房屋三十八间,地基二十亩,赐为利氏葬地,即今北京城外教士公葬之所。在京与南京、南昌、韶州诸士大夫都来参加葬礼,京兆玉沙王公撰文立石以资纪念。内臣中有以为外臣赐葬,向无此例为言,宰相叶向高乃曰:"遑论利氏之道德学问,即就其所译《几何原本》一书,亦足当葬地之赐。"此利氏之死,实予基督教在中国以莫大影响。当利氏临终之前,曾致书于其同僚,有云"我思在中国传播基督教之良法,莫为我死"。果然,他不平凡的死,成为基督教史上的伟绩。其生平所著汉文书籍甚多,当于下文另述。

总利玛窦逝世时的教会情形,从上述的一篇传记里,可以知道当时已开设教会的,有下列的几处:

(一)肇庆府。于1583年建一住宅。

(二)韶州府。于1589年建立教堂与住宅。郭居静于1594年到此工作。到1606年已有教友八百人。

(三)南昌府。于1595年,以六十金买一小屋作教堂;1607年李玛诺又以百金买一较大之屋立堂。1609年时有教友约三四百人。

(四)南京。于1599年建造堂宇。

(五)北京。于1605年以五百金购一屋建立圣堂,即为南堂。

(六)上海。于1608年由徐光启、郭居静开教,建立堂宇,二年中受洗者有二百人。

(七)杭州。于1611年由李之藻、郭居静开教。

当时奉教人中有名望的,如(一)瞿太素,江苏常熟人,大宗伯文懿公长子,1604年领洗于罗如望之手,圣名依纳爵。(二)徐光启,上海人,官至礼部尚书,1603年领洗于罗如望,圣名保禄。(三)李之藻,杭州人,1610年病笃时在北京领洗于利玛窦。(四)杨廷筠,杭州人,1611年在本地郭居静手领洗入教。(五)冯应京,安徽盱眙人,读《天主实义》而受感。(六)李天经,河间吴桥人,以进士仕京师,由徐光启劝导而入教。(七)张寿,李之藻门人,与其师同受洗于利玛窦,圣名弥额尔。(八)孙元化,嘉定人,在北京受徐光启感化,于1621年领洗,圣名依纳爵。(九)王征,陕西泾阳人,官至布政司,圣名斐伯理。(十)韩霖,山西绛州人,在北京与徐光启善,圣名多默。(十一)段衮,山西绛州人,亦在北京做官时奉教。(十二)金声,安徽休宁人,崇祯进士,与徐光启善而奉教,其女守贞不嫁,亦奉教。(十三)瞿式耜,为瞿太素之侄,万历进士,后殉国。(十四)张赓,福建晋邑人。

与利玛窦同时同工的人,除上述罗明坚为其先进外,如:麦安东,是葡萄牙人,他的号叫立修,在1585年偕孟三德到澳门,协助罗明坚、利玛窦传教内地工作,曾随罗氏至绍兴,并与利氏共事于肇庆、韶州,1589年病殁。

孟三德(Edouard de Sande),也是葡萄牙人,号叫宁寰。1572年至印度,奉范礼安之命,辅助罗、利工作于澳门,后经罗氏带往肇庆,总督曾面询其曾否思家,乃答曰:"永与华人处,是我愿也。"后因肇庆教士为总督所逐,相率至韶州,劝导青年华人入教,不久,孟氏遄返澳门。1600年病殁。

石方西(Francois de Petris),意大利人,号叫镇宇,1590年奉范礼安之招来至澳门,以麦安东病殁,赴韶州,继其职,抵韶不久,有盗夜劫其室,被盗斫伤其头,并伤仆役三人,官捕得盗,判处死刑,石氏等请宽其罪,仅杖二十释之。助利氏传布教道。体魄虽健,然预知不寿,未三年果病终。

郭居静(Lazarus Cattaneo),亦意大利人,字曰仰凤,石方西病殁,利氏独居韶州,郭乃召氏来助。利氏第一次赴南京时,留韶管理教务。后偕利氏同赴北京。及还南京,被遣归澳门报告旅行经过。事毕遂携庞迪我至南京,利氏最后离开南京时,郭氏留居南京,管理南京、南昌、韶州等处教务。后来范礼安卒,郭氏遂继其视察之职,留居澳门。会荷兰人因嫉葡萄牙远征得利,乃遣海盗扰沿海岛屿,并欲谋据台湾,进取澳门,于是葡人设防以备。华人见之,遂有外国人谋据中国,推郭氏为帝之流言,且有不良教徒,以教士们不袒庇其讼事,怀恨于心,又从而煽动,酿成焚烧教堂的暴动。流言既炽,教士等处境甚危,两广总督派人调查,召见郭氏,欲观其武库,郭氏导之入图书室,乃指其藏书曰:"此我所持以谋据中国之武器也。"又导之入学校,而指其学生曰:"此我将率以侵据中国之兵卒也。"流言之不实,至是始为之释然。这件事体是在1606年。后带熊三拔(sabbathin de Ursis)来中国,及至南京,三拔到赴北京,郭氏则止南京。时徐光启因父丧回上海,道经南京,邀郭氏同往开教(1608年)。时上海因商业兴盛,已成重要城市,居民约四万户,人口约三十万人。以徐光启位高望重之故,易于号召,得建一华丽教堂。郭氏居上海二年,受洗者有二百人。复奉新会督龙华民(Nicolas Longobardi)之命,偕同金尼阁(N. Trigault)、钟巴相赴杭州开教。李之藻是杭州人，已在北京受洗，时亦因丁忧在籍，力助开教事业，并劝其友杨廷筠入教，徐、李、杨三人，实为当时开创教会之三大柱石。杭州亦建堂施洗，日臻兴盛，两地教会，皆由郭氏主持，居杭州约三十年，至 1640 年逝世，年已八十。

龙华民，意大利人，号曰精华，1597 年到中国，先在韶州传道，遭受甚多困难，仇教的民众和尚，屡加侮陷。1603 年在韶州靖村建立教堂，此实为中国首建立之教堂，以其尚在利氏所建之北京教堂以前故。1609 年被召至北京，任中国全国会督，其第一工作，即为编纂《洗礼用语》，其意见与利氏不同，所以为引起后来礼仪问题讨论的导火线。1616 年南京教案起，在华教士尽被驱逐，及至 1622 年熹宗帝以与满洲战事，乃召回诸教士，谋军事上的帮助。龙氏得与阳玛诺（Emmanuel Diaz Junior）同至北京，仍做传教工作，并常至山东泰安传教，劝化受洗甚多。年九十五，因跌伤而去世，时已为清朝，顺治帝赐葬银并致祭。

罗如望（Jean de Rocha），葡萄牙人，号曰怀中，1598 年被派至韶州，后来复派至南京，曾为瞿太素及徐光启施洗。南京教案起，偕一中国修士邱良厚避难建昌，在建昌也曾为一名翰林万玛窦全家施洗。后来从建昌至福建漳州开教，又至江苏嘉定传教，并建筑教堂一所。当南京教案时，曾与徐光启起草奏疏，辨明沈㴶之诬。熹宗召回北京并任会督，次年（1623 年）去世，葬杭州方井南。徐光启闻讣，全家持服，如遭父丧。

庞迪我（Didace de Pantoja），西班牙人，号顺阳，1599 年至澳门，范礼安遣往南京与利氏同工，利氏第二次入京，携以同往，得其助力不少。

曾赴近郊各村庄传教，领洗者数十人，利氏死后，为之奏请葬地。奉朝命改正历书，被暴徒殴击，几濒于死。南京教案起，卒被驱逐，甫至澳门，得疾而死，时为 1617 年。

熊三拔（Sabbathin de Ursis），意大利人，号曰有纲，1606 年被派至北京，利氏令其精研中国语言。时因中国钦天监推算差错，朝命庞迪我与熊氏共同修历，著书推其经纬度数与日蚀。结果，虽遭官吏嫉恨，却得万历帝的欢心。及至南京教案起，熊、庞二氏同被驱至澳门。1620 年病殁。

李玛诺（Emmanuel Diaz Senior），号曰海岳，1585 年至印度，1596 年任澳门会团长，并视察韶州、南昌、南京教务。1604 年至北京，偕郭居静南下。次年携中国修士邱良厚返南昌传教，受洗者有二百余人，并劝化一明朝宗王全家受洗。四年后重返澳门任团长职，后又奉命视察各处教会。1637 年曾上书主教，自言居东方五十一年，任布道长或谘议逾四十九年云云。1639 年病殁于澳门。

费奇规（Gaspard Ferreira），葡萄牙人，号曰揆一，曾至北京协助利氏，做培植教友工作，自任讲授之职，因而受洗入教者有一百四十人之多。后与阳玛诺共管韶州教务，曾在建昌建一教堂，清兵入关，乃退回广州传道。

上述诸西教士，皆与利玛窦有直接关系，同时工作的人，尚有若干中国人士。在当时传教工作上有相当贡献的，除上述之徐光启、李之藻、杨廷筠外，如：

钟巴相,一名铭仁,是第一个入耶稣会的中国人,他的号叫念江,广东新会人,谙西方语,曾任利氏舌人,从行数年。时华人信教颇易遭受意外困难,在韶州曾受刑负枷,被驱逐后,又在杭州受杖而幽禁,随利氏至北京后,复受第三次的禁锢,皆因其宣传福音之故。在南京教案中受苦最多。1622 年殁于杭州,入教凡三十二年。

黄明沙,偕钟巴相同入耶稣会,偕传教师入内地传教,在南京曾说瞿太素入教,后至南昌传教,旋奉视察员之召至广州。时正流言葡萄牙人谋反甚盛,氏为新入教而背教者诬告于总督,谓为郭居静之间谍,捕之入狱,备受苦刑,问无实据,本可释放,不意彼告诘者,复诬以私藏火药,乃被囚禁,受重笞,体无完肤,次日复遭刑讯,抵狱即死,年仅三十三岁,时在 1606 年。

游文辉,字含朴,澳门人,1598 年随利、郭二教士在南京传道,1605年得范礼安之许可,入耶稣会为修士。后随利氏至北京,当利氏临终时,彼曾在侧。1630 年殁于杭州。

雷安东,也是澳门人,在北京入耶稣会,常偕庞迪我传道近畿各村庄,虽体弱多病,仍能不辞劳苦。为费奇规伴侣,遣至韶州休养,后又由韶州赴澳门,殁于舟中,时在 1611 年。

邱良厚,字永修,也是澳门人,父母皆基督徒,故自幼即入教,后为副教师,偕罗如望居南昌、建昌数年。1621 年随毕方济(F. Sambiasi)至北京,为龙华民之勤劳伴侣,受其劝化而受洗者甚多,其中有经龙氏施洗之太监庞天寿,亦为邱氏劝化之功。1640 年殁于北京。

钟鸣礼,字若翰,与其父念山其兄鸣仁同在澳门入教。当其兄随利氏赴北京时,他留居在江西南昌,后从王丰肃于南京,遂入耶稣会。利氏既死,曾往北京会葬。在南京教案中被刑残废,几濒于死,其为道受难如此,不意在 1621 年被会中除名。

石宏基,亦澳门人,字厚斋,1612 年随郭居静至杭州,次年随林斐理至处州,又曾在南京、绛州、建昌等处传道。

邱良禀,字完初,生于澳门,或为邱良厚的兄弟,1610 年入耶稣会。在韶州修院肄业时,被拘入狱,备受苦刑。被释出后,曾奉派往安南南圻。长于口才,劝化多人入教。

倪雅各,字一诚,生于日本,范礼安遣之回中国工作,1604 年随李玛诺至北京,入耶稣会为修士,居北京多年。

凡此诸人,乃利玛窦前后中西同工的几个重要人物,是创造这一时期中国基督教的有力分子。此后在明末清初之间,尚有几个重要西国教士,像葡萄牙人阳玛诺,在 1611 年与费奇规同至韶州。法兰西人金尼阁(Nicolas Trigault),1610 年至澳门,次年被派至南京,又工作于杭州、北京等处。又有意大利人艾儒略(Jules Aleni),1613 年被派往北京,曾至开封访求犹太教经典,后劝化扬州某大吏信教,教名伯多禄(Preire)。因伯多禄任职陕西之故,随赴陕西,后由陕西至山西,劝化若干人信教;又赴常熟为瞿太素之侄进士式耜施洗,名公巨卿与之往还者甚多。毕方济(Francois Sambiasi),亦意大利人,1613 年被召至北京,南京教案起,被逐南还。山东巡抚孙元化留之居嘉定,后仇教事息,潜入北京匿居徐光启宅。后至上海、松江、开封、南京各处传教，颇为明末隆武、永历诸帝尽力，冀挽颓运。葡萄牙人傅泛际（Francois Furlado Heurtado），1618 年随金尼阁来中国，初在嘉定，后至杭州与李之藻相随，李之藻死后，便至陕西西安，在该处建立教堂一所，与艾儒略分主南北两教区：南区包括南京、福建、湖广、浙江、江西、两广，由艾氏管辖；北区包括京畿、山西、山东、陕西、河南、四川，由傅氏管辖。日耳曼人邓玉函，亦与金尼阁同来，被召至北京，助熊三拔等修历，因南京仇教事起，乃南归，迨事平，复召西士修历；时在北京者，仅龙华民与邓氏二人，乃命邓氏主其事；迨邓氏于 1630 年卒，汤若望、罗雅各继续其未成之业。说到汤若望（Jean Adam Schall von Bell），也是日耳曼人，对于中国教会，在欧洲教士中占重要地位。当邓玉函卒后，朝廷召汤氏入京继其修历之任。中国历官颇嫉恨之，得徐光启以阁老地位加以庇护，故未遭意外。光启将死，曾托其他信教大臣，为之保护。当时汤氏曾为若干太监施洗，其中以若瑟与庞天寿为最著名；若瑟在宫廷内传道，宫内妇女太监及后妃因而信教者有二百余人。满清入关，顺治帝亦甚宠眷汤氏，呼之曰玛法（Mofa，满洲语父也）。汤氏曾致书欧洲母会，请派会士来华，因已得皇帝自由传教之许可。自 1650 至 1664 年间，受洗者逾十万人。后以杨光先反教之故，与当时同工神甫南怀仁、利赖思、安文思入狱，几丧性命。其生平事迹，可与利玛窦相比。同时在上海经营教务的，如意大利人潘国光，后来为南京主教的则为南怀仁，皆天主教中的有名教师，其他不及详举。

在此，我们应当补述明末皇室与教会的关系。自满清侵入北京，崇祯殉国，福王称帝于南京；迨南京失守，唐王称帝于福建，号曰隆武。隆武被执，丁魁楚、瞿式耜奉桂王称帝于肇庆，改元永历。永历是万历之孙，在位十五年，端赖奉教大臣瞿式耜、庞天寿、焦琏等之力，支此残局。永历太后及皇后奉受洗进教，太后圣名赫肋纳，皇后圣名亚纳，太子亦因病受洗，圣名公斯当定。同时，宫中领洗的有五十人。太后曾遣使至澳门献祭，并欲遣使至罗马谒教皇。庞天寿本愿自往，太后以其年高，乃改派卜弥格神甫前往，于永历四年起程，持国书二通，一上教皇，一致耶稣会长，信中请求为中国祈祷太平，并多派教师来中国传教。庞天寿亦备上教皇书带往。卜神甫在途历二年始达罗马，适教皇因诺增爵故世，乃谒新教皇亚立山大第七，得教皇回书，及回中国，太后已死。永历帝卒不能复兴明室，与太子共殉国于云南，其皇后及宫女等均送至北京，居于别宫，不能得见神甫，只有几个女教友，时常去安慰她们罢了！

第九章　南京教难的始末

佛教历史上言佛教在中国遭遇的教难,共有四次,即所谓"三武一宗"之厄。而基督教在中国所遭到的教难,也有四次:第一次为1616年的南京教案,是由南京礼部侍郎沈潅所主动的;第二次为1659年的钦天监教案,是由北京钦天监杨光先所主动的;第三次则为1900年的义和团之役,是由刚毅、毓贤等所主动的;第四次则为1922年的非教同盟,是由学生们主动的。前三者出发于排外思想,演成流血惨剧;后者出发于科学思想,旨在破除迷信。兹为便于叙述起见,依时代的先后,述说于后。

查基督教自输入中国以来,所遭受的教难,固不是1616年才有的。一般传教士受着当地人民的排击,甚至为众殴辱或捣毁寓所,时有所闻。亦有为官厅拘捕、囚禁或驱逐出境,尤属不一而足。单从明朝讲,据曾德昭(Alvare de Semedo)神甫的调查说:

传教师等所经危难之多，几出人意想之外。我曾调查南京仇教以前教案之数，共有五十四案。要以传教初年发生于广东者为多。

不过这些教案，大概属于地方事件，由于少数捕风捉影的流言而起，一经说明，即告平息。教士们原本耶稣牺牲精神，固求息事宁人，惟不欲使事端扩大，缔结恶感，虽曾受物质损失，身体痛苦，亦惟抱"犯而不校"精神，泰然处之而已。但是后来往往有因一教士之牺牲，造成国际上不良结果的，实非教会本意，乃出于政治力量的借端扩张，教会本身亦属无可如何的。不过教会既来自西方，负主持和宣传之责的，又为欧洲人士，习惯不同，种族不同，在禀有数千年特殊优越文化的中华民族眼中，自难免有扞格歧视之处。"戎狄是膺，荆舒是惩"，是中国儒者几千年来传统的态度。所以历来用文字来攻击基督教的，不一而足，最有力量的，莫如黄贞的《不忍不言》、《破邪集》、《请辟天主教书》，以及王朝式的《罪言》，钟始声的《天学初征》、《再征》，虞淳熙的《利夷欺天罔世》，林启陆的《诛夷论略》，许大受的《圣朝佐辟》，李生光的《儒教正》，陈侯光的《辩学刍言》等等。黄贞是一个儒家而信佛的，他自称为天香居士、白衣弟子，他的非教理由，以佛教为立场，他说：

佛道至高，以摄九十六外道之法摄之，免其惑世诬民，毋以十字刑枷，置祖宗神祇之上。

他上书给他的老师颜茂猷举天主教的可恶可愤者五条,请他著论辟之。在他的《破邪集》中,收罗了许多非教的文章,如:张广湉的《证妄后说》,中间有"西人诬妄先师"的话;邹维琏的《辟邪管见录》,中间有"诪张为幻,左道惑人"的话;还有个和尚叫普润的《诛左集缘起》,中间有"斩祖先之祀,乱秉彝之伦,于是集缁素之文,以诛左道"的话;因为他也收集了许多文章,编成《诛左集》,原欲鼓起佛教徒的联合阵线,向基督教进攻,所以引出许多和尚的作品,除普润自己的作品外,有:密云的《辨天三说》,袾宏的《天说》,圆悟的《辩天说》,通容的《原道辟邪说》,如纯的《天学初辟》等等。总他们这些文字的大意,大概以破坏中国伦常为骨干,以阴谋不轨为罪状,所以会引起许多同情的人。但是这些攻击,还不过是笔墨上的空论,不足以影响到基督教的进行;信仰或赞同基督教的,还是大有其人,像叶向高、李卓吾、李日华、池显方、沈光裕等名相学者,往往见之于诗文。叶向高《赠西国诸子诗》,盛称其教理的宏深,中有:

拘儒徒管窥,达观自一视,我亦与之游,冷然得深旨。

沈光裕听汤若望讲经,赋诗志感。又有钱路加的《赠汤道未先生》长诗,与赵怀王的《游天主堂即事》长诗,皆赞美教士的道德与教道的精微。

从反对而见之于行动的,首有1616年的南京仇教案。这时距利玛窦之死，只有六年。当利氏在世之时，深得朝廷欢心，鉴于教会势力的日愈扩大，反对的人虽怀仇恨，奈无可乘机会。至是则认为领袖既逝，教会瓦解，不难一网打尽。于是有沈㴶的奏参，引起大狱。沈㴶是浙江吴兴人，以礼部侍郎署南京礼部尚书之职，据说他与基督教徒有宿怨，这时又受了和尚的贿，决意要驱逐传教士，所以在万历四十四年五月八日及十二月连上三张奏疏，参劾教士，他的奏参标题，是说："远夷阑入都门，暗伤王化。"他所说的王化，就是儒教文化。从他所说的"职闻帝王之御世也，本儒术以定纪纲，持纪纲以明赏罚，使民日改恶劝善，而不为异物所迁焉"，就可以知道他是以儒教为立场而加以排斥的。所举出的重要理由：一为治历问题，一为祭祖问题。他这样说：

　　从来治历，必本于言天。言天者必有定体，《尧典》敬授人时，始于寅宾寅饯……月之晦朔弦望，视日之远近，而星之东南西北，与日之短永中相应。《舜典》在璇玑玉衡以齐七政，解之者以天体之运有恒，而七政运行于天，有迟有速，有顺有逆，犹人君之有政事也。则未闻有七政而可各自为一天者。今彼夷立说，乃曰七政行度不同，各自为一天……其为诞妄不经，惑世诬民甚矣。

　　这样驳斥教士们治历之谬，还是从学识方面加以攻击，欲推翻朝廷对教士治历的信任。当然的，以《尚书·尧典、舜典》为根据；现在看来，是毫无学理上的价值的。至对于祭祀祖宗问题，当时很可以引起一般人的同意,因为中国几千年祭祖的习惯,认为是儒家教孝的要道,一般反对基督教的理论中,都以这点为重要理由。所以他的奏疏中有:

> 臣又闻其诳惑小民,辄曰,祖宗不必祭祀……今彼直劝人不祭祀祖先,是教之不孝也。由前言之,是率天下而无君臣,由后言之,是率天下而无父子。何物丑类,造此矫诬! 盖儒术之大贼,圣世所必诛……

在他看来,这种破坏中国儒家文化的大罪状,是决不可以容忍的。但这理由是尚不足定教士之罪,所以他又举出一个莫须有的理由,说他们有图谋不轨之意,在第一疏中,还说得比较隐约,只说:

> 闻其广有资财,量人而与,是以贪愚之徒,有所利而信之,此其心怀叵测……
>
> 现今两京各省有几处屯聚,既称去中国八万里,其资财源源而来,是何人为之津送。

彼又引历史故事,以证天主教之施与,实为收买人心,若不早为之防,恐贻将来莫大之祸。这一层最易耸动朝廷,然而疏上之后,毫无影响。只是因为他的奏疏中有"即士君子亦有信向之者"等话,便引出徐光启的答辩,在七月间亦上了一张《辨学章疏》,开端即说:

臣见邸报,南京礼部参西洋陪臣庞迪我等,内言其说浸淫人心,即士君子亦有信向之者。一云妄为星官之言,士人亦堕其云雾。曰士君子,曰士人,部臣恐根株连及,略不指名。然廷臣之中,……信向之者臣也,与言星官者臣也,诸陪臣果应得罪,臣岂敢幸部臣之不言以苟免乎!

他这样勇敢地承认自己是基督教信徒,并且证明这些教士都是有德有学的人,他们到中国来无非是劝人为善,绝无阴谋。进一层说到他们所传之道,不但高出佛、道二教,而且与儒教道德相符合,希望朝廷能本容纳佛回之例,容纳他们。末则举试验之法三,处置之法三,以断其是非。所谓试验之法:一将该教经典译出,是否是邪说左道。二召集有名僧道,互相辩驳,定其是非。三将该教已译诸书及其教中大意,略述成书,以供参证。所谓处置之法:一供其费用,不必收取外国捐款。二令本地人士联保具结,以察其有无不端行为。三调查信教者有无过犯。这张奏章,得到御批"知道了"三字,把沈潅的奏章搁了起来。但是沈潅怎肯从此干休,一方面他便逮捕信教的华人,一方面又上第二疏,再从"阴谋不轨"的一层,说得格外恳切。说道:

畜夷窥伺,潜住两京,则国家之隐忧当杜也。

所举理由,一曰:"丰肃神奸,公然潜住正阳门里,洪武冈之西,起盖无梁殿。"二曰:"城内住房既据洪武冈王地,而城外又有花园一所,正在孝陵卫之前，狡夷伏藏于此，意欲何为？"三曰："从其教者，每人与银三两，尽写其家人口生年月日，云有咒术，后有呼召，不约而至。"四曰："每月日朔望外，又有房虚星昴四日为会期，每会少则五十人，多则二百人。"尤有一要点，说："七月初才有邸报，而彼夷即于七月初旬具揭，及二十一日已有番书订寄揭稿在王丰肃处矣。横弄线索于其间，神速若此，又将何为乎？"这明明把反叛的罪名，加在教士身上，所以说"一朝窃发，患岂及图"，请求朝廷速即处分。一面他已迫不及待，逮捕了十三人，说："同居徒众，妄称天主教，煽惑人民，现在本所搜获者，一十三名，一面行提鞫审。"疏上之后，仍无影响，故又于十二月上第三疏，重申第二疏中的意义，说"伏戎于莽，为患叵测"，且以闻诸闽海士民之言，说他们曾借天主教名义，袭夺吕宋国土为证，一面陈说已捕钟鸣礼等的审讯情形。当时万历帝虽不相信他的话，但经不起那些仇教人的一再陈诉，结果，便有放逐教士出国的明谕。时王丰肃（后改名为高一志）与谢务禄（Semedo 后改名为曾德昭）虽明知其事，并不害怕逃避，仍旧守在居宅之中，等待吏役的来临。果然吏役来了，把持他们的门，清查他们的财产，将他们逮捕。只因谢务禄正在患病，所以把他关闭在一间房中，单将王丰肃舁至沈漼地方，囚诸狱中，后来经过几次鞫讯，受着许多痛苦。据王氏后来自述，当审讯之时，"有足踢者，有拳击者，有批颊者，其势之来，有同暴风雨；有椎击者，近类波浪；有唾吾人之面者，有拔吾人之毛发者；挫辱至甚，未能毕书"。并且受杖，惟谢氏因病得免杖责。最后把他们押解出境，房屋、器具、书籍均被没收。我们一读当时南京礼部会审记录,可以见得当时两教士的受苦情形。

　　会审得王丰肃面红白,眉白长,眼深,鼻尖,胡须黄色。供称:年五十,大西洋人,幼读夷书,縣文考理考道考得中多耳笃(docteur 即今称博士)即中国进士也。不愿为官,只愿结会,与林斐理(Felicien de Silva)等讲明天主教。约年三十岁时,奉会长格老的恶(Claude Aquaviva)之命,同林斐理、阳玛诺三人,用大海船在海中行走二年四个月,于万历二十七年(1599)七月内前到广东广州府香山县香山澳中,约有五月。比阳玛诺留住澳中,是丰肃同林斐理前至韶州住几日,又到江西南昌府住四月,于万历三十九年三月内前到南京西营街居住。先十年前利玛窦要得进京贡献,寄书澳中,到王丰肃处,索取方物进献,是丰肃携自鸣钟、玻璃镜等物前来,此时利玛窦先已进京,随将方物等件寄进京贡献讫。此时罗儒望将家伙交与王丰肃,遂在此建立天主堂,聚徒讲教,约二百余人。每遇房虚星昴日一会,寅聚辰散,月以为常,并未他往。其林斐理于四十一年六月内病故,其尸棺现停天主堂内。其阳玛诺向住澳中,亦于先年移住南雄府,约有几月,前到南京,与丰肃同住两年,又往北京,三年仍复回南同住,于四十三年十二月内,又往南雄居住,并未回还本国。一向丰肃所用钱粮,自西洋国商船带至澳中,约有六百两,若欲盖房,便增至千金,每年一次,是各处分教庞迪我等分用等语。

　　这一段记录,正可以当作王丰肃教士传教的历史看,继着又记审讯谢务禄情形。将他们移解到都察院，有"转行巡城衙门，遵旨速差员役，递送至广东巡抚衙门，督令西归"。这是万历四十五年二月里的事。再从其《移都察院咨文》里，又可以看见二种情形。第一，他们所认为王丰肃的罪状，大旨与沈淮参奏中相同，说：

丰肃数年以来，深居简出，寡交游，未足启人之疑。迩来则大谬不然，私置花园于孝陵卫，广集徒众于洪武冈。……迫人尽去家堂之神，令人惟悬天主之像……

其次，则见得当时参奏的人，固不仅沈淮一人，但是廷旨却迟迟不下，其言曰：

今又有倡为天主教，若北有庞迪我等，南有王丰肃等，其似附于儒，其说实异乎正。以故南北礼卿参之，北科道参之，而南卿寺等巡视等衙门，各有论疏也；今一概留中而不下。……南礼臣特疏参之而不报，南府都台省合疏参之而不报，北科道诸臣暨本部参之亦不报，故南科臣晏文辉又有速赐处分之请也。

直至"万历四十四年十二月初十日本部署部事左侍郎兼翰林院侍读学士何宗彦等具题，二十八日奉圣旨：'这奏内远夷王丰肃等，立教惑众，蓄谋叵测，尔部移咨南京礼部行文，各该衙门速差员役递送广东抚按，督令西归以静地方。其庞迪我等，去岁尔等各言晓知历法，请与各官推演七政,且系向化来京,亦令归还本国。'"

递送教士出国的朝旨下来以后,沈潅等仇教派便占了上风。在华西教士与中国信徒,大有风声鹤唳、到处荆棘的情形。西教士中,有些被解到澳门,有些避匿在内地教友家中,教会财产都被没收,传教工作不能公开活动。王丰肃曾述他当时递解的痛苦:

> 将我辈囚置于一狭小之木笼中,项手带链,发长,衣服不整,视我辈为外来蛮夷。一六一七年四月三十日如是囚置,从狱中提至法堂,加贴封条,三桌前导,上陈上谕,禁止一切华人与我辈交通,如是离南京,囚处木笼三十日,抵于广东省之第一城,数日后抵澳门。书籍仪器之具皆被没收,教堂居宅皆被拆毁,而以材料供其他建筑之用。

先是中国信徒的被捕审讯,备受痛苦的,从《南宫署牍》中看见有会审钟鸣礼与钟鸣仁两案。钟鸣仁号叫念江,钟鸣礼号若翰,是同胞兄弟,父亲名叫念山,广东新会人,父子同在澳门进教。鸣仁跟随利玛窦进入内地,充翻译之职,在韶州曾遭官厅逮捕,并驱逐出境。后在杭州又遭士人告发,杖而囚禁,赖利氏营救得释。遂随利氏至北京,以其传布福音之故又遭禁锢。1615 年在南京被捕,几次审讯,受种种苦刑与侮辱,经刑部定罪,罚往关外为奴。据说当时有一康姓基督徒名Matthien Gham 的,愿意代他出关受罪,卒因朝中一新入教的大官援救,乃得免罪。钟鸣仁后在 1622 年病死于杭州。在礼部审查的供词中有：

> ……己亥年随利玛窦进贡，在北京七八年，方来南京住三年，又往浙江一年。旧岁五月间，仍来天主堂中，为王丰肃招引徒众。若妇人从教者，不便登堂，令仁竟诣本家，与妇淋水宣咒；大约淋过妇女十五六名。

从此见得他也受传教之职，可以为妇女们施洗。他的兄弟钟鸣礼，自入教后，即在澳门教会中服务，后来也跟着西教士进入内地。当其兄跟利氏到北京去的时候，他便留居在南昌。1605 年从王丰肃于南京。1610 年利氏去世，便与其兄会葬北京；葬事既毕，仍回南京，帮助传教事务，为有志入教的人讲解教义。曾往杭州与郭居静会谈，得知王、谢二教士与兄俱被拘捕，即回南京，见天主堂已封，即往访教友王甫、余成元，知王甫亦已被捕，只余成元在家，见张寀持着北京寄来揭帖一封，即雇得刻字匠潘明、潘华等刻印，将遍送各机关，以图解救被拘的人。方在装订之时，即遭拘捕。两次受杖，因入狱中，后经沈㴜提讯，又遭毒打，受创甚重。后罚在南京执掌船役，经同教人酿金赎他出来，但他的身体已经残废了。当他被捕时，曾说："平日受天主大恩，无以报答，今日就拿也不怕。"可见他的牺牲精神。

在沈㴜的第二奏疏中，说"搜获者十三人"，但在这两案审讯的记录，钟鸣礼案则有八人，钟鸣仁案则成年十一人幼童五人。可见当时逮捕的人,必不止仅仅审讯案中的十余人,其中有非基督徒而牵连在内的。这些被捕的人中,都能守道不变,忍受痛苦。结果,有定罪而流徙的,也有被释的。本来照明朝法律,左道惑众,为首的要处绞刑,从犯须杖一百,流三千里。他们以为这班教徒,不单是有上述的罪状,又加以勾结夷人,通敌嫌疑,都应当处以死罪。但他们还以为是法外施仁,从轻发落,没有一个判死刑。兹将被难人名表列于下:

南京教难人名表一

姓　名	年岁	籍　贯	职　业	进教缘由	判案结果
钟鸣礼	34	广东新会	修士	其父入教	送法司定罪
张　寀	22	山西曲沃	推水	因同乡称说	同上
余成元	29	南京卫原籍江西	种园	因表叔曹秀劝	同上
方　政	32	安徽歙县	描金	其叔入教	同上
汤　洪	32	上元	未详	其兄舅皆入教	同上
夏　玉	33	南京卫	卖糕	因曹秀劝	同上
周　用	68	江西东乡	印刷	因王丰肃劝	释放
吴　南	24	羽林卫	印刷	未入教	同上

南京教难人名表二

姓　名	年岁	籍　贯	职　业	进教缘由	判案结果
钟鸣仁	55	广东新会	修士	其父入教	送刑部定罪
曹　秀	40	江西南昌	结帽	因妻疾祈福	同上

续　表

姓　名	年岁	籍　贯	职　业	进教缘由	判案结果
姚如望	61	福建莆田	挑脚		同上
游　禄	53	江西南昌	髭头	因罗儒望劝	同上
蔡思命	21	广东新会	书童	投王丰肃家	同上
王　甫	31	浙江乌程	看园	因余成元劝	递解回籍
张　元	32	江西瑞州	结帽	因仰慕王丰肃	发县看管
王　文	30	江西湖口	补网	因姐夫曹秀劝	释放
刘　二	39	江西都康	木匠	因王丰肃劝	同上
周可斗	27	江西湖口	结帽		同上
王玉明	29	福建邵武	煮饭		同上
三　郎	15	上海	孤儿	由祖父送入天主堂	递解回籍
仁　儿	14	直隶保定		由父卖与庞迪我	发僧录收养
龙　儿	14	直隶漆水	孤儿	由伯父卖与庞迪我	同上
本　多	14	广东东莞	父当军		交伊父领回
熊　良	14	江西南昌	父木匠		同上

据 Semedo Histoire 里，记着当时基督徒在教难中的精神，并有若干死难的人，他这样地记着：

当此时间，诸教徒之表示，皆无愧于其神甫，无谋自救或轻其缧绁而自辩无罪者。有数人且欣然受拷讯，惟愿为信仰而受苦刑，惟恐不能殉教而死。……中有二人被瘐死。一名 Pierre Hia，南京人，年二十二岁，入教已五年，德行素著。是为宗教而死于狱中之第一人。次名 Guillaume Vem，已婚，服役于神甫所，死时较后。又有一教徒名姚如望，好学深思，曾制四旗，上书其姓名籍贯职业，以一旗插头上，被捕后，口称愿为天主死。尚有军官二人：一名 Ignace Tsen，一名 Luc Tchang；铁工一人，名 Anere Hiang；教授诸神甫华语者一人，名 Philippe Sin，其人因此被夺功名。（三一八至三二三页）

可惜这里所记的几个人，没有中文姓名，只有姚如望与上表中所有姚如望，或者就是一个人。关于这一次教难的材料，虽不十分充分，但是这次对教会的压迫，我们可以由此知道相当的利害，教会便因此而陷于停顿了。

第十章　天主教在文化上的贡献

　　谁都承认中国固有的文化,向来专注重在形而上方面的;初期天主教教士们,他们在宣扬基督教道之外,并介绍西洋的科学进来,基督教便做了中西文化接触的介绍人。很显然的事实,自中西文化接触以后,不但使固有的伦理思想发生了变化,同时,也感觉到物质文明的落后,有迎头接受科学的必要。安常习素的中国,将一变而为革命进取的中国,推本溯源,天主教教士的介绍功勋,是不容抹煞的。现在先把那些耶稣会士的著述,作一个概括的介绍,然后来看一看从他们的著作所发生的影响。

　　在清初的时候,曾有韩霖、张赓著过《圣教信证》一书,其附录则历叙当时教士们的著作。继有费赖之(Louis Pfister)以十余年的收集,编纂《耶稣会士之传记及书录》一书,自 1868 至 1875 年撰成于上海。其自序中有云:

　　吾人现在刊行之书,并非完全新作。先有进士韩霖、张赓二人,曾用汉文撰有《圣教信证》。序题顺治丁亥,适当西历之1647年。其书之旨趣,乃在证明基督教之真实,而传教者之离其祖国,并非为欺骗华人而来也。……吾人之目的,即在尽吾人之所能,补足此种缺陷,遗者补之,阙者续之,止于旧耶稣会最后会士之死,而于各人之传记书录,务求完备。

　　其书中所辑录的教士传记,约有五百人,中有华籍者七十人,篇帙之巨大,殆数倍于韩、张氏所作。兹经冯承钧氏节译为汉文;当时比较著名的教士,其著作与重要事迹,略具梗概。

　　费书原序中,把当时诸传教士的事业,分为三个时代:

　　第一时代,始1580年,终1672年,约一世纪间,为不少汉文著述撰刻之时代。在此开始时代,必须驳斥偶像崇拜,说明真正教旨。……顾欲得君主之保护,须用学术方法而获取之。由是最初传教师撰有数学、天文、物理之书甚多,与所撰关于宗教及辩论之书相等,或且过之。

　　第二时代,始1672年,终雍正(1736)初年,是为北京及诸行省法国传教会产生发展之时代。中国礼仪问题在是时辩争甚烈,时常超过限度,后在本笃十四世(Benedict XIV)时始完全解决。此种刺激问题发生曾有不少文字;传教信札即在此时代开始刊布。……科学在是时仍在培植。

此后则为第三时代,这时代教会在蒙难牺牲之中,而非撰述的时代了。换言之:即在1580年至1736年之间,大约一百五十年,天主教教士大都努力于著述,此种著述的影响中国文化,实在非常之大。且略举之:

开著述之先的,要算罗明坚,他在1584年所著成的《圣教实录》,是欧洲人以华文写成的第一部叙述基督教的纲要。

著述更多的,便是利玛窦,有二十余种,大半都用华文写成的。如:(一)《天主实义》,一名《天学实义》,共二卷。1603年初刻,后屡有刻本,有若干刻本前有李之藻、徐光启、冯应京等序文。(二)《交友论》一卷,1595年刻于南昌,1599年刻于南京,1603年刻于北京,前有冯应京序文。(三)《西国记法》一卷,1595年刻于南昌。(四)《二十五言》一卷,1604年刻于北京,前有冯应京、徐光启序文。(五)《畸人十篇》二卷,1608年刻于北京,1609年刻于南京及南昌,1847年上海有重刻本。是书设为问答,大抵驳释氏之说。(六)《辩学遗牍》一卷,1609年刻于北京,有李之藻跋。因《畸人十篇》引起杭州僧人袾宏作论以攻天主教,后人复作说辟之而成此书。1915年天津《大公报》有活字版本,1919年有英敛之刻本,前有陈垣、马相伯序。(七)《西琴八曲》一卷,以利氏献品中有小琴,庞迪我善音乐,以授中官,乃成此书,附刻于《畸人十篇》之后。(八)《斋旨》一卷,后附《司铎化人九要》一篇。(九)《畸人十规》,是利氏在1584年刻于肇庆的第一部教义纲领。(十)《奏疏》,是1601年利氏入教进贡物品请许留居北京的奏章。(十一)《几何原本》六卷,徐光启笔述，是译自欧几里得（Euclid）的西文的，1605 年刻于北京，前有利、徐二氏序文。康熙帝命转译满文。同治四年两江总督曾国藩重刻于南京并作序。欧几里得原书凡十五卷，利氏仅译前六卷，后由伟烈亚力与李善兰合译后九卷，1857 年刻于松江，板在太平天国时焚毁，后重刻于南京。（十二）《同文指算》十一卷，李之藻笔述，是应用的算术，1614 年刻于北京，著录于《四库全书》之中。（十三）《测量法义》一卷，是应用的几何，又《测量异同》一卷，皆是徐光启所笔述。（十四）《勾股义》一卷。（十五）《圜容较义》一卷，李之藻笔述，1614 年刻于北京。（十六）《浑盖通宪图说》二卷，李之藻笔述，1607 年刻于北京。《经天该》一卷，为星经之类，亦李之藻笔述，1601 年刻于北京，1800 年有重刻本。（十七）《万国舆图》，1584 年作于肇庆，1598 年刻于南京。1609 年帝命仿绘八幅。按《明史》卷三二六《意大里亚传》云："利玛窦至京师为《万国舆图》，言天下有五大洲：第一曰亚细亚洲，凡百余国，而中国居其一；第二曰欧罗巴洲，凡七十余国，而意大利居其一；第三曰利未亚洲，亦百余国；第四曰亚墨利加洲，更大，以境土相连，分为南北二洲；最后得墨瓦腊泥加洲为第五，而域中大地尽矣。"（十八）《西字奇迹》一卷，1605 年北京刻本。（十九）《乾坤体义》二卷，著录于《四库全书》之中。此外尚有许多信札，经后人辑录而成书的，又有好几种。

郭居静曾与利玛窦合撰《音韵字典》，并自著有《灵性诣主》与《悔罪要旨》各一卷。

苏如望著有《天主圣教约言》，1601 年初刻于韶州，并撰《十诫》

一书。

龙英民遗著有：《圣教日课》、《死说》、《念珠默想规程》各一卷,《圣人祷文》、《圣母德叙祷文》、《急救事宜》、《圣若瑟法行实》、《地震解》、《灵魂道体说》等。又有《答客难十条》一卷,乃与儒士辩驳天堂地狱童贞等问题,1642 年刻于定州。此外有若干禀帖信札,经后人辑录而成的几种。

罗如望著有：《天主圣教启蒙》、《天主圣像略说》二书。

庞迪我遗著有：《七克大全》七卷,1614 年刻于北京,收入《四库全书》。《人类原始》、《天神魔鬼说》、《受难始末》各一卷,《庞子遗诠》二卷,又有《实义续编》一卷,乃继利玛窦的《天主实义》而作,《辩揭》一卷,乃对于仇教时所上的辩论。又曾为中国皇帝绘四大洲地图,每洲一幅,附以说明。

高一志(即王丰肃)著有：(一)《圣教解略》第二卷,1626 年初刻于绛州。1914 年重刻于土山湾。(二)《圣母行实》三卷,1631 年刻于绛州。(三)《天主圣教圣人行实》七卷,1629 年刻于绛州,后在 1888 年土山湾重刻第一卷,题曰《宗徒列传》,编入《道原精粹》第七册中而成为八册。(四)《四末论》四卷。(五)《终末之记其利于精修》,凡六页,1675年刻于北京。(六)《则圣十篇》一卷,1626 年后刻于福州。(七)《十慰》一卷,刻于绛州。(八)《励学古言》一卷。(九)《西学修身》十卷,1630年刻于绛州。(十)《西学治平》四卷,一名《民治西学》。(十一)《西学齐家》五卷。(十二)《童幼教育》二卷。(十三)《寰宇始末》二卷。

（十四）《斐录汇答》二卷。（斐录即 Philosophy 今称哲学）（十五）《譬学警语》二卷。（十六）《神鬼正纪》四卷。（十七）《空际格致》二卷。（十八）《达道纪言》一卷。别有《推验正道论》一卷，未置撰人名，冯承钧谓属高一志著。尚有若干信札，记述南京教案情形。

熊三拔遗作有：《泰西水法》六卷，前五卷言水法，第六卷为诸器之图式，1612 年刻于北京。后 1640 年徐光启奉敕撰《农政全书》六十卷，曾将此本采入。《简平仪说》一卷，1611 年刻于北京，前有徐光启序。《表度说》一卷。三书皆收入《四库全书》。据白笃利（Bartoli）神甫说熊氏曾与徐光启、李之藻共译关于行星说书籍数种。又据毕嘉（Gabiani）神甫谓熊氏曾撰有《上帝说》，写以汉文，题年 1614，撰于北京；熊氏以为上帝之称不足代表真主，立说与龙华民相同。

阳玛诺著有：（一）《圣经直解》，1636 年北京刻本十四卷，1642 年1790 年北京刻本八卷，1866 年土山湾重刻本八卷，1915 年刻本二卷。19 世纪初宁波亦有刻本。别有官话节译本，题曰《圣经浅解》。（二）《天主圣教十诫直诠》二卷。（三）《代疑编》一卷，1622 年北京刻本，似出杨廷筠手笔，杨氏并撰有代疑续篇。（四）《景教碑注》一卷。（五）《圣若瑟行实》一卷。（六）《圣若瑟祷文》。（七）《天主祷文》。（八）《经世全书》二卷。（九）《默想书考》。（十）《避罪指南》一卷。（十一）《天门略》一卷。尚有《天学举要》与《袖珍日课》，及《受难记》诸书。

金尼阁著有：《推历年瞻礼法》一卷，《西儒耳目资》三卷，《况义》一卷,及《基督教远被中国记》《宗徒祷文》等书。

毕方济著有:《灵言蠡勺》二卷,《睡答》《画答》等书。

艾儒略著有:(一)《天主降生言行记略》八卷,1642 年北京刻本,后几次重刻。(二)《出像经解》一卷,即前书初刻本的附图。(三)《天主降生引义》二卷。(四)《弥撒祭义》二卷。(五)《涤罪正规》四卷。(六)《悔罪要旨》一卷。(七)《万有真原》一卷。(八)《三山论学记》一卷,与叶向高论学之篇。初刻于福州,1923 年土山湾重刻本,前有苏茂相、段衮二序,段序有“《三山论学书》,艾先生既刻于闽,余何为又刻于绛,从余兄九章命也”等语。(按九章名衮,绛州人,尚有弟名裒,皆奉天主教)(九)《圣梦歌》亦题《性灵篇》一卷。(十)《利玛窦行实》亦题《大西利先生行迹》一卷。(十一)《张弥克遗迹》一卷。(弥克,张赓子,名识字见伯)(十二)《杨淇园行略》一卷。(淇园乃杨廷筠别号)(十三)《熙朝崇正集》四卷,编辑天主教之文字若章疏序跋之类,福州刻本。(十四)《五十言》一卷,卷首有张赓序,题作《五十言余》,刻于福州。(十五)《圣体要理》一卷。(十六)《耶稣圣体祷文》。(十七)《四字经》一卷。(十八)《性学觕述》八卷。(十九)《玫瑰十五端图像》。(二十)《景教碑颂注解》。(廿一)《西学凡》一卷。(廿二)《几何要法》四卷。(廿三)《西方答问》二卷。(廿四)《职方外纪》六卷,前有李之藻、杨廷筠、瞿式穀等序文。先是利玛窦进《万国图》,庞迪我、熊三拔奉命撰为图说,迪我卒,艾氏增补以成此书。此外有《1612 年 11 月 8 日日蚀之观测》等书。

邓玉函著有：（一）《崇祯历书》一百卷，康熙时乃改名《西洋历法新书》，《四库全书总目》改题曰《新法算书》，而以属徐光启、李之藻、李天经、龙华民、邓玉函、罗雅各、汤若望等，阮元《畴人传》以属汤若望，其实诸人皆与其事。全书分三编：首西洋天文学理，次行星、恒星、日月蚀之说，与夫测算之方法，次便利测算诸表。（二）《人身说概》二卷，首有东莱毕拱辰序，称译于武林李太仆家。李太仆即之藻，是玉函此书之作，当在居杭州时。（三）《奇器图说》三卷，玉函口授，王征笔述。1627年北京刻本。（四）《大测》二卷。（五）《测天约说》二卷。（六）《正球升度表》一卷。（七）《黄赤距度表》一卷。（八）《浑盖通宪图说》三卷。

傅泛际著有：《寰有诠》六卷、《名理探》十卷（即论理学），二书皆为李之藻所笔述，刻于杭州。

费乐德著有：《圣教源流》四卷、《总牍念经》二卷、《念经劝》一卷。

汤若望著有：（一）《进呈书像》，是篇乃进呈天主事迹图与慕阁王朝觐像的说明。（二）《主制群征》二卷，1629年初刻于绛州。（三）《主教缘起》四卷，1643年刻于北京。（四）《真福训诠》一卷，解释圣经八福之义。（五）《浑天仪说》五卷。（六）《古今交食考》一卷，1633年刻于北京。（七）《西洋测日历》一卷，1645年奉阿玛王所修之日历，清廷得之甚喜，以之颁行全国。（八）《学历小辩》一卷。（九）《民历补注解惑》一卷，1683年南怀仁刻于北京。（十）《新历晓惑》一卷。（十一）《大测》二卷。（十二）《远镜说》一卷，1630年刻于北京。（十三）《星图》。（十四）《恒星历指》四卷。（十五）《恒星出没》二卷。（十六）《恒星表》

五卷。（十七）《交食历指》七卷。（十八）《交食表》。（十九）《测食说》二卷。（二十）《共译各图八线表》。（廿一）《测天约说》二卷。（廿二）《奏疏》四卷。（廿三）《新法历引》一卷。（廿四）《新法表异》二卷。（廿五）《历法西传》。（廿六）《赤道南北两动星图》。（廿七）《西洋新法历书》三十六卷，与徐光启、罗雅各等合撰。其子目有：《日躔》表、《月离》表、《交食》表、《原叙目》《五纬表》等。此外有《崇一堂日记随笔》、《艾儒略四字经要略》、《则克录》以及其他书札。

伏若望著有：《助善终经》《苦难祷文》《五伤经规》等书。

罗雅各著有：《斋克》二卷、《哀矜行诠》二卷、《圣记百言》一卷、《天主经解》、《圣母经历》一卷、《求说》一卷、《周岁警言》一卷、《测量全义》十卷、《比例规解》一卷、《五纬表》十卷、《五纬历指》九卷、《月离历指》四卷、《月离表》四卷、《日躔历指》一卷、《日躔表》二卷、《黄赤正球》一卷、《筹算》一卷、《历引》一卷、《日躔考》《昼夜刻分》等书。

郭纳爵著有：《老人妙处》《教要》《原染亏益》上下二卷、《身后编》上下二卷等书。

孟儒望著有：《辩敬录》《照迷镜》《天学略义》等书。

利类思著有：《超性学要》四卷、《天神》五卷、《六日工》一卷、《万物原始》一卷、《天主体性》六卷、《三位一体》三卷、《灵魂》一卷、《首人受造》四卷、《主教要旨》《不得已辨》《昭事经典》《司铎典要》《七圣事礼典》《司铎课典》《圣教简要》《正教约征》《狮子说》《进呈鹰论》等书。

潘国光著有：《圣礼规仪》、《十诫劝论》、《天神会课》、《圣教四规》、《未来辩论》、《天阶》等书。

卫匡国著有：《灵性理证》、《逑友论》。

柏应理著有：《百问答》、《永年瞻礼单》、《圣玻而日亚行实》、《四末真论》、《圣若瑟祷文》、《周岁圣人行略》。

鲁日满著有：《问世编》、《圣教要理》。

殷铎泽著有：《耶稣会例》，西文《四书直解》三卷。

南怀仁著有：《仪象志》十四卷、《仪像图》二卷、《测验纪略》一卷、《验气说》、《坤舆图说》二卷、《熙朝定案》二卷、《历法不得已辩》一卷、《坤舆全图》、《教要序论》一卷、《康熙永年历法》三十二卷、《告解原义》一卷、《圣体答疑》一卷、《赤道南北星图》、《简平规总星图》等书。

陆安德著有：《真福直指》、《圣教略说》、《圣教问答》、《万民四末图》、《默想大全》、《圣教撮言》、《圣教西理》、《默想规矩》、《善生福终正路》等书。

上列根据韩霖、张赓所辑《圣教信证附录》，与费赖之《耶稣会士列传》，举其重要者略为介绍，以证初期天主教教士努力于著述。六七十年间，数量不可谓不多：半为发明教义，半为介绍科学；于中国人民的生活习惯思想观念上，不无重大的影响。最显著的，如破除迷信，排斥偶像，足以引起中国人民生活习惯上的不安；间接影响到固有的伦理思想。尤其在科学方面，至少放大了中国人对世界的眼光，从万国地图知道世界之大，与向来所想象者不同。影响最大的，莫如在天文历算方面，从利玛窦译著《几何原本》《同文指算》《勾股义》等以后，要以龙华民、熊三拔、艾儒略、邓玉函、汤若望、罗雅各等的贡献为最大，他们对于那方面都有若干著作，足以引起朝廷的注意，而得参与修历的工作。

自南京教难发生之后，一时教士们本不能在中国内地立足，只因精通历算之故，方得重回中国，恢复其地位。先是在崇祯时钦天监因推算日月蚀，屡有错误，乃受皇帝的谴责。徐光启、李之藻便乘机进言：

> 本朝钦天监，惟依旧法推算，旧法疏阔，元朝时，已屡屡错误，无怪今日之失验。惟西法精密，悉合天象，历试不爽。昔年天学臣利玛窦最称博洽，其学未传，遽婴疾弃世，至今士论惜之。今尚有其徒侣邓玉函、龙华民等，居住赐宇，精通历法天文，宜及时召用，饬令修改。

皇帝照准，命徐光启为监督，李之藻为副，设历局于京师"首善书院"，又召西洋教士汤若望、罗雅各，偕同邓玉函、龙华民等译书修历，从此教士们又得寄居京师，其他散居各省之传教士，亦得所庇荫。后来徐光启因病疏请辞职，推荐李天经代管历局。徐光启既去世，汤若望独得皇帝宠眷。因闻汤若望不但精通天文，且长于制造，并令铸炮造械。先铸成铜炮二十尊，帝派大臣验放，果然精利可用，令更铸大炮五十尊，并赐"钦褒天学"匾额，悬挂天主堂中，于是汤、罗、龙三教士得出入禁中，与太监等往来，乘机宣传救道，渐感化太监庞天寿、薄乐德以及嫔妃宫女等进教者数十人，禁内设立教堂二所，屡次举行弥撒，十余年中，禁中信教者达五百四十人之多。汤若望又曾上疏劝皇帝信教,事虽未成,而崇祯帝鉴于国家多难,常默祷上帝,并毁宫中金银佛像以充军饷,可见崇祯帝对于教道亦颇具信仰,惜乎为时不久,李自成于崇祯十七年三月十八日攻入京师,崇祯自缢。吴三桂借兵满洲,清兵遂得入关。在当此剧变之时,教会未有遭大害,端赖汤若望等维持,但清兵既入北京,饬内城一切人士,限三日内迁至外城,以内城将专为旗人所居的缘故。汤若望乃具呈摄政王,请求仍留内城,得蒙允许。

汤若望本奉崇祯命修历,成历书百余卷。清摄政王知其能,爰命进呈顺治二年历书,书面印有"依西洋新法"五字,乃招旧历官的妒忌。汤卷算得顺治元年八月初一日"日食",明年正月十五日"月食",详载亏蚀时刻分秒。摄政王欲折服旧监官之心,叫他们照样推算;至期,派大臣登台验看,验得旧法不符,新法密合不差,遂命汤若望为钦天监监正,汤氏固辞不获,不得已遂就职;从此西人之任钦天监官职者,直至道光中叶为止;中间教会虽屡遭反对,终未被消灭,端赖汤若望能取得朝廷信任。顺治对于汤氏治历之功,深加褒奖,在十四年《御制天主堂碑记》中,有曰:

奥稽在昔,伏羲制干支,神农分八节,黄帝综六术,颛顼命二正。自时厥后,尧钦历象,舜察玑衡,三统迭兴,代有损益。见于经传者,非不彰彰也;然其法皆不传。若夫汉之太初、唐之大衍、元之授时,俱号近天,元历尤为精密,然用之既久,仍多疏而不合。……自汉以还,迄于元末,修改者七十余次;至于明代,虽改元授时为大统之名,而积分之术,实仍其旧。洎乎晚季,分至渐乖,朝野之言,佥云宜改。西洋学者,雅善步推,于时汤若望航海而来,理数兼畅。被荐召试,设局授粲;奈众议纷纭,终莫能用。岁在甲申,朕仰承天眷,诞受多方,适当正位。拟命之时,首举治历明时之典;仲秋月朔,日有食之,特遣大臣督率所司,登台测验,其时刻分秒,起复方位,独与若望豫奏者,悉相符合,及乙酉孟夏之望,再验月食,亦纤毫无爽,岂非天生斯人,以待朕创制立法之用哉!朕特任以司天,造成新历,敕名时宪,颁行远迩。

这是对于汤氏治历的褒扬,然又因治历之故,而兼及其所传之教,在汤氏等本以传教为目的,以学术为手段,而朝廷却以佩服其学术,乃信仰其宗教,故其在碑文中又曰:

若望素习泰西之教,不婚不宦,只承朕命,勉受卿秩:涖历三品,特赐以通玄教师之名,任事有年,益勤厥职。都城宣武门内,向有祠宇,素祀其教中所奉之神,近复锡赉所储而更新之。朕巡幸南苑,偶经斯地,见神之仪貌,如其国人,堂牖器饰,如其国制,问其几上之书,则曰:"此天主教之说也。"若望入中国,已数十年,而能守教奉神,肇新祠宇,敬慎蠲洁,始终不渝,孜孜之诚,良有可尚;人臣尚此心以事君,未有不敬其事者也。朕甚嘉之!因赐额名曰"通玄佳境",而为之记。

其得顺治帝的宠眷，于此可见，甚至授以光禄大夫封诰。祖先三代皆赐一品封典，并以潘尽孝之子士宏立为汤氏义孙，以荫入国子监读书，这实是从来未有旷典。当汤氏七十大寿的时候，举朝大臣，咸为祝嘏；此皆由于修治历法与人格感召之故。后来汤氏请于朝廷，召南怀仁入京，帮同修历。溯自徐光启主开历局，而引荐汤若望等教士参与修历之事，三十多年来，教士们在这方面的贡献，实在非常之大，尤其是汤若望。清代时宪历的推算，都是他们的成绩；这可以说天主教教士在中国文化上第一步有价值的贡献。此后在康熙时，继续修历工作的，有南怀仁以及闵明我（Grimaldi）、纪理安（Kilian Stumpi）等人，其贡献亦甚大，在修历之外，又有一大贡献，即在康熙时，诸神甫奉派赴各省测量地势，绘成了一幅精密的全国地图。这些后话，当于下文补述。

惜当时顺治去世，康熙以冲龄（即位时只八岁）承大统，一切政权都操他人之手，而向来对汤氏怀恨的钦天监旧官吏，乃得乘机报复，便有杨光先发动的教难。

第十一章　第二次教难前后

　　基督教所遭遇的第二次教难，就是 1659 至 1665 年间杨光先所兴起的历狱，离开第一次南京教难大约五十年。其起因也有一部分相同，就是以为西士治历，破坏中国成法；在沈淮第一疏中也有这条理由，不过这一次却完全为了关于治历上所生的愤恨而起。杨光先是安徽歙县人，在明朝为新安卫官生，以参劾大学士温体仁、给事中陈启新而得名。他鉴于汤若望做钦天监监正，用西洋法来修中国历，在历书上写着"依西洋新法"字样，认为是暗窃正朔之权以予西洋，变成使中国奉西洋正朔了。所以在顺治十七年十二月初三日上了一个奏章，参劾汤若望非中国圣人之教，未准。说者皆以为杨氏是回教人，监正一职向为回人充任，中国历算向采回回历法，今为西洋人所夺，因生嫉妒，想把西洋人推翻。最近陈援庵先生谓此未必可靠。杨氏是否是回教人？在中国书中没有根据，这话很有理由。所以杨氏反对西洋人修历，不过借题发挥，是完全出发于排外思想，与前述《破邪集》等人的立场差不多。看他后来参劾汤若望等的三大罪状：（一）潜谋造反，（二）邪说惑众，（三）历法荒谬，还是注重于一二两点。

因为顺治帝于汤若望等教士甚为宠眷，杨氏的参劾当然不生效力。他只好改变方针，从事于运动权贵，乞灵于文字，来潜植势力。于是著成《辟邪论》上下两篇，印刷五千份，广为散布。上篇是驳斥李祖白所著《天学传概》一书。（李祖白是天主教教徒，任官于钦天监的）以为依照天主教说，是率天下而无君臣父子。他更说：

若望借历法以藏身金门，而棋布邪教之党羽于大清十三省要害之地，其意欲何为乎？……大清因明之待西洋如此，习以为常，不察伏戎于莽，万一窃发，百余年后，将有知予言之不得已者。

这是他最大的理由，意思就是以邪说惑众、潜谋造反为教士们的罪状。下篇是驳斥耶稣即天主之意，以为荒谬无稽。按《天学传概》一书，本为利类思（Buglio）神甫所著，李祖白、许之渐各作序弁首，而《辟邪论》误以为李祖白所著。而天主教历史中，则谓利类思作此书为对《辟邪论》逐条辨明。说："杨光先见之，又作一书，名《不得已》，较《辟邪论》诬枉尤甚。"在《不得已》中说，天地万物，系阴阳二气所凝成，没有什么主宰的创造。以亚当为人类元祖，把中国人都变成西洋人的子孙了。并且西洋人来中国传教，无非要谋我中国。又说：澳门屯兵不少，汤若望实在是个头脑，不可以不防备他。利类思乃作《不得已辨》以辟其诬。杨书流传既广，影响甚大。不但朝野人士有因而相信他的，即向来与教士们表同情的人，虽明知其言不实，也不敢得罪权贵，没有仗义执言的人。恰值顺治去世，教士们失了有力的保护；康熙年龄甚小，政权都操在辅政大臣手里。当时辅政大臣鳌拜，本来不喜教士，现在又惑于杨光先的话，便有机会可乘。杨光先上了一个奏章，说汤若望等将潜谋造反，于是便掀起大狱，把汤若望逮捕，发交礼部审问，这是康熙三年八月间事。汤若望这时年已七十有三岁。适患痿痹之症，口舌结塞，由南怀仁（Verbiest）在旁，代为申说，审问图谋不轨事，毫无证据。从此每日提审在京的汤若望、南怀仁、利类思、安文思（Magalhãens）四神甫，一连审了十二堂。及至十月间，传出谕旨，提审四神甫及奉教职官李祖白、潘尽孝等尽行收监。南怀仁等皆琅铛入狱，惟汤若望监押礼部。过了两月，判定汤若望邪说惑人，革职监候绞，其余有职的革职充军。便将汤若望移押刑部大狱，这狱本为大盗著匪拘押之所，而汤若望以老年受此酷刑，痛苦已极。杨光先意犹未足，再三上书，说西洋历法种种不善，举数年前顺治幼子荣亲王之死，钦天监所选殡葬时刻大为不吉，以致累及顺治之丧。辅政大臣以此为情节重大，命六部九卿会勘。廷臣们已惑于杨光先先入为主之言，以为汤若望罪同弑逆，应得肢解之刑，其余如李祖白等七人，罪应斩决。乃于康熙四年四月初一日大会朝臣二百余人，公同定案，不意案方议定，地忽大震，朝臣莫不惊惶散出，相顾失色；及至重复入堂坐定，地又大震，屋宇摇荡，墙壁倾倒。大家以为上天示警,应减轻罪名,以回天意,次日,便将南怀仁等三神甫释出;汤若望肢解之刑,改为监候斩。接着又一连地震三日,人皆露宿,惴惴不安。该辅政大臣以此案呈请太皇太后定夺,而太皇太后览奏不悦,掷折于地,严责诸辅政大臣,对他们说:"汤若望向为先帝所信任,礼待极隆,尔等欲置之死地,毋乃太过。"遂命速即开释,惟李祖白等以荣亲王事应当斩决。于是汤若望得蒙开释,而李祖白、宋可成、宋发、朱光显、刘有泰五人,均被冤杀。其他奉教大员,如御史许之渐、臬台许缵曾、抚台佟国器,均遭革职。

汤若望蒙赦以后,即归宣武门内天主堂(即南堂),而杨光先既得胜利,便做了钦天监监正,同时,把南堂夺为自己的住宅,汤若望迁到东堂与南怀仁等同住,到第二年汤若望即因病去世,时年七十五岁,在中国为道工作,已有四十四年。

当京中这件案子闹得利害的时候,各省督抚也奉旨拘拿西洋教士,解京审办;并禁止天主教的传习,堂宇查封,经像焚毁。然而各地方长官,很有许多同情于教士们的,不忍加以拘拿,如江苏、福建、湖广等省,都很优待教士,到期派兵护送进京。松江知府,甚至为潘国光(Brancati)神甫设筵饯行,南京刘迪我(Le Farre)神甫,亦蒙官厅优待。惟在山西、陕西、山东、江西等省,教士却备受凌虐。山西金尼阁(Trigault)、陕西李方西(Ferrariis)以及山东汪儒望、江西聂伯多(Caneveri)、浙江洪度贞(Augeri)等,均被锁押,教友亦遭苦刑,甚至有因而丧命的。各省解京神甫,共计三十人,内有耶稣会二十五人,多明尼会四人,方济各会一人。五月间先后到京,即有一人弃世。诸神甫大半皆年齿高迈,须眉皓白;他们在中国有已历四十余年的,却从来没有会面的机会,如今反可以会聚东堂,未始非窘难中的乐事。这样居留了两个月,方奉旨定断:除南怀仁等四教士仍得留居京师外,其余俱遣发广东交该省总督看管。于是有二十五位神甫,均圈禁广州老城耶稣会堂之内,不准出城,不准传教,幸有奉教绅士李百铭为之照管。这时各省教务,端赖中国神甫罗文藻所照料,北省有教友许谦往来行教,教务得以维持。

教会这一回所遭迫难,正有如暴风骤雨,阴霾蔽日,至此方风停雨止,不久,便光明复现。因康熙帝年事稍长,临朝亲政,两宫皇太后曾屡称汤若望为人,与其所推算历法之善,向为先帝所信任,二十年并无过犯,今遭谗人陷害,深为可惜。康熙知道其间委曲,乃欲考其真相。其时杨光先既为钦天监监正,然对于天文学识实无所知。康熙五六七年日历,本为汤若望等所造就,故无问题,及所造康熙八年之历,乃有不少差误。康熙命近侍持以访问西士,经南怀仁等指出错谬多端。帝即于次日召南怀仁等入朝,时礼部尚书名布颜与钦天监人员咸在。侍臣乃宣读上谕:"历法关系国家要务,尔等勿怀夙仇,各执己见,以己为是,以人为非,务当平心考察,谁是谁非,是者从之,非者改之,以成至善之法。"并将南怀仁在杨光先历上指出的错误,亦朗诵一遍,问杨光先何以自解?杨乃大恚,愤然与辩,而教士们却和颜悦色,侃侃而谈。次日又大会朝臣,命南怀仁、杨光先测验日影,法立直木于平地,预测正午日影所至,而南怀仁推算不差分毫。又命测星象,亦悉如南怀仁所预言,而杨光先与钦天监监副吴明炬竟茫然不知。诸大臣乃以试验经过报告皇帝。杨光先知事不妙,深恐南怀仁进用,将于己不利,即上一奏章,言"中国乃尧、舜之历,安有去尧、舜之圣君而采用天主教历?且中国以百刻推算,西历以九十六推算,若用西洋历,必至短促国祚,不利子孙。"他原想把这些耸人动闻的话打动皇帝,可以不用西洋历,却不料康熙早有平反前案之意,故意用这试验之法,使一般大臣明知其曲直优劣所在;而且杨光先这几句话更激起了反应,便斥为妄言,着即革职。署南怀仁为钦天监正。南怀仁固辞不受,惟愿布衣终身,在监效劳。

当时学者,曾有对杨光先的批评,王士祯《池北偶谈》卷四说:

杨光先者,新安人,明末居京师,以劾陈启新,妄得敢言名,实市侩之魁也。康熙六年,疏言西洋历法之弊,遂发大难,逐钦天监监正加通政使汤若望,而夺其位。然光先实于历法毫无所解,所言皆舛谬。如谓戊申岁当闰十二月,寻觉其非,自行检举,时已颁行来岁历,至下诏停止闰月。光先寻事败,论大辟。光先刻一书曰《不得已》,自附于亚圣之辟异端,可谓无忌惮矣。

阮元《畴人传》卷三十六亦有同样的批评:

……光先于步天之学,本不甚深,其不旋踵而败,宜哉!……元所藏《不得已》,卷末有杂记数条,不署撰人名氏,中一条云:歔人言,光先南归,至山东暴卒,盖为西人毒死,而《池北偶谈》则论大辟,其实光先盖论大辟免死归卒者也。

王士禛说光先论大辟,固非事实,而阮元所举歔人言,为西人毒死,更不可信。盖西教士以道德劝世,决无此种仇恨阴险的举动。同书记钱大昕说:

> 吾友戴东原,尝言欧罗巴人,以重价购《不得已》而焚之。

同样是不可信的传说。但是杨光先究竟怎样死的呢?据天主教传教史所载是患发背而死的。先是杨光先既去官失势,同时,那些同恶相济的同党,皆一一倾倒,如:苏克萨哈是一个仇教最厉害的人,当时曾力主处汤若望于死刑的。但是他在汤若望死后两年,为他人告发二十四款大罪,乃罹绞刑,其子侄亦皆弃市。鳌拜、遏必隆二人,亦于杨光先失败之年削职罢黜。康熙帝知道当时汤若望一案的冤抑,暗暗地叫利类思等三神甫上书诉冤,许以平反,神甫等便遵谕上疏,略曰:

> 臣等同乡远臣汤若望,来自西洋,住京三十八载,在故明时,即奉旨修历。恭逢我朝鼎新,荷蒙皇恩,敕修历二十余载,允合天行,颁行无异。不料遭棍徒杨光先,倚恃权奸,指为新法舛错,将先帝数十年成法

妄行更张。幸诸王大臣，秉公考察，古法件件误舛，而新法则无不合；蒙恩命怀仁仍推新历，此已毋庸置辩。惟是天主一教，即《诗经》所说"皇矣上帝，临下有赫"，而为万物之宗主也。在故明万历年间，其著书立言，大要以敬天主，爱畴人为宗旨。总不外克己尽性，忠孝廉节诸大端，往往为名公卿所敬慕。世祖章皇帝数幸堂宇，赐银修造，御制碑文，锡若望嘉名。若系邪教，先帝圣明，岂能如此表章？乃为光先所诬，火其书而毁其居，捏造《辟邪论》，蛊惑人心，臣等亦著有《不得已辨》可质。且其并将佟国器、许之渐、许缵曾等诬告，以致为教革职，此臣等抱不平之鸣者一也。又光先诬告若望谋反，臣等远籍西洋，跋涉三年，历程九万里，在中国者不过二十余人，俱生于西而卒于东，有何羽翼，足以谋国？今遭横口诬蔑，将无辜远人栗安当等二十五名，押禁广州府，不容进退。且若望等无抄没之罪，而房屋被人居住，坟地被人侵占；况若望为先帝数十年勋劳荩忠，罗织拟死，使死魂含冤，此臣等抱不平之鸣者二也。臣等与若望俱天涯孤踪，兔死狐悲，情难容已。今权奸败露之日，正奇冤暴白之时，冒恳天恩，俯鉴覆盆，恩赐昭雪，以表忠魂，生死衔恩。

　　康熙即把这呈文交六部九卿详议，议得汤若望、李祖白等的确被诬，应照原品赐邮，并给葬银赐祭。其因奉教而被革职的佟国器、许之渐、许缵曾、潘尽孝等十余人，俱应开复原官。宣武门内天主堂房屋，应给还南怀仁等。而杨光先则因诬告反坐，情罪重大，应即处斩，妻子流徙宁古塔。王公大臣等把这议案呈报皇帝，即批依议施行。惟念杨光先年纪已老,故免死罪,着即驱逐回籍。杨光先便狼狈出京,舟行至山东德州,背上生一恶疽(俗叫发背),不久便死了。讲到杨光先的失败,实在可以说是咎由自取。他既然对于历算之学本不甚深,要在这上头与有专门研究的教士们争长短,同时,强词夺理地攻击到基督教道,这显得他的不自量、不识时,抱着愤愤之气来图一时快意。阮元说他"不旋踵而败,宜哉",实在是很确切的批评。

汤若望这件案子,果然平反了过来,但那些被拘押在广州的神甫们还没有释放,传教之禁令还没有解除。这是在京三神甫的主要问题。修治历法,本不过为辅助传道的一种方法;传道既不能得到公开,岂不是变成舍本而逐末么?于是他们便决意辞去历官的职务。皇帝知道他们的隐意,便派国舅佟国纲慰留,并且告诉他们欲弛传教禁令的困难,因为朝臣中尚有许多反对的人,叫他们姑且忍耐等待。神甫们始知皇帝并无仇教之意,颇得谅解,遂勉强打消辞意,一面在北京修葺东南两教堂,天天在内献祭讲道。朝臣们亦知皇帝意思,对于他们传教工作,并不加以阻止,所以这一年中有三千人受洗进教。第二年三神甫再上疏请求开释广州二十五位神甫并弛教禁。结果,仍为部议所不许。等到康熙九年方才获得开释教士的上谕,该上谕中因欲调停部议,一方面准许广州二十五教士各归本堂,一方面不准添立教堂与中国人入教。二十五人中如有通晓历法的,令即来京帮同治历,并御书"奉旨归堂"四大字,嘱分送广州二十五神甫。在广州被禁诸神甫,这时生存的只十九人,重返各省工作,各省封禁教堂,一律交还,被人拆毁的,责令赔偿,地方官莫不优礼相待。其时闵明我神甫已死，格里玛弟（Grimaldi）乃冒称其名，由澳门来华。然以其通晓天文历法，便奉召与恩理格（Herdtricht）、徐日升（Pereira）三人一同进京修历。南怀仁既著成《永年历书》共三十二卷，推算至二千年之久，又奉命铸炮数百尊，皇帝亲临炮场试放，大得褒奖。康熙之于南怀仁，正如顺治之于汤若望，屡加官职，升至工部侍郎，然皆固辞不就。康熙且日与南怀仁、徐日升、闵明我讲求西学，对于教会发生极大兴趣。当时法国皇帝路易十四，因闻中国皇帝雅好西学，南怀仁等神甫，又蒙优遇，乃派教士五人来华。此五人皆精通天文之学。南怀仁乃言于帝，奉召进京，便是法国教士初入中国之始。此后巴黎传教会士相继而来，四川、两广教务赖以发展。不意该教士在来京途中，忽接南怀仁去世消息，及至京，由徐日升带领引见，着留张诚（Gerbillon）、白晋（Bouvet）二人在京供职，余三人任令在中国传教。

当康熙十六年，安文思病殁，至二十六年南怀仁又病殁，皆蒙帝命赐葬。南怀仁享年六十六岁，皇帝派员致祭，御制碑文，勒石纪念，碑文：

朕维古者立太史之官，守典奉法，所以考天行而定岁纪也。苟称厥职司，授时之典，实嘉赖之。况克殚艺能，有资军国，则生膺荣秩，殁示褒崇，岂有靳焉。尔南怀仁，秉心质朴，肄业淹通，远泛海以输忱，久服官而宣力；明时正度，历象无讹，望气占云，星躔式叙；既协灵台之掌，复储武库之需。覃运巧思，督成大器，用摧坚垒，克神戎行；可谓莅事惟精，奉职弗懈者矣。遽闻溘逝，深切悼伤，追念成劳，赐名勤敏。呜呼！

锡命永光乎重壤，纪功广示于退陬，勒以贞珉，用垂弗替。

这里可以看见康熙于南怀仁的宠眷，盛称他治历铸炮之功，实则南怀仁最大的贡献，并不在此，乃在于以一身系教会之安危。自杨光先教难以来，二十多年间，教会几经困难，从黑暗势力笼罩之下，平反冤狱，这是他的大事。但是教难虽平，传教之禁仍未解除，西士不能传教，华人不准进教，排外仇教的官吏，往往借为口实，横加压迫，然卒能安然无大风波，都是靠着他的力量。越三年，浙江便发生抢掠教堂、压迫教友之事，盖因巡抚张鹏翩出示禁习天主教而起。杭州神甫殷铎泽告急于北京神甫，徐日升、张诚乃面见皇帝，求弛教禁，命礼部议奏，礼部不符上意，复命内大臣满汉官再议，国舅佟国纲迎合上意，其题如下：

臣等会议，查得西洋人仰慕圣化，由数万里航海而来，现今治理历法，用兵之际，力进军器火炮，差往俄罗斯，诚心效力，克成其事，劳绩甚多。各省居住之西洋人，并无为恶乱行之处，又并非左道惑众，异端生事。喇嘛僧等寺庙，尚容人烧香行走，西洋人并无违法之事，反行禁止，实属不宜。相应将各处天主堂俱照旧存留，凡进香供奉之人，仍许照常行走，不必禁止。臣等未敢擅便，谨具题请旨。

帝即批示"依议"。此旨一出，全国教堂，莫不欢欣鼓舞。杭州殷神甫预备进京谢恩，不意方欲起程，教堂忽毁于火，事闻于帝，饬浙江巡抚重行建造,张巡抚心虽不愿,然亦无可如何。康熙三十二年,皇帝偶患疟疾,太医束手无策;张诚献上西药,一服而愈。皇帝大悦,遂赐张诚住宅(该宅即前辅政大臣苏克隆哈旧府),并赐地建筑天主堂一所,亲题"万有真原"匾额,并题一联:

　　无始无终,先作形声真主宰;

　　宣仁宣义,聿昭拯济大权衡。

又作律诗一首送至堂中。诗曰:

　　森森万象眼轮中,须识由来是化工。

　　体一何终而何始,位三非寂亦非空。

　　地堂久为初人闭,天路新凭圣子通。

　　除却异端无忌惮,真儒若个不钦崇。

当南怀仁过世以后,由闵明我继其职,到康熙四十六年,闵明我去世,又由纪理安补钦天监。这时张诚已先去世,徐日升已于次年病故。在京教士,除白晋外,有巴多明(Pavennin)、冯秉正(de Mailla)、雷孝思(J. B. Régis)等人,奉命赴蒙古及各省,用西洋三角测量方法,绘画地图。参加此工作者,另有神甫十余人。先从关外起头,依次及各省内地,为时历九年之久,图始告成,名曰《皇舆全览图》,还有各省分图。这图实在比当时利玛窦所绘的详尽得多,可以说中国最科学的第一幅地图。白晋等进呈康熙,大得赞赏。康熙在位六十年,对于教士,实有非常的好感,教会便因此日臻发达,据1664年的情形:

1664年全国教务情形

省　别	地　名	教　　堂　　数	教友数
直　隶	北　京	3（南堂、东堂、墓堂）	15 000
	正　定	7	
	保　定	2	
	河　间	1	2 000
山　东	济　南	10（全省）	3 000
山　西	绛　州		3 300
	蒲　州		300
陕　西	西　安	10（城内一、城外九）	20 000
	汉　中	21（城内一、城外五、会口十五）	40 000
河　南	开　封	1	
四　川	成　都		
	保　宁		300
	重　庆		
湖　广	武　昌	8	2 200
江　西	南　昌	3（城内一、城外二）	1 000
	建　昌	1	500
	吉　安		200

续　表

省　别	地　名	教　堂　数	教友数
福　建	赣　州	1	2 200
	汀　州		800
	福　州	13（连兴化、连江、长乐）	2 000
	延　平		3 600
	建　宁		200
	邵　武		400
	彝山崇安	多所	
浙　江	杭　州	2	1 000
江　南	南　京	1	600
	扬　州	1	1 000
	镇　江		200
	淮　安	1	800
	上　海	城内老天主堂南门、九间楼、乡下 66	42 000
	松　江		2 000
	常　熟	2	10 900
	苏　州		500
	嘉　定		400
	太仓、崑山、崇明均有教堂教友		

上为 1664 年耶稣会士在中国十一省传教情形，共教友 114 200 人。

再看 1701 年各会教士的分布与教堂数：

1701 年中国教务状况

会别　数量　省别	耶稣会			方济各会			多明尼会			奥斯定会			不入会		
	住院	教堂	教士	住院	教堂	教士	住院	教堂	教士	住院	教堂	教士	住院	教堂	教士
直　隶	6	3	11												
江　南	16	130	15	2	2	2							1	1	2
山　东	4	12	1	6	6	10									
山　西	3	10	2												
陕　西	4	4	1												
河　南	2	2	1												
湖　广	8		3							1					
江　西	8	8	6	4	4	5	1			1					
浙　江	4	4	2	1			2	2	3				4	1	1
福　建	7	7	6	3	2	3	5	4	5				3	2	3
广　东	1	1	1	3	3	5				4	4	6	3	3	9
广　西	7	7	10	5	7					1					

上列数字，虽不十分正确，但在这四十年间，至少可以见得增加了一倍以上，亦足以证明在 17 世纪康熙时代教会的发达了。但是不幸因着礼仪问题的争端，使中国教会遭受很大的打击。

第十二章　礼仪问题的争端与其影响

　　说者谓教会正在顺利进行的时候,忽然发生内部的争端,为着礼仪问题而各执一辞,使教会受到很大的影响,不可谓非教会的不幸。其实这问题的起源,在耶稣会初入中国时,即已开端。耶稣会士利玛窦,为了便于推行教道的缘故,处处谋迎合中国固有风俗习惯,所以他最初便穿着和尚服装,以为可以借此不受中国人歧视,及至以后知道和尚并不为社会所重视,乃改为儒者的装束。在利玛窦以为凡不妨碍基督教本根信仰的各种习惯,不妨予以迁就。所以他在 God 的称谓上,与尊孔祭祖的问题上,都不十分固执。因为那时候,基督教初入中国,对于宗教上应用的名词,一时很难决定。God 之名,起初便译音而为陡斯(Deus),因为找不到一个新的适当名词。从前回教、犹太教、景教等对于这点都感困难。所以利玛窦起初用"天主"二字。后他从中国古书中,看见天或上帝的名称,是中国古圣贤用来指天地的主宰的,于是改变初志,便用天或上帝而不用天主了。后来又读到朱熹对天的解释,说天不过是一种义理:即上帝亦不必是独一的天地主宰,他又以天主或上帝并用。这便引起了后来的争论,即有一派人主张只许用天主,而不能用天与上帝之称。而耶稣会士一派以为三名不妨并用,因为中国古人曾以此解作天地主宰。这问题辩论得非常利害。后来更正教中在翻译圣经上也曾经发生同样的讨论,有主张用神字代替上帝的。直到现在有些圣经封面上还是注出"神"或"上帝"字样,表明这书里把 God 译作"神"字的或译作"上帝",不过没有像天主教当时那样的严重罢了。

第二个问题就是:关于祭祖敬孔是否有罪?基督徒是否绝对不能参加?在这种礼节中是否含有宗教的意味?或者传教士虽认为有罪,而基督徒仍可以凭良心的裁断?因为这是中国几千年来的民众习惯,一旦欲完全把它排斥,势必在传教工作上将受莫大的阻力;一般人将以基督教为破坏中国的家族主义与国家观念了。利玛窦对于这个问题,曾经采取一种折衷办法,以为基督徒认这不过是一种礼节,表示敬仰与孝思而已,不妨任他奉行,这原是一种不得已的从权办法。但当时已有耶稣会士加以反对,像龙华民等,曾经禁止祭祖拜孔,以为这与佛道诸宗的拜偶像无异,大有背于天主教教义的。

第三,关于一部分零碎问题,如:民间出会迎神等举动,基督徒应不应输钱与参加?或者一个基督徒,他的祖宗是非基督徒,是不是适用基督教的仪式?或者牧师为妇人施行洗礼,能否免去那些在中国习惯上所认为不甚合适的礼节?这一些小问题,是与上述问题有连带的关系，是附属的，而不是主要的。所以成为这次论争中的中心问题的，还是第一第二两点。教会在 17 世纪外来的压迫，既然减少，而内部便起了争论。结果，从两派不同的意见，变为派别间的嫉妒，更影响到国际方面。不但在远东的传教士，都参与两方面的阵线，即欧洲教会亦因此而有剧烈的辩论。

在中国的耶稣会士，大部分是拥护利玛窦的主张，而多明尼与方济各会人，大都站在反对的地位。1631 年时有多明尼会士到福建传道，他看见耶稣会士容任祭祖敬孔的事，便大不以为然，就连合方济各派，把这个问题禀告到马尼剌（Manila 菲律宾首邑）总主教，总主教又把这禀告送到罗马教皇迁尔朋第八，这是 1635 年的事。一方面由教皇派员调查，而一方面耶稣会士向教皇辩诉，到 1638 年，遂由总主教撤回其诉状。

多明尼会士有名黎玉范（Morales）的，从 1633 年来到中国，1637 年被迫离开中国。他对耶稣会开始就反对。到了欧洲以后，在 1643 年，把这情形告诉宣教会，提出十七条问题对耶稣会攻击。内中有几条比较重要的，如：

传教士在给妇女施洗时，是不是可以取消涂油礼？

是不是可以准许中国人出百分之三十的利息，靠放债过活的人做基督徒？既做基督徒后，是否仍旧可以继续这种职业？

基督徒是否可以捐钱给迎神赛会等迷信事情？

国家举行祭祀时，基督徒是否可以参加此种仪式？

基督徒可否参加祀孔典礼或其他葬礼？

基督徒是否可称孔子为神？

在礼拜堂可否置"万岁"一类的碑文或匾额？

经宣教会讨论的结果，并呈请教皇依诺增爵第七的同意，于1645年9月12日发表一道禁止的命令。在这命令中声明此项禁止，在未有别项决议前，须暂时遵守。而在中国的耶稣会士，对于这决议，自然非常惊奇，决定向当局陈述他们这方面的意见。于是在1651年派了一代表，就是卫匡国（Martini）神甫到罗马去解释。他们认为马拉来斯对于他们的制度，不曾有正确的了解。迨1654年卫氏到了罗马，把耶稣会一方面的陈述送交"异教徒裁判所"，经过相当的考虑，由教皇亚历山大第七裁定，准许耶稣会照他们的意见去做，让基督徒自己决定这范围内的事，无论含有迷信的礼节与丧礼等事，只要不妨害他们根本的信仰，均可自由参加。这是1656年的命令，表面上好像与1645年的命令冲突的，实际上都是一种暂时性质，并没有绝对肯定的话。多明尼会对于第一次命令，本来已经不很满意，马拉来斯曾经提出了责问。这时候马氏已去世，同会就有鲍郎高（Palanco）继马氏而起，向教廷询问：是否取消1645年的法令？等到1669年教皇格来孟第九答覆他一道公文，说两个法令，在依照环境情形下都当遵守，这似乎是使耶稣会得了点胜利。

当第二次教难发生，各省教士都被禁押在广州，包括耶稣会、多明尼会、方济各会人员，其间以耶稣会人数为最多，这是一个很好的合作机会。他们用了四十天工夫,充分讨论着教会各方面的问题,共同议决了四十二个问题,中间有一条"当遵守 1656 年法令"。当议决时,与议诸教士一一签押遵守。而多明尼会有名那槐莱脱(Navarette)的不能同意,潜逃至澳门,又乘船回到欧洲。他在欧洲发表了些著作,大大地攻击耶稣会,所以当时的耶稣会不但天主教中攻击他,就是欧洲的更正教也攻击他。不过在中国的情形却两样,所有的方济各会奥斯定会人大都附和着耶稣会,即站在反对地位的多明尼会中,也有替利玛窦当时的境地而辩护的。只有那位福建主教名叫颜珰(Maigrot),他是大不满意于耶稣会的制度,也有些耶稣会中的法国人,与颜珰表同情。那位颜珰主教曾经公布了一条命令,禁止应用耶稣会制度,不许称天主为天或上帝,也不准在礼拜堂里悬挂写"青天"字样的匾额,以为 1656 年教皇的法令,在良心上没有遵守的责任,指斥卫匡国所呈诉的理由毫无根据,所以绝对不允许教友可以自由祀孔与祭祖。因为若不把这些异端从礼拜堂中除掉,便不能使教友们专心崇拜上帝。传教士更不能把基督的道理去牵合中国古书里的教训,应当注意到基督教所称的 God,乃是一个创造天地万物的主宰。他为了要实行这道命令的缘故,用断然的手段开除了两个耶稣会信徒,于是激起了耶稣会会众的反响,发生了很大的冲突。他因此派了两位教士,名叫管末南尔(Guemener)与雅尔马(Charmot),到欧洲去把这问题请求教皇依诺增爵第十二重新审查。1697 年教皇把原案交付"异教徒裁判所"研究。这问题又变成了宗教界极有兴趣的辩论,一时出版许多辩论的书籍。有一位更正教的哲学

家名叫莱伯尼志(Leibniz),也替耶稣会著了一篇辩护书。直到 1700 年
巴黎大学神学系教授发表宣言,不赞成耶稣会的主张,并且批评耶稣会
方面的书籍,才转移了一般人的目光。

　　这问题既在欧洲闹得满城风雨,教廷便组织一个委员会去研究,这
个委员会中,没有耶稣会、多明尼会人参与其间,以期有公允的解决。
而此时在中国的耶稣会士,适有把"祭祖与祀孔是否含有宗教性质"的
问题去请问康熙皇帝,康熙皇帝便于 1700 年 11 月 30 日正式宣言,说
中国的祭祖祀孔,不过是一种崇敬的礼节,纪念其过去的善行,并没有
宗教性质。然在反对耶稣会的人,更得了一种借口,说关于教会的事,
不请求教廷解决,反而去请求教外皇帝决定,实在不当。这实足以挑起
教皇对耶稣会的恶感。到 1704 年"异教徒裁判所"印成一件公文,得教
皇格来孟第十一(Clement XI)的批准,于 11 月 20 日公布,其条文有:

　　禁止以"天或上帝"称天主。

　　禁止礼拜堂里悬挂有"青天"字样的匾额。

　　禁止基督徒祀孔与祭祖。

　　禁止牌位上有灵魂等字样。

　　教廷因欲推行这公文,第恐发生什么不良的影响,就决定派一个特
别代表,来调停东方的争端。因为当时在印度马拉巴(Malaber)也有同
样的事件发生,所以这个代表,必须要精敏强干,不但要使教士和当地
教徒满意,并且希望中国能谅解到教皇的法令。负着这样重大使令的
人选,一时很难获得,最后乃决定派多罗(Charles Maillard de Tournon)

主教带着这道法令到中国来。先到了印度,预备在那里解决马拉巴的争执,结果,给葡萄牙主教与耶稣会人反对,没有什么效能。乃在 1705 年 4 月到了广州,12 月 4 日到了北京。耶稣会里的葡萄牙人,对于他的委任,根本起了怀疑,因为那些传教士费了一生的精力在中国做工,建造起许多房子,现在被一个年青的并不懂得中国情形的人来辖制,当然不能表示十分的服从。康熙帝起初很以优礼相待,后来这位青年的代表,与皇帝的观念站在反对的地位,对于康熙前此所发出的谕旨,不能略为迁就,使康熙大大地不悦,乃下逐客令,命其速离京师。多罗不得已离开北京,到达南京。于是康熙帝便在 1706 年 12 月间发出一道上谕,说明凡传教士非领得朝廷准予传教的印票,及许可服从中国的礼仪的,不准在中国传教。

多罗主教听到了这个命令,他想到自己所负的使命,便在南京宣布的教皇的命令,并且加上自己的解释,谴责那些用上帝和天的称呼与那些牌位表示阴灵的。并且说凡违反这种禁令的,必须赶出教会;这显然与康熙皇帝反对了。因此,有些法国教士,因为不服从康熙帝的命令,被驱逐出境。惟有多数的奥斯定和耶稣会人,接受皇帝的话;不过他们很希望将来去请求教皇,修改多罗的宣言。康熙帝因为多罗的反抗,就把他送到澳门看管起来,一面由耶稣会的提议选派两教士到罗马去申说,希望对于多罗在南京的宣言与 1704 年的法令有所变更。多罗既监禁在澳门,澳门的主教对于他也发生了反抗,但是多罗仍旧行使他代表的职权,赶出几个教士,声明凡未得代表的允许,都不能在中国传教,也不许澳门的学院与修道院容纳，于是事情闹得更利害了。结果，在澳门的葡国官员，也起来反对多罗。不过罗马教皇却嘉许他的忠心，升他为红衣主教，可惜这升职的公文还没有到达之前，他已经在澳门去世了。

多罗在南京所发表的宣言和耶稣会的请求，到了罗马，不但没有被教皇接受，反而重行申明南京宣言与1704年的法令是同样的效力。方济各会教士把这篇申明公布在北京的礼拜堂里，耶稣会人因此就感到极大的不安。罗马教廷预备更有力的举动，教皇格来孟十一又颁布了一道正式的谕旨，重新述说前此的禁令，必须绝对遵守，否则将受逐出教会的处罚。凡传教士必须宣誓服从。不过对于一切纯粹属于政治范围而不含迷信的礼节，许可容纳；若有一个新礼节产生时，不能决定它是否属于迷信的，须送教皇审查后实行。这一道严厉的教谕，教士们都不敢把它公布在教堂里，等到主教在教堂里宣读出来，就被康熙帝捉去监禁。耶稣会因此仍得继续工作。在这种情形之下，教廷方面不得不再派一个比较重要的人到中国来，调解这极端的争执，于是选派了一位主教名嘉乐(Mezzabarba)做代表，于1719年离开罗马，第二年9月到了澳门。这次葡萄牙人却很优礼的接待他。12月间到了北京觐见康熙皇帝。康熙皇帝对他非常冷淡，因为过去的争执，本来很不高兴，及至看见教皇的公文，更加觉得生气，就在公文上批着这样的话："欧洲人没有资格批评中国的礼节！"耶稣会人很为这事担忧，因为这样下去，恐怕要毁坏了过去的工作，所以他们请求嘉乐主教不要把教皇的谕旨宣布。但是不能得他的允许，仍旧宣布出来，不过在教谕的下面，加上几条变通的办法：基督徒可以有牌位；也可以允许基督徒不迷信的拜祖宗；为守礼节而祭孔也可以；用香烛食物陈设在牌位前面，在棺材前叩头，葬礼中用香烛等等，皆可以权宜从事。这是一种对中国皇帝的让步，但是康熙皇帝仍不满意，所以与皇帝间不能有较进步的感情，不得已只好离开北京预备回欧洲去。在还没有离开之前，他写了八条宽免的办法给教会，与前述的变通办法差不多，用来作一般传教士工作上的指导，但不许把它译成中文或满文。这办法不但在拥护教皇方面的人并不看重，耶稣会人亦不守他的嘱咐，仍旧把它译成了中文。那时他已带了多罗的尸骨回罗马去了。这位嘉乐主教，比较其他的人果然圆通得多，但在这复杂的情形下，却仍没有带什么平安给中国的基督徒。

当嘉乐主教回罗马报告教皇之后，教皇便发了一个命令给耶稣会，责备他们不能领导教友服从教令，即是对教皇的不忠，因为不服从教令就得处罚。恰巧这时候换了几个教皇，所以暂时搁置。直到 1742 年本笃十四（Benedict XIV）乃旧事重提，发了一道命令，取消嘉乐主教所自定的八条允许，维持格来孟十一的禁令，声明凡不服从此法令的，必须回欧洲处罚。这个强硬的法令，却暂时压住了长期的争执，虽然有不表赞成的人，却也无可如何，只好默尔而息。

继承康熙之后的雍正，他本不很赞成基督教，所以更固执着康熙的主张。恰巧那时候又另外产生一种争端，即有些基督徒在父母去世时，把父母的姓名职衔写在一块白缎上，让教外人叩拜，在福建有些教士并不加以禁阻。北京主教觉得这是违反 1742 年的教令的，便通令各教堂,说明向死人叩拜是有罪的。不意这命令在各教堂发表的时候,引起了一种骚动,甚至有人大叫说:"叩头是不是迷信?"主教便选定了这个题目讲道,希望借以安定教友,却不料反而增加了纷扰。因为有些官家或贵族的基督徒,不能容忍这种限制,又回复到反抗的态度,争端又复活了。教皇鉴于这种纷争长此不已,实非教会之福,便毅然的 1775 年把耶稣会解散。这可见教廷当局宁可牺牲在中国的已往工作,不愿和中国的风俗习惯有丝毫妥协,这种守正不阿不肯枉尺直寻的精神,实在是无可厚非的。但是我们看看这故事的经过情形,并不能叫我们欢喜,因为我们看见里面有许多妒忌、攻击、仗势等等不良的因素,实在违反基督教到中国来的精神。所以有以为这种争执,实在是自己毁坏了传教工作,若是没有这次争执,若是不因争执而触怒了中国的皇帝,18 或 19 世纪的中国,或者可以变成天主教的国家。康熙对于教士,本来有很好的感情,为了与教皇发生意见,就一反从前的态度。本来因为皇帝的倾向,使那些反对教会的人,不敢有什么动作,等到皇帝的态度一变,这种反对的势力,也就渐渐的活动起来,造成了反教的风潮,这全是由于这次争端所招来的恶果。但依我看来,这批评实在是知其一而不知其二的。基督教为求推行上的便利,对于社会风俗的迁就,在有限制的条件下,并非绝对的不可能,然而因此将影响到基督教的精神,不能不予以纠正。利玛窦的主张,本有他的苦衷,但后来的耶稣会士变本加厉,一味迁就,反而失去了自己的立场,宜乎有人要起来反对。不过这种反对或拥护的方式,有点不智,以致影响到整个的大局,果然可惜。

但是要说没有这些争执,教会便会达到怎样的程度,而且不会引起反教的风潮,这却不可以认为定论的。相反的,教会若然单靠着某一种势力,他的后患必定更大,因为某种势力有失掉的时候,那时,反动的力量更厉害。所以有人以为康熙本来有做基督徒的可能,只因这一次争执阻挡了他。要知道康熙做不做基督徒,于教会原无关系,正如上面所说的道理,反而于教会无益而有损的。

现在言归正传,要连带的说到康熙以后的教难,虽然不能说完全由于这次争论的结果,但多少也有几分关系,应当在这里叙述一二。

自前次沈㴶、杨光先之难平息以后,靠着康熙帝的保护,有五六十年的安宁。现在因礼仪之争激恼了康熙,使康熙改变以前的态度,从此历雍正、乾隆、嘉庆以至道光,又遭遇着不少的困难。第一件惨案,要算苏努全家的蒙难。苏努为雍正的从兄弟,说他有帮助允禩(康熙第八子)谋立之嫌,便因此获罪。原来康熙有二十三子,末年诸皇子皆谋继帝位,各树党派,互相倾害。四皇子胤禛以诈术取得帝位,是为雍正,借故治诸弟以罪。苏努全家也被牵连在内。苏努之子苏尔金、书尔陈、勒什亨、乌尔陈、木耳陈等均先后受洗进教,至是勒什亨、乌尔陈均随允禟、允禩充军西宁,葡籍耶稣会士穆经远(Mouras)神甫素为允禩所敬爱,邀与同往。勒什亨、乌尔陈既到西宁,不特专务灵修,亦且热心传道。据耶稣会士巴多明(Parrenin)致书同会函中有云:"川陕总督年羹尧递折控类思(勒什亨)、若瑟(乌尔陈)同入天主教,并捐资建教堂,又与教士穆经远相善。"雍正大怒,立召二人回京收押,允禩与穆经远神甫亦因此得罪。并且祸及苏努,发往右卫充军,除长子及妻皆病死途中外,自己亦病殁。朝臣中之希旨者,又一再告揭,苏努被削除宗籍,又遭戮尸,其子孙分禁各省,备受酷刑,三四年间相继死亡。据巴函所述,苏努一家致死的原因,纯为信教之故。当时右卫将军曾迫令出教,而其子孙等皆众口一词,宁死不愿背教。是可知信教实为他们致死原因之一。穆神甫本为雍正所恶,又诬以兴起革命,为允禩党援,乃至入狱。葡国遣使来中国营救,雍正不待葡使之至,先令人毒杀之。

先是,闽、浙总督满宝深知雍正疾恶教会,适福安有建筑教堂事,乃出示禁止,并将传教士驱逐出境,以禁绝天主教事奏闻皇帝。雍正元年十二月有"远夷住居各省,已历有年所,今令其迁移,可给限半年,委官照看"的上谕。各省官吏得此禁教之令,遂迎合上意,大肆仇教手段:教士五十多人,悉遭驱逐,甚至百般凌虐。浙江总督李卫奏毁杭州天主教改为天后宫,福建巡抚刘世明请禁人民习天主教,两广总督把居留广州之教士逐至澳门,广州教堂被毁,教友蒙难,各处教堂有改为公廨或书院或庙宇的,南京教堂住宅均变为积谷仓,上海天主堂改为关帝庙,不数年间,全国教堂尽遭废毁;惟在京教士二十余人,以服务钦天监之故,得安然居留。这时全国三十万信徒,因教士被逐,乃至如羊无牧,困苦可知。雍正在位仅十三年,其子弘历继位,是为乾隆。乾隆赋性懦弱,常被左右包围,故教难更形严重。福建多明尼会桑(Sanz)主教等竟为巡抚所杀。桑主教西班牙人,雍正时既被放逐至澳门,1738年乃潜回福建至福安县行坚振礼,与同会费(Alcober)、德(Serrano)、华(Royo)、施(Diaz)四神甫相会于某村,为奸人告发,被捕解省。巡抚周学健素恶天主教,乃请旨正法,桑主教及四神甫竟先后被杀。

次年在苏州有同样事件,多明尼会葡人黄安多(Henriquez)与意人汉方济(Athemis)二神甫,以"洋人散布邪说,煽惑良民"之罪,绞死于苏州。教友被牵连者甚多,唐德光死于狱中,汪斐理出狱即死。

自福建、苏州之事发生后,各省皆起而仇教,南京有神甫被囚,已定绞罪,后蒙释解澳门。北京发生谣言,说教友用邪术剪人发辫,被剪数日即死,影响及于湖北,在谷城县被捕教友有一百五十人之多。四川刘神甫因而被拘押有八年之久。各处皆搜捕教士,虐待教友,于是四川冯主教与李、吴、彭三神甫,山西马吉主教,陕川高主教,山东四神甫,江西二神甫,广西一神甫,湖广二神父,以及其他教友神甫,均被押解至京,经部臣审问,将中国神甫七人,与教友十一人,刺字于额,充军伊犁,另有教友三四十人枷号示众,西洋教士一律从宽开释。嘉庆朝也有中国教士教友被难丧命之事。这时西教士除在京师有职务关系的,有钦天监监正戴进贤(Kogler)、监副徐懋德(Pereira),继戴进贤的有刘松龄(Hallerstein)、鲍友管(Crogeisl)、高慎思(d'Eespinha)、索德超(d'Almeida)等。其他有郎世宁(Castiglione)在内廷绘画,林济谷(Stadlin)为表匠,罗怀忠(daCosta)为药师,安泰(Rousset)为御医。彼等仍得居留,故北京教务,仍有相当进展。其他各处,西教士均难立足,皆由中国神甫主持,在这样艰险的情形下,继续进行工作。此不绝如缕的教会,直至鸦片战争以后,方得重见光明,而另入一个新的时代。

第十三章　更正教输入中国的预备时期

当天主教教士在中国工作的时候,更正教人未尝不注重到这东方的大国,所以也有过种种的计划。相传 17 世纪乔其·福斯(George Fox)曾经这样叹气地说:"唉! 能不能唤起几位热心的教徒,把真理宣布到中国去?"这句话是不是实在的? 我们现在却无从断定;不过在他的日记中,的确记着:

在 1661 年有三位教友,名叫施丹白(John Stubbs)、考司曲路(Richard Costroppe)、福尔(Henry F. Fell),他们很勇敢的开始到中国传教,经过了不少的困难。

结果怎样? 却没有知道。

莱伯尼志(Leibnitz)对于天主教在中国传教非常感兴趣,因此,在

17世纪提倡更正教徒也照样做去，希望由各宗派联络起来，能在中国产生一个没有派别的教会；虽然得着各方面的赞同，但可惜没有实现。1798年有一个非国教牧师马锡兰（Mosley）在英国请求把《圣经》译为中文，并叫人注意在博物院中已有译成之中文《新约》一部分。1801年"伦敦传道会"就讨论到派送传教士到中国的问题，但是没有方法进行，决定先筹备一笔款子，以便将来可以应用。同时，"大英圣书公会"主张印刷博物院里的《圣经》稿子，以便分散到各地方。

　　当时更正教中注意到中国工作的，有三个人，一个是"伦敦传道会"中的马礼逊（Robert Morrison），一个是在锡兰浦（Serampore）的克理（Carey），领导着许多热心同志，在印度各部分建设传教团体，并且把《圣经》译成东方的各种文字。还有一个叫马士曼（Marshman），他热心研究中国文字，请了一个阿美尼亚（Armenian）人名叫拉萨（Lassar）的帮忙。拉萨是生在澳门的，所以懂得中文和中国话。1805年马氏到了加尔各答（Calcutta），遇着一位懂得中文的牧师名白奇南（Claudius Buchanan），就跟他学习中文。同时，有一个到过中国的天主教教士和一个从北平来的中国人帮助他，开始翻译《圣经》。后来拉萨同了二个中国人回到锡兰浦，在马氏的指导之下，于1811年完成了翻译的工作。最有关系的，当然要算是马礼逊。当1805年"伦敦传道会"计划派送传教士到中国，最初打算派遣一位老年的教士名叫范达根（J. T. Vanderkemp），因为他多年在南非洲传道，所以他不愿离开非洲。后来又想派一位名叫勃朗（Brown）的去，结果也没有成功。于是马礼逊就当了选。这时候中国正是大门关闭得很紧。因为天主教会为着礼仪问题，起了内部的纷争；想不到这纷争，竟变成了教皇与中国皇帝的问题，便惹得康熙动怒，取缔中国的传教。到了雍正，更厉害了，发出了禁止全国天主教的上谕。所以从 1700 年至 1842 年之间，天主教在中国便没有活动的机会。这又回到元朝以后利玛窦以前的情形，有一百多年的中断。直到 1842 年《南京条约》与 1858 年《天津条约》里规定"凡中国人愿信崇天主教而循规蹈矩者，毫无查禁"之后，不但天主教得以卷土重来，继续他们已往的工作，即更正教亦得公开地进入中国。此后基督教在中国，便有天主教与更正教（亦称耶稣教）两派并立，继续进展了。天主教传教中国的根据地是澳门，所以更正教初来中国的时候，便受着很大的阻碍。我们读到马礼逊传道的经历时，看见当时所受的困难，不单中国官厅的严禁，人民的反对，更有天主教嫉妒的压迫。终于以马礼逊的艰苦奋斗，建立了更正教传教中国的基础。所以我们说到更正教输入的起头，不能不对于这位开路先锋的马氏，表示相当敬意，把他的工作在这里介绍一下，以表一若前面对利玛窦一样的钦佩。

劳勃脱·马礼逊（Robert Morrison），谁都不能否认他是更正教在中国传教的开山祖，以前虽然印度浸礼会有过一位教士名叫马士曼（J. Marshman）的，曾经研习华文，得着一位中国学者的帮助，把《圣经》译成华文的事实，到底在中国没有发生什么影响，所以还要让马礼逊居首位。不过那时候中国的传教门户还没有开放，虽然传教士的足迹已经踏进广州，因为不能公开，还只好算是预备时期。

当他年纪很小的时候,已经有传道外国的志愿。"伦敦传道会"命他选择非洲或中国时,他决定了中国为其目的地,便开始学习起中国文字来。他访到一位广东人名叫杨善达的做他的教习。同时,从伦敦博物院里找到一本不完的中文《新约》,天天照样地小心誊写。这本残缺的《新约》,并没有翻译者的人名,或者就是马锡兰所说的那一本,但却成了后来马氏翻译《圣经》的根据。他虽然这样热心地预备着,可是中国海禁甚严,外国人不能进入中国内地。"东印度公司"的轮船也不许传教士乘坐,因为这时从英国到中国的交通枢纽,只操在"东印度公司"手里,他们不赞成传教士到中国来的原因,恐怕影响到他们的商业。没有办法,他只好绕道先到美国,再从美国乘船过太平洋到中国来。1807 年,即嘉庆十二年,到达广州,秘密地寄居在一个美商货栈里,殷勤读书,学习中文,在生活居住上,都仿效中国人,饮食衣服都中国化。后来却觉得影响到身体的康健,便一方面改变以前的方法,脱去中装,恢复旧观,一方面打算易地调养,暂赴澳门居住。他在澳门认识一位莫小姐,发生爱情,遂于 1809 年结了婚。"东印度公司"也在这时候聘他为中文翻译,做了公司的职员,便可以免去被中国政府驱逐的担心,而且得到了公司的薪水,也可以免得依赖传道会的津贴,同时,更可以借此考求中文。"伦敦传道会"也赞成他的办法。从此,他便一面办公,一面翻译《圣经》,往来于澳门广州间,可以不受天主教的反对。但是天主教仍旧禁止教友与马礼逊往来。除了在广州寓所里举行家庭礼拜外,每礼拜日在澳门举行正式礼拜。他这样独个儿工作到 1813 年,才由伦敦派来一个叫米怜（Milne）的同工，自是非常欢迎，却不料遭受官厅及公司的反对，米氏便不能在澳门广州安身，只好到南洋群岛去找寻立足之处。后来到了马剌甲为根据地，在那里从事于刻板印书的工作。1814年使马氏最快乐的一件事，便是收得一个信徒，是七年工作中惟一的果子，就是那位帮助马氏印刷工作的蔡高，于九月九日中国的重阳节那一天，在澳门一处幽静的海湾中，施行了洗礼。他做了中国更正教第一个信徒，虽然没有多大事迹可考，但却是一个忠实信徒，不幸在1819年便死了。关于他的死，有两种不同的说法：一说他是患肺病死的，一说他是被天主教徒诬陷，死于香山县监狱中的。后来他的兄弟——兄名亚兴，弟名亚三——二人，都信了福音。

马氏努力于翻译《圣经》与撰著布道文字，雇工刻板印刷。这时已经成功的，有《使徒行传》、《神道论》、《救赎救世总说真本》、《问答浅说》、《耶稣教法》，以及《旧约·创世记》等书，并且进行编辑《华英字典》。这事不但引起中国官府的注意，捕捉印刷刻板的人，也为"东印度公司"英国总部所不满，要辞退他的职务。曾经写信给他这样说：

本部听说先生印刷中文《圣经》和《劝世文》，引起中国反对。皇帝下有谕旨，禁止这书，并要重治相帮的人。我们想这样作去，与贸易总受影响。现下议决，公司辞退先生职务。

因为那时候，印教书是有干禁律的，清廷曾颁布过禁止的谕旨，里面有话说：

自此之后，如有洋人秘密印刷书籍，或设立传教机关，希图惑众，及有满、汉人等受洋人委派传扬其教，及改称名字，扰乱治安者，应严为防范，为首者立斩；如有秘密向少数人宣传洋教而不改称名字者，斩监候；信从洋教而不愿反教者，充军远方。

可见信教及印刷教书等事，都是冒着极大危险的。上述的蔡高兄弟等以及 1816 年在马剌甲入教的梁发，都是帮助他做印刷工作的人。说到梁发，是广东高明人，本来是学习雕板的，在一个离洋行街(亦称十三行)不远的印刷所里做工，因此，得与马氏发生了接触；曾经向马氏请求过洗礼，马氏没有答应他。后来他跟米怜到马剌甲去，便变成一个热心慕道的人。他替米怜雕刻所著的《救世者言行真史记》板本，大受了感动。在米怜牧师 1816 年 11 月 3 号礼拜日的日记中写着这样的话：

今日十二时我以三一神之名，为梁公发举行洗礼。此礼是私下在传道所的一室中举行的。他是广东省人，年纪三十三岁，未有家室，除一父一弟之外，并无其他亲属。他受过普通教育，能读普通书籍。1815年，他伴我由广州来到马剌甲，他告诉我，他曾被雇雕刻我所著的《救世者言行真史记》，是否看了这本书而受感动的，那我可不敢断言。

　　这一位在中国更正教历史上占着重要地位的第一位中国牧师——梁发——后来做过一番伟大的开创工作，已经有一位麦沾恩（George H. McNeur）牧师替他做过一册专书，叙述他的生平，我们在那一本书里看见他为耶稣的道理热心工作。他与米怜在马剌甲共事三年，在继续帮助翻译印刷之外，于 1818 年帮助创办一所"英华书院"，教育中国儿童，这可以说是中国第一个学校——后来这所学校从马剌甲迁到了香港，到现在还存在——他更热心地撰著布道小书，一本叫《救世录撮要略解》，末了附着几段经文、三首圣诗和十诫，篇幅虽只三十七页，却是第一本中国人自著的中文布道书。他把这书稿带到广州给马礼逊看，印了二百本，分送亲友，却不料因此掀起了大狱。中国官厅把他下在监里，销毁了版本，并且牵连到马氏所印的书，连蔡高之弟蔡亚三也一并捕去。梁发被打了三十大板，血流至足，经马氏挽有力商人设法营救，才得罚金释放，回到马剌甲，仍旧帮着米怜做翻译《圣经》的工作。《旧约》中从《申命记》到《约伯记》那几篇，是米怜译出的，梁发在雕板印刷之外，或者也参与翻译方面的事。这时候他听到在先一年所娶的妻子黎氏，在家乡——高明——快要生产了，便不能不打算回家，一面也希望他的妻子信道。果然，不久都偿了他的愿望。马氏在报告的信里说：

　　米先生施洗所收的教友梁发领着他的妻子也信主领洗，过了十天，又领他的儿子进德来领洗信主了。

他把妻儿都献给上帝之后，仍回马剌甲，不料那患难相共的朋友米怜于 1822 年 6 月 2 日因患肺病而死，死的时候，只有三十七岁。他在东方虽然只有短短的十年工夫，他那不朽的工作，像上述所译成的《旧约》一部分，与创办了"英华书院"外，并且出版一份月报，叫做《察世俗每月统记传》，这可以说是第一种中文报纸。他又著成一本华文小书，名叫《两友相论》，是 1818 年出版的。米怜虽死，梁发却继承他的精神，像以利沙之于以利亚一样，回国来传教了。

这时马礼逊已经工作了十六年，完成两大著作，一即完成新旧约《圣经》的翻译；一即编成一部《华英字典》，这本书所用的中文参考书有万卷之多，全书凡六册，注释详细，风俗人物，无一不备，印刷费需要一千二百金镑。这是一件高兴的事，不过在高兴之中有一件不高兴的事发生，就是在三年前所娶的妻子故世了，他的子女已经送回国去，只剩他孤独地在客旅中，所以他想预备回国一次，作短期的勾留。但使他踌躇的，便是在广州澳门间没有人替代他传教的工作。恰巧梁发回来，却使他非常高兴，就封立他为宣教士——更正教在中国第一个牧师——他自己就在 1824 年回到英国。在梁氏一方面，他既已接受了这重大的责任，格外地热心传道，同时注释一部《希伯来书》，又做成《真传救世文》的短论。在马氏一方面，回到了已经离开十六年的祖国，到处受人欢迎，并报告中国教会情形，引起多少人的热情。他又在这时候续娶了，于 1826 年带着新夫人及前妻的子女重回澳门。中国官府与天主教都注意他的行动，使他不敢公开讲道，只能用工在文字方面。马、梁二人常常在一起,马氏曾说到梁氏的宗教生活,有"如何勤读《圣经》,如何长于祈祷,虽然天性暴躁易怒,然却在人前公认是基督徒。他注解《罗马人书》,于我们外国传教士极为有用"等语。

1828年梁氏在故乡感动了一个少年名叫古天青,为他举行洗礼。就和他在本乡办了一个私塾,这可以说是中国内地第一所更正教的教育机关。马氏向"伦敦传道会"报告,有关于梁氏的话说:

> 梁先生在主办学塾和向其乡人传道之外,还著大批布道小丛书,此类小丛书共有十二种。其中一种是为儿童而作的基督徒问答书,其他都为回答他的非基督教友人所发的反对基督教的问题而作的。

因为马氏对于这些小书,认为是非常有价值的东西,所以把这些小书的原稿送到马剌甲"英华书院"去校对付印。可见他们同样在著作方面努力。在1829年,有一个英国画家名叫程耐里(Chinnery)的,替马氏画了一幅画像,上面画着三个人,马礼逊手执一卷洋皮书,坐在左角有二个助手,一个老年的俯着头在执笔写字,一个站在中央注视老者所写的少年。有人认为这老年执笔的就是梁发,少年叫梁滔,但是据湛约翰博士的考据,"那老者并不是梁发,其名叫陈老宜,少年叫李十公,他的父亲是天主教徒,曾在葡萄牙留学"。证明这画图的以误传误。我们研究马、梁二人的历史,看不出他们合作翻译《圣经》的事,只知道梁氏曾注释过几卷《圣经》与撰著过若干布道小书而已,所以湛博士的话是有理由的。

1830 年，在这个小小教会里又增添了一个教友，名叫屈昂。他本来是梁氏的印刷徒弟，后来做了梁氏的传道助手，帮助分散圣书和劝世文。那一年正是美国派遣传教士裨治文（E. C. Bridgman）与雅裨理（Ablee）二人到了广州，马氏非常欢迎，邀他们到家中，乃与梁发相见。他们甚至说"梁发很像耶稣"。在相别的时候，举行一个简单的礼拜，梁氏领导祈祷，马氏把他的祷文译为英语，并且对这二位美国朋友说："梁发的祷文，与一般形式主义者的老生常谈不同，乃适合于当前的环境，使听者觉得是出于真心的。"他们从此得着一个很深的印象。

虽然这时候取缔传教与信教的法令非常严厉，但是那位梁发一点也不畏缩，常常在一般拜偶像的人群中，斥责他们迷信，并且逢人便讲耶稣真道，在广州旅馆中曾经劝化了旅馆主人林某，与做泥水匠的李新，都做了基督徒。又陆续收了几个教友，在 1831 年他领了他的父亲梁冲和他二个儿子，祖孙三人同日受洗。1832 年在他给"伦敦传道会"的报告中这样说：

在此数年中，已有数人信从救主，加入教会。此地差不多有十人，一心一志，继续事主。

可见这时在广州已经有一个小小的教会团体，这一个初期的教会，常常在马礼逊家中聚集礼拜。因为人数的增加，给予梁发不少的勇气，更努力于小书的撰著与印刷,在每逢乡试的时候,分散给赴考的生员。(从前科举时代,每三年在城举行考试,名曰乡试,赴考的都是些各府县的秀才。每逢乡试,有许多人乘机分送讲因果的所谓善书。梁氏学着这方法,乘机分散布道书)卫三畏(Samuel Wells Williams)在 1833 年到广州,与梁氏相见,曾经说到过他的分书情形:

他现在尽力从事于著书,而且已经派送过数千本了。不久以前,在广州举行府试,有二万五千个童生从各县到广州来,梁发雇苦力数人把他的箱子抬到贡院前面去,他在那里尽力把生命之道传播与这些知识阶级的青年,如是者三日。他是一个仪容可敬的老人,年纪在五十岁左右。

1834 年,不幸的事件发生了,就是那位更正教的中国晓星马礼逊,忽然在 8 月 1 日晚间休息在救主怀中了。他那二十七年的苦心经营,希望进入中国内地的宏愿,没有实现,还只局促于广州澳门之间,虽然曾经在 1816 年做了英国专使的翻译,跟着到过北京,究没有像利玛窦那样立定脚跟,在他可以说是赍志以终呀!然而他那种勇敢的精神,实在可以感召后来者的热忱。总税务司赫德曾经这样说:

马礼逊在屡次失败和绝望中努力奋斗,卒获胜利。英雄不是只能在战场上遇见,我们在人生的各方面都能找到英雄。马礼逊就是我们在平民阶级中所找到的英雄。

梁发在那时感到同伴的去世，觉得生命的短促，应当趁着白日加倍努力，所以继续他那分书传道的工作。恰巧这一年又轮到了乡试，又约了他的同伴周亚生、梁亚新、吴亚清，连日分送出《圣经日课》二千多份。数天之后，忽然发生意外，知府把分书的人捉去了好几个，并且捕去他的几个亲戚，结果，靠着裨治文、马儒翰（马礼逊之子）托人向知府说情，缴纳八百元赎金，被捕的人乃得释放，不过还是要严缉梁发。幸亏裨治文把他和他的儿子进德藏到伶仃岛一只船上。他虽然经着这一次风浪，可是他并不因此而气馁。从他分送小书的工作上，发生过很大的效力。就是那个太平天国的首领洪秀全，在赴考的时候，从他所发的小书得了感动。他们既然逃避在伶仃岛，后来便从伶仃岛到新加坡、马刺甲等处，继续传道。还有那个屈昂，也因为官厅说他是私通洋人，要通缉他，逃到马刺甲，和他们同工。这班教友遭着非常的压迫，"伦敦传道会"就派了麦都思博士来慰问，于1835年7月到了广州，遇着一个从梁发受洗的秀才名叫刘蔗泉，他是一个文学很有根柢的人，梁发尝把所作小书请他润色；因此，他受着感动，于不幸事件发生的上一年领了洗。他们一见之下，便成好友，不过因为风声仍紧，只好躺在家里。梁发之子进德回到广州，也躲在裨治文家中，那时他的中英文学识已经很有程度，裨治文对于他抱着很大的希望。鉴于那时的情形，恐于他有所不利，不得不把他送到新加坡去。后来因为麦都思分送小书的缘故，又引起了中国官厅的注意,朝廷派了专员到广州查究外人分书的事,发觉裨治文也是个极有关系人。但他是外国人,因此牵连到许多中国商人,风声愈来愈紧。裨治文再把进德送到马剌甲。屈昂的儿子被捕监禁,经过好多时才释放。

这时这班教友,大都集中在马剌甲,努力地印书和传道。有个创制活版华文铅字的戴尔(Dyer),就是创立内地会的戴德生(Hudson Taylor)牧师的岳父,热心传道,与梁发共事。所以1837年,可以说是马剌甲的黄金时代,这一年竟有三十人受洗进教。梁氏又襄助美国公理会杜里时(Tracy)翻译一本小书,名叫《新加坡栽种会敬告中国务农之人》,同时,他自己做了一篇《鸦片速改文》,劝人戒除鸦片。1839年,梁氏回到广州,那时在广州没有英国教士,只有几个美国教士,在这不安定的局势下,继续进行他们的工作。同时,因为鸦片问题,中国和英国陷入于战争状态。马儒翰正在做英国驻广州领事,梁进德在林则徐手下任英文翻译,以及公理会"博济医院"院长伯驾医生,都为消灭这行将爆发的战事而努力,然而却没有效果,战事终于在下一年发生了。梁氏正在对时局极其悲观的时候,得着了两桩欣慰的消息,就是(一)马礼逊的长婿合信(Hobson)医生,奉了"伦敦传道会"的差遣到中国来,只因为时局的关系,停在澳门工作,后来才到香港。梁氏父子都与他合作到底。(二)是米怜的儿子美魏茶(人都叫他小米怜)牧师也到了澳门。这都是使梁发特别高兴的事。这位小米怜,就是当时米夫人到中国来的时候,在船上所生的孪生子之一,可惜他的母亲很早就死了。米怜在马剌甲去世的时候，这对小孤儿无依无靠，只得回到英国去，现在长大了，重新到中国来，很希望同这位父执相会。所以他托伯驾医生带一信给梁氏，梁氏在回信中说到当时他们回国的情形，使那位小米怜感动得要流泪。到 1841 年，梁氏才到澳门去探访他们——合信医生，小米怜牧师——同时，还有一位从伦敦派来传教士叫雒魏林（Lockhart）医生，也到了澳门，旧友新交，其乐无穷。趁机会讲解经义，他们都惊奇他圣经知识的丰富。

中英战事的结果，中国开了广州等沿海五处商埠，并且把香港割让给英国，签订《南京条约》。这条约不单对中国的国运有极重大的关系，即在传教史上也是有极重大的关系。从此，传教得着条约的保护，前此种种不自由的障碍，都一扫而空，所以天主教、更正教各教会都得空前的活动起来。"伦敦传道会"决定把他们在东方传教的中心机关及"英华书院"，从马剌甲迁到了香港，那时"英华书院"的校长，就是理雅各（Legge），他带来了一个青年名叫何福堂，是一个中英文均优的英华学生，能熟读《新旧约》原文希伯来文——一面与校长从事译著，一面热心传道，帮助梁发在广州、香港等地做传道工作，到 1846 年受封为牧师。后来他与湛约翰（Chalmers）牧师同往佛山创设伦敦会礼拜堂，不意遭民众暴动，捣毁教堂，从窗口逃出，回到香港，不久就在广州去世，年纪只有五十四岁。他的儿子叫何启，是香港有名的绅士。他的女儿就是著名外交家伍廷芳博士的夫人，还有一个女儿嫁给著名的医生王宽，在广州沙基办理"惠慈医院"的。

在初期的传教士中，这位第一任中国牧师梁发，他享寿最长，六十九岁才去世。在他晚年的时候，眼见得教会一天天地发达起来，英美传教士继续的来到中国。一方面也看见那些当时同工的人，一个个地凋谢，那个老友的儿子马儒翰，只有二十九岁便去世了，真有点一则以喜，一则以惧。所以他虽然年老力衰，仍旧努力传道著作。他在伯驾的医院中传道好几年，感人的力量非常之大。合信医生曾经这样称赞他：

> 我对于老友梁发是非常的满意，他忠心尽力，用最聪明的方法宣传福音。他的演讲，人都注意听他，听后都十分感动。

在他六十四岁那年，还感化了一个有为的青年，后来在教会里也做了一番事业。这位青年姓周名学，号叫励堂，先前读过许多布道小书，认识一位分送书籍的传道人罗廷喜，由他介绍到梁氏地方，就领了洗。他帮助梁氏讲道并做文字工作，直到梁氏去世。后来进了循道会，服务有四十五年之久，造就许多传教人才，这是梁氏一生中最后所得的佳果。当他去世以后，他的儿子报告他父亲去世的情形说：他在1854年跟美国公使到南京去，回来见他的父亲身体不像从前康健，劝他不要劳作了，可是他的父亲说："我信道已经有四十年了，外国弟兄尚且不远万里而来传福音给中国人，我是中国人，怎忍放弃不为呢？到最后的一分钟，也要传福音于人。"所以临死的上两天，还在医院中与家中讲道，这真是"鞠躬尽瘁，死而后已"，值得后人纪念的。所以在1920年，他的坟墓葬到岭南大学之中。

　　"伦敦传道会"在中国南方积极工作之外,同时也注意到蒙古方面的工作,1817 年就有传教团体从北方到达比勒兹(Buriats),得着俄国皇帝的特许,借道西伯利亚而来,把《圣经》也译成了蒙古文,并且也得着几个信徒。后来因为俄国政府的禁止,于 1841 年传教事宜就此终止。

　　英国在中国传道的团体,除了"伦敦传道会"以外,尚有其他,如"大英圣书公会"也曾相当的努力,派员帮助马礼逊译经工作;又由荷兰派来的乾尼克(Janicke)教士,往来于澳门、新加坡与中国海岸之间,学习中国语言,继马礼逊而为澳门官方的中文书记。

　　英国以外,注意于中国传教事业者,莫如美国。1822 至 1823 年间,他们开始实行散发《圣经》给中国人的工作。1830 年从美国派来两位教士,即雅裨理与裨治文。雅氏是代表美国的"船员友谊会"来做中国水手的牧师,裨氏则来帮助马礼逊做开创工作的。他们都得美国商人柯利芬(D. W. C. Olyphant)的帮助,能够免费坐船安全到达中国。为中国传教事业宣传,激起美国公理会人的注意,并且使美英妇女团体来帮助传教工作。裨氏在广州学习语言,不久办了一个学校,从文字工作方面进行,同时,又印成一报,叫《中国丛报》(The Chinese Repository),这有名的刊物,不单记载传教士的新闻与中国的法律制度等等,并且介绍中国的文化给西方人知道。到 1832 年又来了一位史第芬(Edwin Stevens)教士继续雅裨理工作。1833 年卫三畏来管理印刷的事务,他是一个学者,做了好几年工作。1834 年伯驾(Peter Parker)医生来到中国，也是从美国公理会派来的，可以说是更正教第一个到中国的医生，不过并不是西方医药输入的起头。因为以前耶稣会教士已经介绍过金鸡纳霜到中国，其次在"东印度公司"中的外科医生，亦曾为中国人看病。有一个医生名叫毕尔生（Pearson），曾经教过中国人种牛痘。还有一个郭雷枢（T. R. Colledge）医生在澳门开设一爿药房。马礼逊也做过点医药的工作。不过伯驾是专门办理医药事业而来的，他不单在医药方面有专门技能，而且在科学方面也受过相当训练。既到中国，先在新加坡学习中国话一年，就在广州设立个眼科医院。这些都是美国公理会帮助马礼逊在中国的开创工作。说到公理会，最初在广东是叫它"纲纪慎会"，是译音的，是从所谓"纲纪慎主义"（Congregationalism）译出的，意思就是"人民平等聚议"，所以后来便改称"公理"。同时也称为美部会，因为在美国公理会中有一个国外布道部，所谓美部者，"美国布道部"的简称。他们来中国的最初动机，是在 1828 年的时候，有旅美的广东华商二人，请求派遣教士以助马礼逊而起。但是到了 1867 年，他们却放弃了在广州传教的工作，迁到了北京去。因为他们鉴于在广州三十七年工作之间，收效太微，只成立了两处礼拜堂，和医院女校各一所，而且受洗进教的人只有三个。所以他们把广东传教工作让给了长老会。

说到浸礼会，在 1833 年就有一位教士名叫琼司（John Taylor Jones），从缅甸到曼谷，替四个中国人施洗。过了两年，又有一位邓惠廉（William Dean）也到了曼谷，在那里组织了一个小小的礼拜堂。1836 年叔未士(John Lewis Shuck)带着家眷到了澳门,这可说是浸礼会第一个到中国的牧师,他曾经到过广州视察,因为官厅的禁止,不能停留,只好退回澳门。次年又有一位罗孝全(I. J. Roberts)牧师,自费来华,也住在澳门,无法进入广州。直到 1842 年才由澳门迁到香港,在皇后大道建造起礼拜堂与住宅,再由香港推展到中国的内地。

其他还有礼贤会。在 1830 年有一位德国教士叫郭实猎,是由荷兰教会差遣到中国传道的。他先游历京、津,后到了闽、粤,同样感到不能在中国立足,退居澳门。迨中英战事起,香港政府聘请他做翻译官,乘机在公余之暇宣教圣道。后来继续派来柯士德、叶纳清二教士。柯氏在江门病卒,叶氏在虎门镇口布道施医。第一个信教而后来协助传道的,名叫王元深,即今国民政府外交部王宠惠的祖父。同时,有称为巴陵会的,也是郭实猎所手创,1872 年礼贤、巴陵二会合并,在广州油栏门开堂宣教。后来才推广到广东各地。

美国圣公会在 1835 年曾派了骆、韩二位教士到中国来,因为不能入境,就驻在爪哇对华侨传道。直到 1844 年有文惠廉主教东来,方才成立了上海圣公会的基础,渐及于江苏全省,更进而推到皖、赣、鄂、湘等处。

1837 年美国长老会听到马礼逊在中国传教的情形,就派了两位教士到中国来,这两位教士,一位姓宓,一位姓何。因为中国那时还是禁止传教,只得在新加坡设堂布道,并且翻译《圣经》。不到几年,宓氏去世,何氏回国。到 1842 年有娄礼华教士来到澳门,又继续派来了几位教士,遂渐分工到宁波,到厦门,到上海;在广州澳门之间的有哈巴与高利两教士,后来高利也到了宁波。

这些材料,都是几年前从他们本公会的领袖处探访得来的,但却有些模糊影响,连传教士的名氏也举不出来,我们更无从知道他的详细了。不过在这个时期里,短短的三十多年工作,却已奠定了更正教在中国的基础。受洗的人数虽不到百人,然而他们所发生的影响却是很大。例如梁发,从他一人的热心,收得了多少的果子。《圣经》也已经译成了,又发行许多的小书。这些小书中最显著的效果,从太平天国洪秀全身上表现出来。同时,中国的文学书籍,也有些译成了英文,使外人知道中国是个文化程度很高的国家。学校、医院、报纸,亦都开始办理,西洋文化得由此介绍进来。只是因为中国严禁传教,这些工作的活动,大都在南洋群岛如马剌甲、新加坡等处,那些教士,亦都徘徊于中国门口。广州十三行街虽容许外国商人自由居住,澳门为中国政府所指定的外人居留地,然而十三行街只限于商人,澳门又为天主教所垄断,所以更正教教士之来,不但得不到帮助,反而遭受他们的种种压迫。马礼逊也只好借着"东印度公司"的招牌,得居留广州,秘密工作,可见当时传教的困难了。直到《南京条约》规定在商埠传教不受限制以后,方始进入了一个新阶段。

第十四章 太平天国与基督教

满人以异族入主中国,用种种方法来消灭汉人的民族思想;但是潜伏秘密党会中的反清复明思想,却并不因此而根本消灭。自乾嘉以后,满人的威福日盛,国势又日益衰弱,草野之间,往往有志士揭竿而起,以官逼民变相号召,遂有道光六年的贵州之变,十五年的赵城之变,虽经次第荡平,然继此而起的几乎无年不有。最著者如天地会之于湖南,三合会之于广州,潜滋暗长,大有此仆彼起之势。彼满人既不思根本改图,反而骄纵自恣,专事压迫,外交下又着着失败。鸦片战争,门户开放,国土日削,民生日敝,加以天灾流行,饥馑频见,卒至民不聊生,铤而走险,遂酿成洪杨之役,树民族革命之帜,由广西起义而弥及全国。十三年命运的太平天国,事虽未成,亦足予满人以重大打击。记其事者,往往目之为寇逆,加以种种恶名,如《平定粤匪纪略》一书,纪自道光三十年起至同治三年止,并附着《贼名邪说逆迹琐闻》四卷,虽属片面的理论,然亦足为历史参考材料。又如《太平天国野史》、《太平天国外纪》等书,一方面见得满族功狗片面的夸诞,一方面却可以见得太平天国的声势。

太平天国的首领洪秀全,于嘉庆十七年(1812年)生在广东花县,野史中有《天王本纪》一篇,载其自幼聪颖,喜研历史,对于历代成败兴亡事迹,尤为注意。曾应童子试,不第;或谓其曾为秀才,所应的考试是乡试。当他到省城考试的时候,有人送他一本小书,名叫《规时良言》。(这本书就是当初梁发所著的《劝世良言》,中间包含九种小书的一个集子,由马礼逊代辑付印的。)他带了那份基督教书籍回到他的家里去,起初并不注意,把它放在书架上有九年之久。1836年,他的考试又名落孙山,懊丧归来,得了一场大病,据《天王本纪》里记着,他在病中遇到一种异象,其情形如下:

这一天,他因卧病在床上,忽然暴死,但心里却很明白。起初,似乎看见一条龙,一只虎和一只鸡,同一走进房里。接着有一队人马,奏着各种音乐,后面跟着一顶彩轿,到了房门口,就有一个人上前请他上轿。他心里非常惊奇,又无法推辞,就跟着来人,坐上轿子,到了一所光明华丽的宫门口。站在宫门口的许多男女,看见他到了,都向他鞠躬致敬。有一个老妪,引他到洁身池去沐浴完毕,就有一队老者来引他到一间小室里,将他的肚子剖开,取出旧的心脏,重又安上新的心脏,然后缝合起来,毫无痕迹。于是,他就一人走出室门,游览宫内。但见四面墙壁上,刻满劝善的碑文。走到正殿上的时候,忽然看见庄严灿烂的宝座上,坐了一位黄发黑服的老人,招他上前,流着泪对他说道:"世界上的人类,都是我所造成,衣食一切,莫不是我所赐给;但是人类不但不知报本,反而背弃我而去亲近恶魔了。我希望你能够快去荡灭恶魔,扶持真理,使人类都能返本归元。"说完,又拿了一把宝刀和一颗金印,送给他,算是委他去锄奸扶正的凭证。

他在这恍惚的病态中,说是常常遇见异象,据他自己说:"有一天,他曾梦见一位中年男子,嘱咐他要努力斩除恶魔,洗灭罪恶。"他以为这中年的男子,就是天兄耶稣。在宝座上的老人,就是天父耶和华。这种异象,是真是假,我们不得而知,我们只把它当作一种"姑妄言之,姑妄听之"的闲话罢了。

直到 1843 年,他坐在书房里看书,有一个朋友来拜访他,发现那本在书架上搁置已久的书,才引起他的注意。当下便把它打开翻阅。一读之下,便觉得从前在梦中所得异象,都是上帝的启示。他就拔剑而起,从事于革命运动。这本《规时良言》,却成了太平天国革命的动机。后来有一位教士密迪乐(Meadows)在 1856 年做了一本书,中间论到梁发对于洪氏的影响说:

洪秀全和他的友人冯云山决意到外省去传道,而以贩卖笔墨维持生计,那是他受了梁发书中所载的"先知在故土室家外,莫不受人尊敬"

的一句话,和《使徒行传》十九章保罗传道事迹影响。

洪氏既从这本书受了感动,便和他的同志冯云山加入到朱九畴所创的上帝会。原来这个会场以传教为名,阴实图谋恢复明室。朱九畴死了以后,他就被推为上帝会的领袖,与同志们杨秀清等共同研究这本所谓《规时良言》,增加了他们对宗教的热忱。1847 年他第三次考试又失败了。他决意想加入教会,顺便去拜访美国浸礼会罗孝全牧师。他与那牧师同住了几个月,沉潜于基督教的教训之中,他便请求牧师与他施洗,可是罗牧师因为他对于神学的认识不很透彻,拒绝了他的请求。洪秀全在失望之余,回去继续他自己的团体,广事宣传,反对崇拜偶像,联络革命同志。当时清廷对于一切秘密会社曾严厉取缔,上帝会自然也在取缔之列,他只好逃到香港。在香港又有机会与教会接近,跟着德教士郭实猎研究基督教道理。大约在这时候,正式加入了基督教;只因后来他的革命事业失败了,便有人否认他是基督徒。他曾经采取梁发所用文字布道的方法,也著了许多布道小书。他初期所作的小书,极合于基督教教义,其中有一种名叫《宗教戒律》,麦都思牧师曾经这样说过:

此书可说是太平天国诸人所著作的一些书中最好的一本,其理由正当,其祷文亦佳,而其关于人类之邪恶,耶稣以血救赎人罪,及圣灵感动人心等教义之叙述,皆能引导一切有志求道之人,共行天国。

洪秀全所组织的团体,除了分送他们自己所著作的传道小书外,又印送《新约圣经》。当时英国教会对于他们这种运动,认为极有希望,以为可以使中国人趋向真道。所以英国圣书公会在五十周年纪念时,筹募款项,印送华文《圣经》,响应洪秀全的工作。洪秀全在广西鹏化山中,为了要远避官厅耳目,仍用上帝会名义,亲自带了冯云山、李秀成等同志,到各处宣传上帝的道理。但是因为他时常劝人必须毁掉孔子牌位和一切泥塑偶像,专心拜一位上帝,所以到处都引起人的反对,说他是传邪教。不得已,只好带着一班同志,走到苗族区域之内。数月之间,各地加入上帝会的,已有几千人。他一面传教,一面著作劝世文和赞美诗,分散给各地教友与民众,这些文字,都成了太平天国的重要文献。据林利氏的《太平天国外记》中说:

> 洪氏这时候,还没有注意到《新约》这部圣书,他注意到的只是《旧约》的文字。

我们从洪氏的作品和思想上研究,觉得这几句批评是很对的,因为洪氏在太平建国的时候,仍是脱不了帝王思想,而且他们唯一的宣传,只是叫人反对偶像,专门崇拜上帝,对于耶稣赎罪重生等项道理不甚注重,这不过是《旧约》中的教义而已。而这种急进地破坏偶像的宣传,对于一般人民的生活习惯,不免发生龃龉,因此,不但在教徒和平民之间不能相容,也引起官厅们的注意,说他们妖言惑众,严加禁止,但是他们仍旧努力地进行,发展得极快,人数一天增加一天。据说杨秀清能说预言,并且能用祈祷治人疾病,于是各地人民不顾官厅的禁令,纷纷加入教会。他们又定出许多教条,禁止教徒吸烟饮酒,更不许吸食鸦片。每七天礼拜,一依基督教仪式。这时候,他们鉴于势力的渐大,一面仍旧主持上帝会传教事务,一面乃与当地人士,如萧朝贵、韦昌辉、石达开等结为弟兄,创立起一个保良攻匪会,明为保卫地方,实是借此以抵抗官兵,免遭逮捕。

当道光末后的几年,广西连年饥荒,人民多有饿死的,官吏只知贪赃害民,绝不顾到民间疾苦,因此各地盗贼如毛,铤而走险。韦昌辉本为当地富豪,借上帝会名义,广为施济,于是灾民与盗贼都闻风而来,投入上帝会,想借此得着庇护。官厅得此消息,深恐发生意外,桂平知县将洪秀全逮捕,并搜获入教名册,将兴大狱,并处洪氏以死刑。广西巡抚郑祖琛本是一个慈祥忠厚的人,不愿多所杀戮,命将洪氏释放。不久,他们便以"打倒满清,恢复汉族"为号召,以成揭竿之势。因此惊动朝廷,立命巡抚率兵捕剿。洪氏实逼处此,便于道光三十年(1851年1月)起义于金田村,有众万人,兵皆蓄发,人皆呼为长毛,不二月占据永安,拥洪氏为天王。清廷派提督向荣副都统乌兰泰与战不利,因为太平军锐不可当,势如破竹,连夺数十城,清兵望风披靡。不久攻陷湖南,水陆并进,不到八个月功夫,居然攻进南京,遂建立太平天国,封起义诸人为王:杨秀清为东王,萧朝贵为西王,冯云山为南王,韦昌辉为北王,石达开为翼王,其余如洪大全、秦日纲、胡以洗等,莫不封王列侯,声势浩大。

太平军为什么有这种锐气呢？自然是由于民族思想的鼓励，人人希望驱除鞑虏，光复汉家，所以呼满人为妖魔，以杀尽妖魔为口号。然此不过是表面上的号召，犹不是他的根本原因；根本原因，却是他们的宗教信仰与组织。他们的军队是宗教化的，军人都充满着宗教的牺牲精神，所以每遇战事，莫不勇往直前，置生死于度外，并且相信死后得进天国，可以享受永生的快乐，反而看死是一件很荣耀的事。以不怕死的太平军队去打怕死的清军，胜败之数，无待著卜。所以太平军的起义，虽然得力于种族革命的号召，但若没有宗教的组织和训练，也必不能有如此神速无敌的功效。我们看洪秀全初出兵时的檄文，开端数说满人的罪恶，接着便说自己是奉天父天兄之命来拯救人民，你们官民人等，从前误为满人所用，现在应该弃暗投明，作天圣的子女。并且说到天父恩德高厚，果能敬天识主，莫不一视同仁。在这篇长凡千五百言的檄文中，一则曰"天父天兄，命我真圣主天王降凡御世"。再则曰"尔等官民人等，亦皆是天父之子女"。这不独充满着民族精神，尤其是充满着宗教精神。

再看太平军当攻取一城一邑的时候，必先派间谍去张贴许多布告，宣传革命的意义，说太平军是禀承天父的旨意，来驱逐满族妖魔拯救天父的子女的，凡欢迎太平军的，就可以出迷途而登天国。这一套话，很能迎合一般人民所谓"真命天子"的思想，所以每每军队还没有到那个城，已经得到了人民的欢心了。其利用宗教思想以收拾人心，往往如此。

太平军所定的军律，尤其处处充满着宗教的意义，如军营规例中的第一条，便是"要恪遵天命"，第二条"要熟识天条赞美，朝晚礼拜，感谢规矩，及所颁行诏谕"等类，没有一种仪式不是从基督教采取而来的。所谓天条，就是基督教的十条诫命：（一）崇拜皇上帝。（二）不好拜邪神。（三）不好妄题皇上帝之名。（四）七日礼拜。（五）颂赞皇上帝恩德，孝顺父母。（六）不好杀人害人。（七）不好奸邪淫乱。（八）不好偷窃劫抢。（九）不好讲谎话。（十）不好起贪心。又在每条底下，附着一首极普通的七言四句韵语，或者可以叫它是诗：像第一条底下说："皇天上帝是真神，朝夕礼拜自超升，天条十款当遵守，切莫鬼迷昧性真。"其余各条底下，都有这样相同的诗，又与现在基督教所歌唱那些赞美诗差不多。除了这十条天条之外，还有许多歌词之类，要每个军队中人背得很熟；否则便要处罚，或责打，或处死。这种强迫式的宗教，使每个军队中人都成为教徒。照这样的情形，如果太平天国成功以后，一定把这种变质的基督教定为国教。所以太平天国的失败，照我看来还是基督教的大幸。因为他们虽然采取基督教的形式，却失去了基督教的精神。且看他们的礼拜仪式，每一支军队中必定有一个礼拜的地方，凡是军队驻扎在什么城市村墟，必先建造一个宏大的板房于旷野之中，为房虚星昴四天礼拜之用。他们礼拜的仪式，一方面采取天主教方法，一方面复参以中国拜天的习惯，所以便成了一种特创的仪式。堂的北端正中设一方桌，桌前系绣花红桌帏，外悬帏幔，张挂灯彩楹联画轴，陈设鼎彝花瓶屏镜明角灯之类，名之为天主桌，很像佛教的佛堂，惟不设香案，以其不燃香烛故，或设油灯两盏。又设花瓶或帽筒一对，插尖角小黄绸令旗一面，桌前置长约三尺的小竹板，上面写"奉天令"三字，为戒责之用，这又像衙门中的公案。桌后设坐椅若干，椅上各披椅衣，自三座至七座不等，要看头目与先生的多寡而定。礼拜时各头目先生坐于其上。此种别开生面的离奇陈设，实足予人以不良的印象。

再看他的礼拜情形。礼拜的前一日，有人一手荷着一面旗帜，一手敲锣周行市上，口里高呼明天礼拜。到了半夜三更时分，即开始礼拜，燃点桌上油灯及悬挂的彩灯，并在天主桌上供设清茶三杯、饭三盂、肴三盘，鸣锣聚众，头目先生各坐正中，余皆环坐，齐诵赞美，然后先生跪诵章表，写着全馆（即全营）中的人名，诵毕焚化，这又好像道教中的建醮形式。此后或讲道理，或诵经文天条，最后以所供肴馔分享众人；是日皆可向厨司领得丰盛食品，休息快乐。这是七日礼拜的大概情形，各馆中都是如此举行，平日亦有两次礼拜，在朝餐与晚餐时举行的，也是鸣锣召集，像礼拜日一样，不过略为简单一些，礼拜既毕，方始就食。即在军事匆忙的时候，亦不能废。这样仪式，后来渐成为一种具文，那些礼拜的人，往往觉得讨厌，暗暗咒骂，但因为法令森严，无法规避。如果有无病贪睡，闻锣不到，必杖责数百板，三次无故不到，便要斩首。所以心里虽不愿礼拜，却不敢不到，如有人犯了过失，便要在此当众责打，即天王亦不能免。

各王宫中也有这样的礼拜场所，陈设较为侈丽，凡遇礼拜，得向天厨中领取海菜及点心之类，为敬天之用，实则借此多领食物，为宫中人享乐。遇有喜庆,亦行此种礼节,盛馔取乐。无论何事,都以礼拜为准。即出兵打仗之前,或打仗回来,无论胜败,皆要召集大众礼拜并讲道理。如遇败仗,要归罪到一二人身上,说他们犯了天条,致干天父之怒,把那人当众处死。或者别的时候,要治一个人的错过,也是用讲道理的方法办理,或打或杀,说皆本之天意。讲道理是一桩极普遍的事,无论遇到什么事体,都要召集大众讲道理,亦若现在的当众演说。所讲的道理,大都是说到如何敬拜天父,如何练习天情,如何熟悉天条,有时讲到天父七日创造天地的故事,或说天父的慈爱,如何照顾我们,万事都要由天父安排,切勿惧怕!在一个限定的期间,必须把天条仪文背熟,逾期若不能背出,也要处罚,甚至处死。因此,太平军的纪律很严明,都能服从命令,勇气百倍。这些情形,是我的父亲当时所亲眼目睹的。

在太平军中有一位曾经在伦敦会做过传道的名叫洪仁玕,是天王的本家,封为干王,他特地脱离教会工作,投身到太平军中,原想向军人们传道,不料天王却命他当军师,做军事上的参谋。他对于宗教的制度和组织,曾经想加一番改良,但是积重难返,不能奏效;只有在规划教区的一方面,是一些贡献。规定凡二十五家为一教区,设教堂一所,有一个教士主持教务,合数教区设一牧师。在县有县牧师,在省有省牧师,这些牧师大概是地方长官兼任的。后来他同忠王李秀成驻扎在苏州,伦敦会教士杨格非特地从上海去看他,希望得着太平军的保护,可以在军事区域里往来传教。第一次却只见到了忠王,忠王自己说他是信基督教的人,和西国本是弟兄,所以很欢喜彼此常常往来。第二次才得见干王,很受干王欢迎,并且探听教会的工作。他又说:"基督的国,必要发达,终究要战胜一切敌者。"杨氏就在他的营里领了一个礼拜,干王自己唱了一首赞美诗,觉得太平军中的宗教空气非常浓厚。后来,由干王介绍,得到南京谒见天王,要求天王出一谕旨,准传道者在天王辖境内,有随意传教的自由,得着天王允许。可见太平军不但使他的军队宗教化,也是希望能普遍到民众。

现在我们所提倡的白话文,以为是文学革命的产物,是空前的,却不知道当太平天国的时候,早有过一番改革。我们且看一看他们所用的经典与文告,有好几种很通俗的东西,这些东西是很浅近的,与现在的白话差不多。想不到在贵族文学极盛的时候,竟有这种平民文学出现。可见太平天国的革命,不单是单纯政治民族问题,也是及到了宗教与社会革命。他们每礼拜所诵读的,有所谓《新遗诏圣书》、《旧遗诏圣书》。我们现在把《新遗诏圣书》与《新约·马太福音》比较一下,觉得完全是一样的。第一章讲耶稣的谱系和降生,以下每章都与马太所记相同,全书也有二十七章,文字都是非常的浅近。他们办理许多初级学校,实施国民的强迫教育,同时,也用开科考试的科举,分为男女两科。以《圣经》里的教训做考试的题目。特编《三字经》、《幼童诗》做初级学校的教科书,是根据《新旧约》的历史编成的,文亦浅显。

三字经

皇上帝,造天地,造山海,万物备。六日间,尽造成,人宰物,得光荣。七日拜,报天恩,普天下,把心虔。说当初,讲番国,敬上帝,以色列;十二子,徙麦西(即埃及国),帝眷顾,子孙齐。后狂出,鬼人心,忌兴旺,苦害侵。命养女,莫养男,烦役苦,实难堪。皇上帝,垂悯他,命摩西,还本家。……乃释放,出麦西,日乘云,夜火柱。到红海,水汪洋,以色列,实惊慌。追兵到,上帝拦,会红海,水两开,以色列,尽保全。行至野,食无粮,降甘露,人一觞。西奈山,显神迹,命摩西,造碑石。皇上帝,设天条,传至后,暂不遵,中魔计,陷沉沦。皇上帝,悯世人,遣太子,降凡尘,曰耶稣,救世主,代赎罪,真受苦,十字架,钉其身,流宝血,救凡人。死三日,复重生,四十日,论天情,临升天,命门徒,传福音,宣诏书。信者救,得上天,不信者,定罪先。……

全书有三百五十二句,从这里所节录的几句,见得它是完全叙述基督教历史,每个小孩子,从小读熟了这样的诗,将要发生什么样的效果呢?《幼童诗》是仿从前的《神童诗》,是五言一句的,意义上与它差不多,是说到礼拜上帝的重要。此外有许多诗歌和格言,如《敬双亲诗》、《君道诗》《臣道诗》《父道诗》《母道诗》《子道诗》《媳道诗》,以及《兄道》《弟道》《姊道》《妹道》《夫道》《妇道》等等,都各有诗。又有《身箴》、《目箴》《耳箴》《口箴》《手箴》《足箴》,也各有诗,而且每本书末附载天堂诗一首:"贵贱皆由己,为人当自强,天条遵十款,享福在天堂。"文字都是那样的通俗浅近,在一般士大夫眼里,自然觉得太俚鄙,但却不知道是普及思想的利器,这方法在更正教初期也曾采用过。

另外有所谓《天父上帝醒世诏》，也称为《十全大吉诗》的，是七言一句，不但俚俗，而且像一种谜语，每首诗里用拆字的方法，暗藏着一个字，好像第二首说：

> 人字脚下一二三，一直不出在中间，为人不可起歪心，全敬上帝自无尤。

这里面是明明含着一个"全"字，十首诗都是这样子，在我们觉得很奇怪，然而在民间文学的范畴里，却有伟大的价值。而且我们看它末一句不押韵，用一个"尤"字煞脚，若然要押韵，很可以换个"愆"字，这又可看见他们对于旧诗的格律音韵，一起推翻了。我们又在他们的文告中，看见许多忌讳的字。例如：把"丑"字改作"好"字，"卯"字改作"荣"字，"亥"字改作"开"字。还有一种特别的名词，像"灯草"、"放草"、"宽草"、"一条草"这一类，很有些莫名其妙，后来才知道"心"字是忌讳的，所以用"草"字代替。但是为什么忌讳？为什么这样改法？到底什么意思？却不能知道，在宗教上恐怕是没有关系的。

林利氏在《太平天国外纪》中说道：

> 基督教在中国三十年中，仅得千四百信徒，今太平天国一旦有七千万信徒，而欧洲教士，不知加以扶助教导，其外交官且禁止教士入太平境，此其颠倒之甚者矣。

又有一个美国人名叫白齐文，他本来在清军中服务的，鉴于太平天国的宗教信仰，竟表示非常的钦佩，特地从清军中出来，投身到太平军中，为之计划军事，并且说：

锋镝之中，乃能笃信宗教，不失仪节，其道德自当高出于清军，吾何愤愤，乃为虎作伥，凭利器而杀上帝之信徒哉？

于是他便在神前忏悔，誓效忠于天国，后竟为太平天国而死。可见西人中赞成太平军的，大有其人。可惜有许多教士，看见太平天国的宗教仪式中，加入了许多中国固有仪节，认为基督教的叛徒，加以反对，各向他们的本国政府报告，说了许多坏话，像郝姆士的《南京游记》中有一段说：

洪秀全不是一个诈骗者，也必是一个无智识的狂徒；从他的人，都是些危险分子。他的组织，无异于一群盗匪，拥戴他做盗匪的头儿罢了。

这篇游记，由英公使转呈到英政府，英政府受了他的影响，便把太平天国看做乱党，派兵帮助清政府攻打，这是太平天国失败的一个原因。所以林利氏很为之不平，说：

太平之宗教战争,不背上帝之诚,而欧洲教士之至支那者,本能扶助此宗教之革命,……如维多利亚主教,如约翰,如密尔,如密纳,如洛勃斯克,如伦白等,皆未反对者。独有郝姆士,则更狂诋太平,不足以言传教矣。

真是"说好不足奇,说坏传千里",像郝氏的话,便发生了极大的坏影响。尤其是那时的天主教徒,对于太平天国,大都表示不满。原来洪秀全的上帝会,起初是取法于天主教的,后来又受了耶稣教的影响,反对偶像,不独把佛道教的偶像尽行毁坏,就是天主教的圣母像等,也为他们所蹂躏。于是天主教人把破坏正教的罪名,报告到罗马教皇和法国政府,于是法国政府便与英国政府抱同样态度,帮助清政府平乱。

同时,他那毁坏偶像、不拜祖先的举动,与中国数千年来牢不可破的习惯相背。凡太平军所到之处,庙宇偶像,无一幸存。初起,大家知道是民族革命,所以十分欢迎。及至定都南京以后,却变成了社会革命,连一切宗教上的遗传,都用激烈手段彻底破坏。不但如此,凡一切习惯风俗,都要加以改革;如禁止缠足,改用阳历,实行共产,都足以引起旧社会的不安。所以后来的人民,不但大失所望,更发生仇恨之心,不可谓非太平军操之过激的缘故。清政府便利用这种社会弱点,从旧礼教旧宗教方面去鼓动人民反抗,使十三年寿命的太平天国,乃至功败垂成。质言之,太平军之兴,兴于利用宗教的力量,太平军之亡,也亡于宗教上的矛盾。因为太平军以破除迷信为前提,而他自己所产生的宗教，仍旧是变相的迷信。想要利用宗教做手段，来达到他的革命目的，那自然要失败的。而且这种强迫式的宗教，像林利氏所说"一旦有七千万信徒"，这种信徒，我以为完全靠不住的，当时即使成功，也是于基督教有害无利的。

我们述说太平天国的经过与他在宗教上的情形，最大的用意，不过是证明马礼逊、梁发等教士们工作上所生的影响，而这种影响，究竟是好是坏，那是另一问题。

第十五章　道光以后天主教的复兴

1773 年耶稣会被罗马教皇解散以后，天主教在中国的传教工作，几乎陷于停顿；直到 1814 年在欧洲始行恢复。1842 年由教皇选派巴黎南格禄（Gotteland）与艾方济（Estève）、李秀芳（Brueyre）三人重来上海。其时正值鸦片战争结束，《中英条约》上有"耶稣天主教原系为善之道，自后有传教者来至中国，一体保护"的话，于是教士来华设堂传教，为条约所许。从此基督教在中国，转入了一个新的时代。1846 年道光又有上谕说：

前据耆英等奏，学习天主教为善之人，请免治罪；其设立供奉处所，会同礼拜，供十字架图像，诵经讲说，毋庸查禁……所有康熙年间，各省旧建之天主教堂，除改为庙宇民居毋庸查办外，其原有旧房屋，各勘明确实，准其给还该处奉教之人。

因这道上谕与后来《法国条约》所规定,各省天主堂均得收回;例如上海南门的圣墓堂与老天主堂,皆归还天主教;北京的南堂,亦得启封。于是天主教工作不但尽行恢复,抑且日见进展;各国天主教的修会,又纷纷派员来华。除耶稣会已于1824年重来分派在江苏、安徽两省及河北省东南部传教外,不久,在上海徐家汇设立总部。由各修会认定地点工作;如传教于福建的,则由西班牙多明尼会士;管辖四川、贵州、云南、两广、满洲和西藏的,则有巴黎外方传教会;在山东、山西、陕西、湖北、湖南五省工作的,则有方济各会士;至于遣使会的教士们,接管耶稣会在河北、江西、河南、浙江等处工作。到19世纪的下半期,更有其他修会来华,试观下表:

各修会来华表

年　份	会　　名	传　道　地　点
1842	耶稣会(重来)	江苏、安徽、河北东南部
1858	密良外方传教会	河南
1865	圣母圣心会	蒙古
1870	教学会	香港
1879	奥斯定会(重来)	河南
1879	司带尔圣言会	山东一部
1883	苦修会	河北杨家坪
1885	圣伯多禄圣保禄会	陕西
1893	圣母小昆仲会	上海

续　表

年　份	会　　名	传　道　地　点
1902	慈幼会	澳门
1904	巴尔玛外方传教会	河南
1917	伊苏登外方传教会	贵阳
1918	玛利诺外方传教会	广州江门
1920	圣高隆庞外方传教会	汉阳
1921	苦难会	湖南辰州
1922	比布斯二心会	琼州
1922	圣心司铎会	云南大理
1923	救世会	福建邵武
1925	本雪尔凡尼的本笃会	北平
1925	印五伤司铎会	河北易县
1925	司格包罗勃埒夫外方传教会	浙江处州
1925	开培克外方传教会	辽宁四平街
1926	洛本的本笃会	四川西山
1926	方济各特规会	陕西兴安
1926	白冷外方传教会	黑龙江齐齐哈尔
1928	奥斯定重整会	河南归德
1928	赎世主会	河南驻马店
1928	圣奥迪尔的本笃会	吉林延吉
1928	圣若翰保第斯大小兄弟会	安国(华人自立)
1930	主徒会	宣化(华人自立)

续　表

年　份	会　　名	传　道　地　点
1933	奥斯定常律会	西藏
1933	圣母心子会	安徽徽州

根据上表，我们看见天主教在中国传教的修会，有三十余种之多，另外有八十多个女修会，可见他的派别也是很多的。不过德礼贤氏在他所著的《中国天主教史》十三章内这样声明说：

非天主教读者，宜注意此等传教会，都是天主会各种修会，并不是像圣公会、长老会等各树一帜，不相统属的。天主教内传教会，不过是修士团体，都在唯一天主教公教教会以内。

外国来华的女修会表

年　份	会　　名	工　作　地　点
1842	仁爱会	
1848	沙德圣保罗女修会	
1860	加诺萨女修会	
1867	拯亡会	
1869	圣友会　隐修会	上海
1875	包底欧上智会	
1886	方济各圣母传教会	

续　表

年　份	会　　名	工　作　地　点
1889	多明尼女修会	
1904	安老会	上海
1905	司带尔圣神忠仆会	山东兖州
1909	加拿大圣母始孕无玷会	广州
1910	埃及方济各女修会	湖北老河口
1920	玛利诺多明尼外方传教修会	香港
1920	山林圣玛利亚上智汀会	河南开封
1922	包勒杜玛利若瑟会	热河
1922	勒奶维尔天神母后会	贵州贵阳
1922	圣若瑟小娣妹会	山西潞安
1922	罗马圣岛苏拉会　罗马联合会	广东汕头
1923	南林劳莱笃会	汉阳
1923	圣母进教之佑会	广东韶州
1923	鲁文奥斯定会	宁夏
1924	加拿大保血会	河北献县
1925	奥斯定第三会教学修女会	湖南常德
1925	吾主仁爱会	湖南辰州
1925	方济各会服务医院会	山东济南
1926	圣高隆庞传教修女会	汉阳
1926	毕资堡圣若瑟修女会	辰州
1926	圣母赎掳会传教修女会	芜湖

续　表

年　份	会　　名	工　作　地　点
1926	加罗萨圣母会	献县
1926	耶稣圣心会	上海
1926	圣心会修女会	浙江嘉兴
1926	救世主会	福建邵武
1927	巴尔玛岛苏拉圣心会	安徽蚌埠
1927	卢森堡方济各第三会仁爱会	湖南永州
1928	奥斯定重整会	归德
1928	永久朝拜方济各会	武昌
1929	沃海圣若瑟山仁爱会	武昌
1929	圣十字架修女会	齐齐哈尔
1929	巴伐利亚方济各沙拉诺修女会	山西朔州
1929	奈缪圣母修女会	武昌
1930	美国本笃会修女会	甘肃平凉
1930	嘉布遣会第三会圣家会	
1931	门斯德圣母始孕无玷会	山东济南
1931	耶稣孝女会	安庆
1931	善牧会	上海

　　从鸦片战争以后,天主教事业的发展,固已不是已往所可比拟。然而在这发展的过程中,却又遭遇着不少的风波;其所遭遇的迫逼,实比更正教为大。且略举咸同以来的天主教教难如下:

1856 年(咸丰六年)在广西西林法国神甫马奥斯定,为知县张凤鸣逮捕处死,同时,有教士贝满及女教师曹桂英皆一同丧命。经法领事交涉之后,乃将该知县革职了事。此后杀死外国人及教友的事,仍旧继续不断地发生;如两广总督叶铭琛捕杀了英国的水手,焚毁了工艺厂,便引起极大的交涉。同时法国亦因中国官吏屡次有杀死教士的事,英法两国便联合出兵,会师于香港,移文两广总督,要求遵约保护,赔偿损失。不意叶铭琛竟置之不理,反而下令备战,结果,叶氏兵败被擒。这是咸丰七年的事。次年 2 月间联军移师北上,要求派遣大臣议约,清廷又不理。不得已率师进逼,于 5 月 30 日入天津,清廷始派大学士桂良议和,订立《天津条约》,说定第二年换约,两国遂撤兵。清廷又反反悔,并出上谕禁止传教。到了次年 6 月间换约时,不但拒而不行,反命僧格林沁封锁白河,伏兵攻杀英兵五百余人,并毁战舰三艘,清廷且嘉其忠勇。禁止传教,更甚于前。江西、福建又有查拿教友的事。英兵中伏败衄,乃约同法国,派遣大队战舰,以图报复。兵至上海,下哀的美敦书,要求认罪赔偿,履行《天津条约》,这是咸丰十年 3 月间事。北京接到哀的美敦书后,不知悔祸,反而下令宣战,任命僧格林沁经略战守事宜。8 月间交战数次,大沽炮台失陷,英、法兵复入天津,清廷方始惶惧,复遣桂良议和,仍图虚与委蛇,一面求和,一面整顿军队,出其不意,将通州两国使臣三十八人掳掠而去。联军不得已乃继续进攻,清兵伤亡甚众,僧格林沁率部北逃。皇帝亦携后妃逃至热河,命皇弟恭王留守京师,遣使求和。联军要求先行释放被掳三十八人,不意这三十八人,已被处死过半,联军闻信,愤怒异常,乃焚烧圆明园,情势愈趋紧张。恭王遂被任为全权议和大臣,签订数十条和约。其实在此前所订的《天津条约》的第十三款中,就有几句是关于传教问题的;略举如下:

天主教原以劝人行善为本,凡奉教之人,皆得保其身家,其会同礼拜诵经等事,概听其便。

凡按第八款备有盖印执照,入内地传教之人,地方官务必厚待保护。

凡中国人愿信崇天主教,而循规蹈矩者,毫无查禁,皆免惩治。

从此美、俄、意、葡等国,皆沿例要求通商传教,中国门户,于是洞开。时洪秀全领导太平天国,尚与清廷争持;同时,河南张总愚的捻匪,四川、云南的回匪,相继骚扰,全国鼎沸,人民涂炭,教会亦遭波及。而仇教官吏,往往借端陷害,诬教友为匪;离京较远的地方,又往往任意惨杀。咸丰十一年有贵州教友张有扬等四人被杀,同治元年又有文神甫与教友吴学圣等四人被杀,皆诬以通匪之罪。这一年南昌、重庆也有捣毁教堂等事。各省仇教之事,仍不断发生。

四川酉阳以巨绅张丕昭作谤教书,人民为所蛊惑,群起仇教。在同治四年,又有杀死教友与马神甫的事。到同治七年闹得更凶了,仇教者聚众搜杀洋人,被杀者有李神甫与教友等四十人,堂屋尽毁。彭水地方亦有焚掠教友七八百家之多。四川闹教,影响贵州,在遵义地方,亦起仇教风波。知府陈光璧放任人民劫掠教堂，教友家被抢劫者不下七八百家，教士虽未遇害，而遭目受辱。亦有多人。

　　江苏省中镇江、淮安、扬州等处，谣言"教士迷拐幼孩，摘心挖眼"，乃至演成驱逐教士，焚毁教堂等惨剧。安徽省城安庆亦然，绅民为谣言所惑，亦有驱逐教士、焚毁教堂之事，教友家之被掠者，八十余家，死于非命者，二十五人。

　　湖北亦有仇教事，天门县地方，有莠民聚众仇教，焚毁教堂四五座，焚掠教友数十家。利川县知县拘捕教友，毁其庐舍。湖南更甚，蓝月旺神甫在长沙罹难后，竟不许西人驻足。江西、河南、广东、陕西、直隶皆有同样的遭遇，教士教友，有死于闹教中的，也有死于兵乱中的，不胜列举。而当时最大的教案，要算同治九年的天津事件。

　　天津教案，由陈国瑞一人煽动而成。陈国瑞本是僧格林沁的义子，疾恶洋人特甚。当他在南京散播谣言，希图煽起仇教事件，因计不得售，乃北上至天津，遍贴谤教传单。果于6月22日发生暴动，围攻天主教堂。官府不加弹压，乱民愈聚愈多，谢、吴两神甫即报告法领事丰大业，丰领事即请北洋大臣崇厚保护。崇厚百端推诿，领事与随员及神甫均因而遇害，领事署天主堂亦付之一炬。又焚烧"仁爱堂"。"仁爱堂"乃一修女院，内有修女十名，收养孤儿幼女，并施药施诊，行种种慈善事业。是日屋宇被焚，修女被杀，孤儿亦多死伤，并波及邻居法商及俄侨多人丧命，英、美福音堂亦遭焚掠。结果，赔偿抚恤，惩办官吏了事。

　　光绪二年，长江下游又起谣言，说天主教教友杨琴锡等，散放纸人，夜间剪人发辫。仇教者乘机鼓惑，安徽建平、宣城、富国等处又演成焚毁教堂，杀死教友等事。光绪十年中法战争，广东等省竟有迁怒于教会，多处教堂遭受毁损。越南东京国王下令屠杀教友三万八千多人。光绪十四年长江流域又有仇教排外之谣，引起骚动。到十七年湖南有周汉者编印书籍图画，煽起教祸，影响及于安徽的芜湖、广德，江苏的丹阳、无锡，湖北的武穴、宜昌，江西的九江等处，又有焚毁教会和各种房屋，劫掠财物等暴举，惟幸未伤人。此后更有庚子的大屠杀，当另述。

总之，此种教案之起，纯由于民智未开，以天主教所举办的育婴事业，误为诱拐小孩，发生种种谣言，说什么挖眼剖心，制为药材。不独愚民无智，盲目听信；即士大夫中知识阶级，亦多相信，见于文章著述之中。试看梁章钜所著《浪迹丛谈》的话：

> 自西洋人设立天主教，细民有归教者，必先自斧其祖先神主及五祀神位，而后主教者受之，名曰吃教，按名与白银四两。……有疾病不得如常医药，必其教中人来施针灸，妇女亦裸体受治。死时主人遣人来殓，尽驱死者血属，无一人在前，方临门行殓。殓毕以膏药二纸掩尸目，后裹以红巾囊曰衣胞，纫其顶以入棺，或曰借事以刳死人睛，作炼银药。（陈恭禄《中国近代史》上卷 292，下卷 491）

如此愚昧之言，见之于记载者，固属不一而足。《辟邪纪实》书中捏造事实，尤为荒谬绝伦，此皆引起教案的唯一原因。在此种教案之中，往往波及更正教堂，特别是庚子之变。不过教会往往在苦难中生长的，每遇一次苦难，便有更进一步的发展；因为在苦难中，不但可以增强奋斗精神且可以从反省觉悟自身的缺点，以资改进。所以这时候的教会当局，觉得在外人领导下的教会，很容易引起误会，因而有基督教的"本色"运动。"本色教会"这个名称，虽然产生于最近更正教会中，但也是天主教多年来所注重的一件事。他们最初便注意到"本籍神职班"的造就，希望有多数中国人出来负担中国教会的各项职司。当 1893 年教皇宗良十三世曾颁布过这样的话：

要是没有国籍神职和国籍主教，那么，教外国中的天主教信仰，不会有确定的将来。

后来像本笃十五世、庇护十五世都发表同样的意见，如说"每一个国家，应该培养自己的神职班"，"耶稣的神国，假使没有本籍神职班做基础，不能有稳固的进展"。可见他们把"本籍神职班"的培植，看做一件重要的事。当利玛窦最初传教时，便领导钟鸣仁、黄明沙进耶稣会为修士，他曾经这样记着说：

在我们各处的住院中，除了本会会士以外，还有其他许多的学生们，都是生长在中国的，他们正在预备着进耶稣会。（见《利玛窦》二册）

据 1911 年北京出版的《一六九七年以来传教中国遣使会司铎修士目录》说道："从 1697 年至 1911 年间，在中国传教的五百九十三名会士中，有十一个蒙古人都是司铎，一百八十五个中国人，除了八人外，其余都是司铎。"其中有二人，在 1926 年祝圣为主教。这个单从遣使会一会而言，其他修会也可以此为比例的。最有名的，要算 1685 年在广州祝圣的主教，名叫罗文藻，他是第一个中国主教。后来由他所祝圣的三个司铎，一个叫万其渊号三泉，一个叫吴历号渔山，别号叫墨井道人，是清代六大名画家之一，现在有《墨井集》流传，一个叫刘蕴德号素公，做过"钦天监"监副。此后华籍教士一天天的增加，有些地方，反比外籍教士超过许多。尤其女修士们的数量，很快得增加。庚子以后，其进展更不以道里计，下章当另述。

第十六章　道光以后更正教 各宗派的活动

　　1842 年以前，基督教传教士，不能以传教名义进入中国境内。马礼逊等少数教士，独能逗留于广州者，莫不假托经商之名，其他有志传教于华人的西洋教士，只能驻足于南洋诸岛与澳门等处，如伦敦会教士之驻马剌甲，圣公会教士之驻爪哇，均无法入境。及至《南京条约》订立以后，传教士得条约的保护，方络绎来到通商口岸。从此各教会之来中国者，除意、法等国的天主教外，在更正教会方面，有英、美、德、坎等国的各公会；以是在中国的更正教传教团体，竟有一百三十多不同的传道会，同一长老宗，而有英、美、坎拿大等之分，同一监理宗，而有监理、美以美、循理、美道等之分，他会亦然。试观下表：

　　教会本同戴基督为元首、为布道作证引人归主的机关，其宗旨本无不同，特在行政的制度，与所在地域不同的缘故，乃有此分别，兹且把它的背景与特点略予说明。

更正教宗派系统表（根据《中华归主》）

圣公宗	浸礼宗	公理宗	信义宗	监理宗	长老宗	内地会系	其 他
英圣公会	来复会	公理会	巴色会	美福音会	苏福音会	内地会	贵格会
坎圣公会	美浸礼会	伦敦会	德信义会	循理会	英长老会	德女公会	宣道会
美圣公会	英浸礼会	美普会	丹路德会	美道会	坎长老会	女执事会	公谊会
华北英圣	孟那福音	协同公会	北美信义	美以美会	艾长老会	自由会	美女公会
	新约教会		中美信义	监理会	纽长老会	德华盟会	使徒信心
	友爱会		芬信义会	美遵道会	北长老会	瑞圣洁会	上帝教会
	美浸信会		自立信会	圣道公会	南长老会	立本责会	弟兄会
	瑞浸信会		长老会教会	循道会	归正教会	挪威会	美基督会
	安息浸礼		挪美遵道		复初会	挪华盟会	五旬会
			信义公理		约老会	北美瑞挪	南直福音
			豫鄂信义		基督同寅	瑞华会	复临安息

续　表

圣公宗	浸礼宗	公理宗	信义宗	监理宗	长老宗	内地会系	其他
			信义长老		苏长老会	瑞华盟会	瑞美会
			挪路德会				救世军
			挪信义会				
			礼贤会				
			瑞美行道				
			瑞信义会				
			瑞行道会				

　　一曰"公理宗"。其在中国有纲纪慎会、美华会、浸信会、伦敦会、瑞丹会、瑞华会，或自理会、宣道会等不同名称，其义为全体治理，不受制于一人，是纯粹的民主制度，只重信仰，不拘仪文畛域。

　　二曰"长老宗"（Presbyterian）。介乎监理宗与公理宗之间，既不承认监督主治之权如监理宗，又与权在教友的公理宗异，是一种共和制度的政体。创立者为克立文，属于"预定论"者，在中国传教的公会，以其所来的地点不同，故有苏格兰、爱尔兰、纽西兰、坎拿大等等的分别。

　　三曰"信义宗"（Evangelical Lutheran）。亦称路德宗，为更正教最古的教会。"人得称义，端赖信仰"，为该宗要道。其对于圣餐的见解，固不信饼与酒即为基督的血肉，但确认在酒饼之中有基督实质在其中。在中国的名称虽不同，而今统称之为"中华信义会"，其政制则为议会制，由各堂决定其自治权。

　　四曰"浸礼宗"（Baptist）。注重以全身浸入水中，为信仰的表示，信道全由个人自己意志的决定，父不能强其子，故不收未成年之童子进教，取绝对的民主制度，信徒一律平等，无阶级之分，会中执事，不过是一种职务，没有管辖权力。安息会、基督会、三一浸会虽亦注重浸礼，然并不属于本宗系统。

　　五曰"监理宗"。创始者为卫斯理，故亦名"卫斯理宗"，其英文名称Methodist，原义为循规蹈矩的意思，因有译为"循道"，亦有译其音为"美以美"。其组织为监督制，最高立法权，操于大议会，注重个人灵性的保证，保守因信称义之道。

六曰"圣公宗"。是由 Holy Catholic Church 译成的，初译为"圣而公之教会"，也有译英国圣公会为"安立甘会"，也有称为"监督会"，1912年则通称为"中华圣公会"，不问其来自何国，其组织为监督制，其仪式近于天主教，故为新旧教的调和者。与旧教不同之处即大度包容，采取自由主义。

七曰"内地会系"。是专门向中国内地传道的教会的总称，没有所属的宗派。

其他各教会，大都由于几个同志结合而成的，崇拜或传道的团体，虽各有其特点，却不能成为一种宗派。

宗派的背景既明，然后依次略述各公会在中国的传道经过。

一　公理宗

伦敦会是公理宗中一种向国外传道的组织，起初称为"伦敦传道会"，也称为"国外传道会"，英文叫做 Foreign Missions。马礼逊是第一个东来的人，继之者为米怜，他们的事迹已见前述。及至 1843 年英国又打发麦都思来至香港，不久，就和合信医生一同迁至上海，麦家圈天安堂，即其最初的根据地。后来由此推广至江苏南部与浙江北部，成为伦敦会"江浙传道区"。后经人的继续努力，成立堂会十六处，已有数处自理，自建礼拜堂四处，男女医院各一所（即仁济医院），学校十一处（中有麦伦中学）。米怜的儿子也到上海帮麦氏工作。麦氏著了一本通俗三字经，并且翻译《圣经》及编著《英华字典》，为当时学术界一大贡献。

在粤港方面，自理雅各把“英华书院”从马剌甲迁到香港，就在香港主持一切教务，传教办学之暇，又把中国的《四书》及《诗》、《书》、《易》、《左传》等书译为英文。不久，有基教士与华人屈昂、梁发、何福堂（伍廷芳之岳父）协助传道。1847年，英国又派夏吐哔医生来设医院于湾仔。同时合信复由上海回广州，设“惠爱医馆”。1852年，又有湛约翰来助，立教会于广州沙基，与华教士如区凤稚、谢恩禄、招观海等的努力，遂成为今日“中华基督教会广东协会”。1826年在香港又得德教士欧德理与英教士越治及谭臣医士相助，并聘礼贤会华牧师王煜初（王宠惠之父）及后来张祝龄等主持，会务日愈进展。何启律师（何福堂之子）的夫人雅丽氏女士去世，建一纪念医院，后来与公理会、长老会、同寅会、美瑞丹会，合并为中华基督教会。王牧师以澳门为蔡高受洗的发祥地，乃筹建礼拜堂曰“志道堂”，竖横额曰“福音初到之地”，张祝龄倡改为中华基督教会，筹建“第一受洗人蔡高纪念堂”，1918年落成开幕。伦敦会在粤、港区域中有分堂40余处，大小学20余处，医院4处，男女信徒2 000多人。

又由粤、港教会推广到福建，在厦门、惠安、漳州、汀州等处建立教堂。1861年，杨格非牧师由上海往汉口，创立起湖北传教区。说到杨格非在中国传教史上是一个重要的人物，他是在1855年与韦廉臣同到中国，韦氏创办“广学会”，提倡文字布道，杨氏在上海学习华语，也曾帮助戴德生创立内地会，并且往来平湖、杭州、松江等处传道，太平天国干王洪仁玕曾在伦敦会做过传道，杨氏特地到苏州去见他，要求传教的自由。1861 年,他才到汉口计划建立教会,在武汉三镇奠定了基础,又溯江而上,经宜昌、重庆而至成都,协助内地会传道,又到陕西、湖南等处做开辟工作。当在汉口时组成汉口"圣教书会",编著许多《劝世文》,所著《德慧入门》一书,颇为人所称誉。同时,又助"苏格兰圣经会"翻译和合本《圣经》。其传道于中国计 57 年,开创长江上游的传道工作,设医院,立学校,至今在湖北区内,有支会 78 处,学校 20 余处,医院 8处,信徒 2 000 多人,实不能不归功于杨氏。其生平事迹,广学会另有专传。

同时,艾约瑟开创直隶区工作,在天津、北京、沧县、萧张等处,建立教堂,至今有支会 90 处,医院 9 处,学校 20 余,信徒 2 000 余人。

总伦敦会在中国传道地点,计分五区,即江浙、粤港、福建、湖北、直隶,一切工作,全由伦敦会全国顾问会议通盘计划,以策进行。

公理会是美国第一个来华的宣教会,故亦称美部会,裨治文是美国第一个来华的宣教士,他在 1830 年到广州,后与伯驾医生同创"博济医院"。至 1847 年离粤至上海,以广州传教工作,让与长老会,裨氏在上海专事译经,至 1861 年去世。于 1883 年,喜嘉理自美至香港,公理会在粤事工,又能复兴起来。他在广州香港间建设教会,开办学校,经营有 27 年之久,其最关重要的工作,即到香港,为孙总理施洗。继有伍赖信在广州创办神学,此后经中国教士陈遂昌、翁挺生、梁文寿、谭沃心等擘画经营,日见发达,迄今有支会 33 处,信徒 3 700 多人,学校 33 处。

公理会第二传教区,是在闽北。在 1847 年,有杨顺教士从暹罗到福州南台开始工作。同时，有弼来满夫妇二人，亦从暹罗来到福州。到1852年，教士夏察理方在下渡租得一店铺，作讲道礼拜之用，是为福州第一个礼拜堂。1853年，教士卢力在保福山买得某家花园，开办男女学堂，刘孟湜是当时头一批学生，后来在公理会做头一个牧师。时美以美会、公理会亦来福州传道，乃划定传道区域，以邵武之永泰、长邑为公理会传道范围。由此，先后在永泰、洋口、长乐、洪山桥等处设立分堂，开设"格致书院"、"文山女学"。1896年举行五十年纪念大会时，林日新牧师发起自立运动。在1923年在闽北区内有教堂71处，领餐教友2 600余人，学校23处，与圣公会、美以美会共同办理"协和大学"、"协和神学"。

华北区域，包括晋、燕、鲁三省地界。从1860年有柏亨理牧师到天津，居津四年，创立教会，开办男女学校。1846年到北京，"贝满女学"即于是时创办，推广到通县、保定、德县、临清、太谷、汾州等处。1914年成立三省董事部，谋求统一。总计华北区内有众议会8处。

在公理宗系统中，另有美普会在张家口传道，开始于1864年，第一个牧师名叫儒理。他亦曾传道到蒙古。1867年有马维廉、1876年有雷云霄等先后来助。华人如蔡清、冯锦成、姚树德等，皆毕业于"协和大学"而从事传道。1909年海宁尔牧师，复兴庚子以后的教会。办理学校医院，有支堂13处，教友1 300余名。同时，有宣化教会，本为瑞典人生得本所创办，本属于宣道会的，到1814年，乃并入美普会了。又有协同会在陕西传道，当1893年，有挪威教士孙芝城首先至兴平设堂，以后推广到 80 余支堂，又曾购办帐幕三顶，大可容 700 余人，作游行布道之用。

二　信义宗

信义宗中，最早来中国传教的差会，要算礼贤会与巴陵会。当 1830 年的时候，德教士郭实猎受荷兰教会差遣来中国传教，侨居澳门学习粤语。1838 年，中英战起，郭氏受聘于香港政府任翻译官，日则办公，夜到讲道，乃函请祖国派人前来相助。1847 年，礼贤会便派柯士德、叶纳清二教士东来，柯氏至江门患痢疾故世，叶氏入虎门镇口，布道施药，首为之助者，有华牧师王元深（即王宠惠之祖）。继又有罗存德、高怀义先后由德国来华，推广教务，成立福永、荷坳、西乡、石龙、虎门、莞成等教会。福永陈长兴、庄满和奉派至广西传道，为道丧命。1872 年，礼贤会与巴陵会合并，设堂于广州油栏门，由戴惠临牧师主政。次年陈贡川由德国留学归来，开设北江、南雄教会。1881 年复与巴陵分工，以广州及北江归巴陵会管理。次年叶道胜由德国来，设神学于福永。王谦如、陈贡川先后立为牧师。在莞城设"普济医院"，又开办神学，及"东莞中学"、"疯人院"等工作，1914 年，香港新堂落成，适欧战起，乃交华人自理。

当时在广东传道的有"三巴会"，即巴陵、巴色、巴勉，都是德国教会。巴陵会的创始，是由郭实猎的计划，于 1840 年该会派了吴教士等到中国来，吴教士同他的夫人驻在香港传道，同时，收养被弃的婴儿，成立了一个"育婴堂"。几年以来，吴氏夫妇因病回国，韩士伯继续他的工作。1862年有何必烈来帮忙,传道于惠阳、淡水等处,因受地方人的逼迫,才到省城办学。后来韩氏夫妇又因病回国,只剩何氏一人工作。当时"德国中国传道会"因经济来源断绝,要求巴勉会接办他们的工作,巴勉会就在油栏门买得房子,并在花县设立福音堂。不久巴陵会又派员来帮助"中国传道会",巴勉会便把油栏门房屋让与巴陵会,使巴陵会仍继承"中华传道会"工作,扩充传道区域,在新安、惠阳、花县、清远、东莞、韶州、南雄各县设立支堂,在惠阳的永湖设立总堂,以便联络。以油栏门为巴陵会总机关,设立男女学校。1914年,也以欧战的缘故,经济来源断绝,郭宜坚总牧向信义会借款维持,会务仍得进行,男女教友已有6 300余人,中西教士驻所227处,办有高等神学,与中小学22所。1920年参加"信义宗大会"于鸡公山,谋信义宗在中国的统一与进行。

巴色会在1847年由黎力基、韩山明传道到中国,在香港的长洲、九龙塘、筲箕湾等处,向客家布道,复奔走于潮州的盐灶,广州的新安、东和、深圳、布吉、沙湾、李朗等处。其传道区域,大概在梅江东江之间,由樟村起而展至源坑、嵩头、博石、嘉庆、大布坪。分为十七教区,教堂并宣道所有142处,教友有12 000多人,自1922年起,教权渐操于华人,至次年实行自立者四会,改巴色会之名为崇真会。

信义会在中国传道的区域,可以分为豫、鄂、湘中、湘西、豫东、豫中、粤南、陕西、关东等处,虽为同一宗派,而传道会的来源不同。湖北、河南是美国的,湖南是挪威与芬兰,粤南是德国的,陕西是挪威的,关东是丹麦的。历史最老的,则在豫、鄂,称为"中华信义会",原由樊城鸿恩会、信阳路得会、光州信义会三会联合而成。开创人为李立生牧师,他于1890年到汉口,后择定樊城为根据地,推广到信阳与光州,三处合并,有分堂122处,在滠口有"信义神学院",并有"鸿文学校"、"同济医院"等事业。其次则为湘中。1902年,挪威传道会派教士戈德白,医生戈本普等数人到长沙,次年在长沙、益阳建筑总堂,而于桃花仑建立医院学校等慈善机关。分设沅江、宁乡、新化、东坪以及崩嘘、春华山等处支堂。有171处布道机关,有7 600多教友。

当1896年时,丹麦路得会派柏卫、外得劳二牧师到关东三省,经过岫岩、大孤山、凤凰城、安貌口、金州、旅顺等处与长老会在营口商议传教地点,沿海一带划为路得会布道区域。于是外牧经营旅顺,柏牧经营大孤山。1898年开岫岩为第三布道区,明年开凤凰城为第四布道区。1901年开安东为第五布道区,1911年季天申开工于绥化。1923年在长春向女界布道,同时,开大会于凤凰城,改称路得会为信义会。

陕西教会,由挪威人夏明华于1917年开始的,在兴安建造教堂、学校、医院,又在恒口设立分堂,向回民传道,当时有驻兵一营,十分之八皆记名慕道。当时内地会在该处的工作,因传道无人,至此全归信义长老会接办,传道区域乃愈推广了。

他如在广东南部工作的,称为粤南区,有德教士若申阿白曼传道于白海、林州、南丰等处。在河南归德工作的,称为豫东区,有美教士孔斯德主持,与圣公会合办医院,并开总堂三处。在河南许昌工作的,称为豫中区,由美教士易德文于1907年开创,不久推广到禹县、临汝、洛阳、郏县等处,华人中如吴玉澜、刘秉章等皆热心传道,进展甚速,已有教友1 200多人。在湖南澧县一带工作的,称为湘西区,1903年,芬兰教士石约翰在津市成立总堂,后得喜漫恩来助,建造教堂,推广教区,在澧州、石门、慈利、大庸、安福等处,分设支堂。以上各会,曾于1920年,开联合会议于鸡公山,成立"中华信义会大议会",商订统一办法,并组织"协进部"以策进行。

此外属于信义宗的,又有行道会,分为南北两支:南支乃瑞典国韩宗盛、任大德、梅保善诸牧师于1890年至武昌而创始的。越三年便建造礼拜堂,并分设支堂于麻城、宜昌、沙市、荆州、黄州、盐州、圻水等等城市中,设立神学校、师范学校、普通小学校、医院等事业。北支乃美国马德盛牧师于1891年到襄阳开始的。继而在南漳、宜城、荆州府等处设支堂,亦从医院学校为布道入手。著名的"荆州神学",便是行道会所设立的。

三 圣公宗

圣公会由英、美、坎拿大三方面传到中国,在中国传教区分成十一辖境:即属于英圣公会的,有浙江、福建、港粤、华北、山东、四川、桂湘七辖境;属于美圣公会的,有江苏、鄂湘、皖赣三辖境;属于坎圣公会的,则有河南一辖境。最先来中国的则为美圣公会,1835年有骆、韩二教士传道,因不能入境,留驻于爪哇,对华人传教。1844年文惠廉主教至上海,建立了圣公会的基础,由此推及江苏全省,更进而建设皖、赣、鄂、湘等处教务,皆由江苏主教遥领。1893 年第五任主教郭斐蔚任职后,教会益形发达,乃于 1901 年辟鄂湘为一辖境,殷德生为初任主教。后吴德施继之。1910 年又分皖赣为一辖境,韩仁敦任主教。上海的"圣约翰大学",自卜舫济任校长以来,逐年扩充,与武昌的"文华大学",都是名播中外的。尚有许多中小学和女学,成绩亦甚优美。

英圣公会于 1835 年,即有布道中华的意思,只因经济人才的缺乏,未能如愿,直至 1843 年,有某富翁捐款,遂得派遣史密斯主教至香港,开办学校,即今之"圣保罗书院"。1848 年始在宁波开始布道工作。戈柏、陆赐布道三年,仅得二人信教,即鲍学义与某君。后来,有岳斐迪、包尔腾来助。包氏曾至北京传道,1875 年乃任为香港主教,同时,陆赐氏升任为华北主教,总持九省教务。又有慕稼穀来华,先居宁波,后移杭州,乃于 1880 年任为浙江主教,服务浙江教会有五十余年。浙江教会中,华人会长,要以沈恩德为第一人。王有光(王正廷之父)、夏光耀、陈志醒后亦升为会长。

先是 1850 年,派韦、翟二教士至福建传道,初无效果,十年以后,派医生前往施医,教会始渐形发达。要以胡约翰会吏长之功为最。1906年,始成立独立辖境,以贝加德为主教。

霍约翰任香港主教时,曾派教士至广州传道,至今已有伟大之礼拜堂,与男女学校等事业。

华北辖境自陆赐去世后,由史嘉乐、慕稼穀主任,史氏驻北京,总理燕、晋及东三省会政。1903 年分立山东辖境,以艾立法为主教。

四川布道之期,始于 1868 年,到 1890 年盖伟良入川,会务始有进步。五年后被任为主教,四川成为一辖境。英圣公会在广西及湖南之南部,亦有传教区,称为桂湘辖境,1909 年班为兰为主教。

坎圣公会以河南为其工作地,怀履光于 1910 年任为主教,故河南辖境,在圣公会为最后,而进步却甚快。

1912 年,在上海召集一次"中华圣公会总会",组织"中华圣公会布道部",为统一办事机关。1916 年由传道部派葛丕六、浦化人至陕西传道,进行甚速,至 1922 年调查,已有教友 180 多人,以陕西成为布道辖境。十一辖境中教友总数有 48 700 多人。

四　浸礼宗

中国浸礼会曾在 1936 年编印了一册《浸会在华百年史》,把全国浸会工作叙述得很详细,这里只节取其大意而已。浸会在中国传教区域,分华南(包括两广岭东)、华东(包括江苏浙江)、华北(包括山东及山西、陕西、东三省一部分)、华西(四川)、华内(包括河南、安徽)五区;以及英浸会在山东、山西、陕西间,与瑞典浸会在山东等等工作。

最先到中国的,是为 1836 年到香港的叔未士与 1837 年到澳门的罗孝全,旋成立教会于香港。越二年在广州租一平房,组成"粤东浸信会",并雇船在海上传道。1850 年时洪秀全曾请领浸礼于罗牧师未成。而培植成中国第一个牧师叫杨庆。1856 年纪好弼到广州,浸会遂入于进展时期,他的工作不仅限于广州,且推广到肇庆及广西梧州、桂林,设立讲堂及医院。立华人黄梅为牧师。有威灵女士于 1872 年创立了"慕光瞽目院",服务失明的女子,有 42 年之久,后因病回国,纪好弼夫人便继其任。她又兼管着"培道女学",继续服务 47 年。1895 年湛罗弼来创办"浸会书局",推行基督教文字事业,时相助著作的,先后有李会珍、陈梦南以至于张亦镜。他们努力于译经编报(《真光杂志》)外,又创办"培正中学"。布道工作,尤见推广,"恤孤院"、"安老院"先后成立,在兴华、江门、东石等处教会皆先后自立。1904 年,力约翰创办了"麻疯院"。先是纪好弼创办的"浸会神学",至是建成宏大校舍。纪氏在华南服务有56 年之久,1912 年离世。华南浸会,在广州、东山、梧州的事业,今日犹方兴而未艾。

其次有"岭东教会",就是在潮州、揭阳、嘉庆、汕头这一带地方,先时有几个潮州人,在暹罗进教,他们就把道理传到本乡,内中有黄宝山,后来成为忠诚的华牧师。1864 年,在潮州成立了教会,汕头、揭阳、澄海等处,也先后成立教会。1873 年,斐女士设"圣经女学校"于汕头,称为"明道女子学校",是中国最初的女神学。1876 年她又开了一个男学校在岩石,那就是现在的"岩石中学"了。在汕头与揭阳又设了两个医院,在汕头设了个"普益社"做社会服务的机关。在说潮州话的人中间传道的,成立了"潮州协进会";在说客家话的人中间传道的,成立了"客家协进会";共计管辖 100 多会堂,与 6 500 多教友。

说到华东区,不能不纪念到 1847 年到上海的晏玛太夫妇,他们学习了一年华语,便组织起老北门的教会来,从此领导这教会有 38 年之久。1856 年有黄品三进教，到 1862 年便做了中国第一个牧师。推广布道工作到昆山、苏州、镇江，先后建造礼拜堂，连上海成立了四教会。1886 年万应远、海林来助，到 1888 年晏玛太去世，这年又有白多马、戴佐恩等来华，分派在苏州、镇江等处工作。又从镇江推广到扬州。1897 年，开办一个女校，名叫"桂秀"，即今日的"晏摩氏女学校"。在上海有五个教会，（一）老北门的"第一浸会"，（二）"广东浸会"，是旅沪广东基督徒所组织的，（三）"怀恩浸会"是"明强"、"晏摩"两校员生所组织的，（四）"怀施浸会"，（五）"闸北门会"。近年在"沪江大学"里又有"沪东教会"的组织。"沪江大学"是 1900 年，由万应远办理圣经学校起头而进展成功的。同时吉惠丽女士在老北门建了个"妇女读经室"，今已扩展为学校了。在昆山、苏州、镇江、扬州都有相当的进展。

浸会在华东的事业，实在从宁波起始，头一个到宁波的，是 1843 年的玛高温医生。1847 年才有罗梯尔牧师来，便创办了教会。三星期就一个入教的周祖濂（是著者妻子的祖父），他本是教马医生华语的，已经受感一年多了。后来做传道士，并且著了一"消罪集福真言"小册，散布甚广。1849 年又有高德来，他努力于翻译《圣经》。工作逐渐扩展到杭州以及金华、湖州、绍兴，成为华东教区，以杭州为中心。

在华北区的工作，开始于烟台。1860 年，花、海两牧师到了烟台，不幸花牧师牺牲于太平军之乱，而海牧师在十分困难中，救护当时的难民，并且把工作推广到黄县、平度、上花等处，后来遭遇了拳匪之乱，有许多教友殉难。乱平以后，又推广到青岛、济南、济宁等处。1921 年在掖县创办了一个"孤儿院",该处各教会组成"山东议会",派员传道于山西、陕西及东三省,"山东议会"乃改称为"华北议会",管理79个教会。

华西区是始于1889年,有魏、侯两牧师到了四川叙府,组织一个教会。1894年又有十一位教士到四川,开辟传道区域,于是泸州、自流井、嘉定、雅州皆成立了教会。次年女传道部派遣女教士,办理妇女工作。1905年,又开辟了宁远工作。1913年在成都设立"师范女学校",并在成都组织了教会,联合办理"协合大学"。毕业生费崇之留美归来,做了华西浸会第一任干事。教会渐渐达到自养的地位。迄今在四川有四个布道中心区,教友已有3 000多人。

还有在河南工作的,称为华内区。在1904年有施、陆两牧师到郑州开始工作,后来扩展到开封、归德以及安徽的亳州,及张市、铜山。开封所办的"男女圣经学校",实为该区中传道的中心力量。

英国浸会,在山东开始传道,要以李提摩太为最有关系的人了。李氏于1875年到青州,次年仲均安来与他同工,两年以后,李氏便到山西放赈去了,只留仲氏在青州工作。他开始就注意于教会的自养自治问题,培植中国领袖,王保泰便是中国第一个牧师。到1888年已有60个传道处,1 500教友。当时怀恩光牧师已在青州立了个"培真书院",成为传道牧师的养成所。拳匪之乱,袁世凯做山东巡抚,西教士虽得着保护,而中国教友仍有120多人被惨杀。乱平,教会复兴起来,与长老会合办"广文大学","培真"亦改为神学。怀恩光在济南又办了个"广智院",陈列许多图表及关于天文、地理、地质、矿物与道路建筑等等模型,仿佛是一个"博物院",参观的人很多,乘机向他们宣讲福音,并且把"广文"、"培真"及"济南医学"合并而成为"齐鲁大学"。当李提摩太到山西放赈,山西人没有一个人不敬仰他,他就长久在太原传道。山西受拳祸最厉害,但教会却反而更兴旺。后来得阎锡山的同情,学校医院相继成立,教务逐渐进展,推广到陕西,在西安建设了教会各种事业。在英浸会范围内,教会的自养自治自传的程度,实为全国各教会的先进。

瑞典浸会得戴德生的鼓励,派员来华视察,择定了山东为布道地点,即在青岛以西、胶济铁路以南,包括六县城七千多村庄中工作。先是有温道慎牧师在安庆内地会"华语学校"学习华语,同时有令约翰来华,与温氏同到胶州传道,以后陆续又来许多教士,从胶州推广到诸城、高密、日照等处,成为布道的中心区,并且创办医院学校"圣经学校"、"孤儿院"等等事业。

此外有孟那浸会在福建的上杭工作,来复会在南京工作,友爱会在山西平定、寿阳工作,安息浸会之在上海,新约教会之在北海,都有相当的工作,这里不能详述了。

五　长老宗

开始长老会在中国的工作,据说是 1838 年由美国来的宓(J. A. Mitchell)、何(R. W. Oir)两教士,驻在新加坡。1842 年娄礼华到澳门,次年又有哈巴和高利等到广州,不久高利携带了印书机器与娄氏到宁波,留哈巴一人在广州澳门间工作,同时也派雅裨理到厦门。1847 年,娄氏到上海帮助翻译《圣经》,工毕而回,在途遇盗,溺毙,宁波教会便由高氏独力支持。1860 年美国因南北战争的影响,教会亦分成为南北。最先来华的,如上面所说,在广州与浙江方面的是北长老会,在厦门的是归正教,此后才有苏格兰的、坎拿大的、大英的、爱尔兰的、纽西兰的以及美南、复初、约老、同寅等共计 12 会。

在广东方面,曾于 1845 年,创办一男学校于澳门。1872 年在广州办了一女学,就是"真光书院"。1879 年创立一男校名曰安和堂,即今之培英中学。1847 年英长老会亦传入广州,而北长老会推广传教事业到海南岛,于 1893 年成立海南长老会教会。其推广的布道区域,在广东的二十余公会中为最广。与其他公会合办的事业如"协和学校"、"协和中学"、"岭南大学"等。"夏葛医科大学"为北长老会所首创,又附设"柔济医院"及"护士学校"。

在浙江方面有应斯理教士于 1864 年到宁波,渐渐推广到绍兴与杭州,而以杭州为浙江区的中心,应氏卜居杭州的大井巷。继续来杭的西教士,有郝理美、吴思敦、贝恩德、司徒尔,以及蓝周葛女士,创办女学医院及推广德清、新市、衢州等教区,华教士如陈达三、桑坚棠、刘德森、周茂公先后按立为牧师。又有毕来思、花第生创嘉兴教会,杜步西创苏州教会,海敦、李德理创江阴教会,柏雅各、吴板桥等创镇江教会。南长老会在江北方面,由镇江溯运河北上,在镇江、宿迁、淮安、徐州、海州等处创设教会,赛兆祥、白秀生、葛马可以及英长老会周碧桃、马锦章二女士等,皆为开始工作的人。

同时，久在宁波传道的倪维思往山东传道，在烟台立了自养自传的教会基础。烟台自 1862 年起，已有麦嘉缔、郭显德等工作，推广到潍县、济南、济宁、沂州等处。倪氏来，注意于乡村布道，四十年热心勤苦，领导多数教会自立，刘寿山、于子明等皆为烟台教会中重要份子。

北京方面的丁韪良起初也在宁波传道，编成宁波土话《罗马字圣经》，后来到北京去任"同文馆"教习，编辑了许多书籍，如《格致入门》、《性学举隅》、《富国策》、《天道溯源》，均为士大夫所传诵。李佳白也是传道于知识阶级的，曾经发起"尚贤堂"，用宗教比较的态度，来发挥基督教的优点。坎拿大长老会，在直隶的磁县，与河南的汴梁、彰德、卫辉等处，创立六处总堂，称为"豫直长老会"，季理斐曾任其牧师。

江苏方面，在上海南门曾设"沪南区会"，在租界上则设有"美华书馆"，此馆本由宁波迁来，范约翰为之经理，创建"思娄堂"。"闸北区会"，由俞宗周所创设。另有海士开辟苏州，李满开辟南京；又由南京派柯某开辟安徽怀远，成立了"江安区会"。

1920 年，凌霄志开辟湖南工作，在长沙建立教会，高伯兰传道湘潭，梅知理传道柳州，葛惠廉传道衡阳，成立了湖南区会。

关东方面，开始于 1866 年，有苏格兰圣经会韦廉臣游历其地，居留未久；次年英国宾维廉由北京至营口，设立福音堂，越二年爱尔兰长老会亦派人来设堂施医。1876 年苏、爱两长老会合办奉天东西两关教会，并推广到锦州、凤凰城、吉林各地，渐成十五个中心教区，散布于奉天、吉林两省之间。

苏格兰长老会在湖北宜昌创立教会,时在1878年,开办者有郭布伦牧师,后分设支堂十余处。

闽南教会,开始于1842年归正会雅裨理的到厦门;1850年英长老会用雅各医生由香港来,行医设学。1862年两会合一,成为"漳泉长老大会"。

英长老会在广东潮、惠二州传道,于1881年成立大会,其范围东至福建诏安,北至福建汀州,西至海陆丰,南濒海,以汕头为中心,称为"岭东大会"。

1901年时,甘路德倡议长老会合一,使在中国工作的八长老会——(美北、美南、归正、坎拿大、爱尔兰、苏格兰、自由、大英)与所创立的六大会——(关东大会、华北大会、五省大会——[苏、浙、皖、鄂、湘]、闽南大会、东广东大会、西广东大会)——合成一会,经一再召开全国大会,商讨至1916年始成立"中华长老联合会",此后又与伦敦会、公理会合成为"中华基督教会"。

至于复初会之在岳州,约老会之在广东德庆,同寅会之在广州河南,都是长老会一系中的工作。

六　监理宗

监理宗就是卫斯理宗,在中国共有八个差会。第一个传来中国的是美以美会。1847年柯林斯与怀提夫妇到了福州,开始学习语言。次年美国又派了一个赫克来作后援;不意那年怀提夫人去世,次年赫克也病故了,只剩怀提在行医,柯林斯在办学。再过两年,柯氏也因病回国去了。此后有吉卜生、马克来夫妇等来,马夫人开办女学。1856 年建造了真神堂与天安堂,伟来牧师一面传道一面行医。1857 年得着第一个教友,名叫陈安,足以鼓舞了传道人的精神。尼斯顿女士办了一个女学。1859 年办了一个印书局,印出二十页的一种小册,名叫《道理和奇事》,又印小本《福音》数千本。同年在城内租得房子作礼拜堂和住宅;不久,城内人民发生暴动,只得仍迁至城外。但是信道的人却年年增加,1867 年有 339 名,1870 年便有 2 000 了。传道工作推广到兴化、延平,在福建便成立了三个年议会。更由此向西,到江西九江。1867 年,在九江找得四个信徒,便组织起一个礼拜堂。金斯来会督在九江区巡视会务,觉得九江应与福建分离,以赫尔提专任九江工作,九江亦渐成一年议会。1868 年福州开会时派裴来尔、罗锐二牧师北上,由天津到北京开辟传道工作。1871 年购得一所房子,并收得一些教友,奠定了北京教会基础。裴氏即为主任传道。后来又有卫立尔夫妇和鹿依士夫妇到四川重庆、成都等处开始工作,成立四川教会。所以到现在美以美在中国有华南的福州、兴化、延平三年会,华中有江西年会,华北有北京年会,华西有四川年会,1920 年有牧师 367 位,教友 42 680 名,学生有 34 770 名,到 1923 年教友便加到 62 809 名,其进步之速,可见一斑。

　　美国南方的美以美会,在中国叫监理会,1848 年有秦右牧师与戴医生到中国来,秦氏因妻病留在香港,戴氏带着妻子到了上海,在王家码头租到一宅房子。明年秦氏亦来,在郑家木桥建造一所礼拜堂,在

1850 年落成。同时开办起女学校小学来,有教员刘竹松同他的儿子进了教,帮助秦氏传道。1852 年派来耿惠廉牧师,明年又有唐雅各、雷大卫、蓝柏三位来一同工作,不久又有一苏州人殷勤山在上海进教,于是回到苏州传道。林乐知亦在这时在中国,任"广方言馆"教习,兼做传道工作,推广到上海的四乡。在苏州有蓝柏和刘竹松创立教会,得李子义和他的儿子伯莲、仲覃进教。同曹子实由美国回来,史子嘉由杭州长老会荐来,在所设的"存养书院"中教书,后来都做了牧师。1875 年潘慎文、雷金女士等来办学,蓝医生行医,林乐知助李提摩太创办"广学会"。苏州所办的"博习书院",产生许多中国牧师,如唐沐三、凌子贤、俞止斋等,把传道工作推广到湖州、常州、无锡等处,成立六个教区。1923 年发起东三省布道,在哈尔滨成立卫斯理堂。1939 年在云南昆明协助锡安圣堂。今与美会合并,称卫理公会。其事业有"东吴大学"与"博习医院"以及男女中学等,成绩亦甚可观。

圣道公会原名叫偕老会,由直隶、山东的圣道会,云南的美道会合并而成的。1864 年英国母会派遣教士阚斐迪和燕乐拔到宁波传道,从鄞县开始而推广到奉化、象山、上虞各县属,后有海和、德烈、德理诸牧师惨淡经营,发起自立会,得热心教友赞助,负教会经济责任。共立有七区会,52 处教堂,有 3 000 左右教友。先是 1860 年时英国有郝赿廉、殷森德二牧师在天津娘娘宫地方设立教堂,是为华北圣道公会的开始。后推广到山东乐陵、德中、阳信、滨州、霑化、海丰、惠民等县,设堂办学,以天津、山东、唐山为中心区,共有布道处 228 处,教友约 4 000 人。

循道会在湖南工作,湖南空气素称顽固,故传道非常困难。当 1863 年即有葛君(Gossah Cox)首先到湘潭,未能立足。当时杨格非与内地诸牧师都受到阻碍。1880 年苏格兰教士都亚当从武昌到岳州、汉寿,卖书传道,往来于湘鄂之间,与内地会戴德生共同工作,到 1882 年方在洪江租着一所房子,经过多少艰难。九年工夫,游行传道,处处有性命危险。1888 年他抱病死在湖北石首。后来其他教会入湖南传道的,有北长老会在临武,宣道会与内地会在常德,伦敦会在岳州都立了基础。独循道会至 1900 年方在长沙赁屋立堂,始有固定的传道地点。庚子以后,湖南传道之门大开,传道的差会乃有十四个之多,教务便蒸蒸日上,信徒有 20 000 人左右。

遵道会亦从 1902 年到湖南,德慕登教士偕内地会刘佐霖从江西到了长沙,设堂传道。不久,推广到湘潭、醴陵、攸县、茶陵等处,同时在湖北的枣阳,有美教士齐能设立遵道会教堂,亦推广到附近十余村镇。

循理会在 1904 年,由美国差会派安培生、苏尔裴传道到四川,次年差会又派李女士等到郑州,不两月,李女士积劳病故,便命四川安、苏二牧师回郑州传道,遂放弃四川,专在河南经营,扩展到开封、荣泽。1908 年,接收清江浦孤儿院,次年又接收杞县教会,其后于河阴、陈留、荣阳等处,皆设立分堂,设立学校医院,教会工作便愈推广了。

福音会初在湖南辰州传道,1914 年始入贵州,在铜仁建立教堂,开办医院。在上海亦有福音会教堂,由祝名扬牧师创始于 1882 年,后由华教士周亮亭主持，称为"中华福音会"，不限宗派，无论何种公会教友，皆可加入，变成一种合众教会，经济完全自立。

七 内地会系

内地会本不是一种宗派，乃是一班热心教士，自由组织的传道团体。创始人是英国戴德生牧师，他是在中国传教史上值得大书特书的伟人，但已有他的专传，在此无暇详叙。当他在英国的时候，听一个医生演说中国乏人传道的情形，便激动了许多信徒，组成一个"醒华会"，1853 年他就被派到中国来。后来因与该会意见不同，就脱离关系，独自传道。1860 年，因病回国，到处演讲中国需要传道情形。越二年带了家眷，和十六位男女教士重来中国，以杭州为根据地。1867 年，成立了杭州、绍兴、宁波、奉化、台州、温州六处教会。同时有童跟福（George Duncan）到了南京，戴氏自己到扬州、镇江。明年，又在清江浦设立教会。1869 年，梅度士（James Meadous）、韦灵生（James Williamson）在安徽省城布道，高学海（J. E. Cardmell）在九江分会传道。他们虽已在浙江、安徽成立教会，但仍竭力扩张。1875 年又开创武昌教会，做进行西北工作的根据地，一面函请英国续派教士十八人来助，分赴山西、陕西、甘肃、湖南、四川、贵州、云南等处，先后设立教会，又曾至西藏游行传道，那时华传道士亦已有二十余人，协助工作。在外国传教士中，本来只有英吉利、苏格兰、爱尔兰、威尔斯人，至此则有美国、坎拿大、澳洲、德国、瑞典、挪威、瑞士、芬兰、意大利等国的教士同来合作。西南的苗族、僮族，尤为内地会注意的工作对象。于是派遣亚当氏（J. R. Adams）与华德氏（B. C. Waters）前往传道，从1888年起，8月之间，已有一千人信道。而在贵州几近万人，云南亦有数千，有出人意外的成绩。又有泰罗女士（Miss A. Taylor）孑身入西藏内地，茂尔夫妇（J. R. Muir）在松潘、茂州，潘根（George Parker）、衡德（G. W. Hunter）在新疆迪化，先后开堂布道。总之，最能刻苦牺牲的，莫如内地会中的西教士。他们绝不顾到衣食住的舒适，吃的是大饼馍馍，卧的是草堆砖地，不怕苦，不怕死，是他们的伟大精神。这种精神，都是戴德生所感召的，而且他们的教会，都是自立自传，不受外来的津贴。散布在全国的内地会，名称虽不同，精神都是一样的，恕不一一分述。

八　其他教会

贵格会是一种自由的组织，于1887年由美国传到南京，初创的教士名义白理，继任者乃华牧师高竹。宣教会在长沙、武昌、无为、临潭、梧州，均有伟大事工。公谊会就是英国的贵格会，传道于四川。美女公会传道于上海。使徒信心会传道于广西、陕西、山西、浙江与上海等处。复临安息会传道于浙、苏、桂、燕、闽、豫、湘、粤、晋、鲁、陕、蜀、滇等省。上帝教会传道于燕、陇、桂、粤、晋、鲁、陕等省。以及南直福音会之在直隶，救世军之在燕、晋、鲁，弟兄会之在闽、赣、苏、鲁，五旬会之在云南，美基督会之在南京与安徽，瑞美会之在广东等等，都有相当的工作，这里因篇幅关系，不能详述。

更正教传道区域表

年份	会　别	创立者	始立地点	传　道　区　域
1807	伦　敦	马礼逊	马刺甲	澳港 江浙 河北 湖北 厦门
1830	公　理	裨治文	广　州	粤东 福建 华北
1830	礼　贤	郭士立	澳　门	香港
1830	巴　陵	郭士立	澳　门	广东 博罗 惠阳 韶关
1835	美圣公	骆、君韩	爪　哇	江苏 湘鄂 皖赣
1836	浸　信	叔末士	澳　门	广东 江苏 华北
1838	北长老	宓、君何	新加坡	关东 华北 闽南 东广东 西广东
1842	归　正	雅裨理	鼓浪屿	龙岩 漳平 永福 华封 宁洋
1843	浸　礼	玛高温	宁　波	宁波 金华 绍兴 杭州 湖州 上海
1846	巴　色	黎力基	香　港	香港 广东
1847	安　息	卡华二君	上　海	上海
1847	美以美	柯林斯	福　州	华中 江西 华北 华西 福州 兴化 延平
1848	英圣公	戈柏陆赐	宁　波	浙江 福建 港粤 华北 山东 四川 湘桂
1848	监　理	秦　右	上　海	上海 苏州 常州 湖州 松江 太仓南
1850	英长老	用雅各	厦　门	闽南 关东 两湖
1852	循　道	柯克私	广　州	汉口 武昌 湘阴 平江
1860	圣　道	郝　廉	天　津	天津 甬瓯 肇庆
1864	南长老	应斯理	宁　波	江苏 浙江

续　表

年份	会　别	创立者	始立地点	传　道　区　域
1864	美公理	儒　理	北　京	1909 并于美普会
1865	内　地	戴德生	杭　州	浙江 江西 安徽 湖南 山西 贵州
1867	美　普	马维廉	张家口	青圪塔 蔚县城
1878	苏长老	郭布伦	宜　昌	宜都 董市 双莲寺
1880	英浸礼	仲均安	徐　州	青州 开封 济南 汾州
1882	福　音	祝名扬	上　海	铜仁
1886	基　督	马　林	南　京	南京 滁州 庐州 芜湖 南通
1887	美瑞丹	宽　伦	广　州	南海 香山 高要 博罗
1887	贵　格	义白理	南　京	南京
1887	瑞　华	符励恺	河　南	山西 陕西 河南
1888	宣　道	赖　普	武　昌	长沙 常德 汉寿 武昌 甘肃 蒙古 梧州
1889	同　寅	梅　灵	广　州	新塘 小榄 大杭 九洲 基古镇等处
1890	德华盟	奔　德	处　州	丽水 松阳 缙云 龙泉 抚州等处
1890	行　道	韩宗盛	武　昌	武昌 沙市 荆州 黄州 襄阳 南漳
1890	信　义	李立生	汉　口	关东 豫鄂 豫东 豫中 兴安 汉口 广东
1891	北直隶	爱　君	宣　化	保安州 多伦 张家口 下花园
1892	英　美	赫斐邱	成　都	成都 重庆 涪州 自流井
1893	协　同	孙芝城	兴　平	咸阳 马嵬等处
1895	救世军	罗开泰等	源　昌	双门底

续　表

年份	会　别	创立者	始立地点	传　道　区　域
1897	约　老	梁多马	广东德庆	德庆 罗定 云浮 太平等处
1898	来　复	慕向荣	南　京	南京 和县 芜湖
1898	圣　洁	高乐生	山西浑源	庄窝 西沟等处
1898	酬　恩	李道辉等	山东登州	山东 后合并于长老会
1899	恩　典	金乐满	浙江塘栖	1922 年合并于杭州长老会
1900	德妇女	吴香珠	四　川	万县 开县 岳溪等处
1900	复　初	海维理	岳　州	辰州 永绥 湖滨 长沙 湘潭 常德
1902	基督徒	谢洪赉等	上　海	上海 香港
1902	遵　道	德慕登	湖　南	长沙 醴陵 湘潭 攸县 茶陵 枣阳 桐柏
1903	同　盟	王耀基	陕西商县	龙驹寨 山阳 雒南等处
1904	循　理	安培生	四　川	郑州 开封 荥泽 杞县 河阴 荥阳 陈留
1905	自　立	俞宗周	上　海	江苏 浙江 福建 广东 湖北 湖南
1907	救　恩	挪心清	河南泌阳	泌阳
1908	友　爱	库范恪	山西太原	平定 寿阳 辽县
1910	自　理	甘素贞	云南楚雄	楚雄 姚安 牟定 盐丰 大姚
1910	坎圣公	怀伟廉	河　南	开封 商邱 郑州 兰封 虞城 睢县
1911	清　洁	薄清洁	直隶濮阳	大名 濮阳 清丰 车明 南乐 长垣
1911	孟挪浸	卫英士	汕头上杭	上杭 永定
1912	海面传道	何丽臣等	香　港	香港 广州

续　表

年份	会　别	创立者	始立地点	传　道　区　域
1912	中华基督教	孟省吾等	北　京	天津 北京 烟台 青岛 济南 太原 星洲
1917	滇南教	富力敦	云南猛烈	普洱 思茅 墨江
1917	五旬节	马锡龄	云　南	蒙自 缅宁 及犹狐山 裸黑族黑族 白苗族中
1921	国内布道	李素贞等	云　南	云南 黑龙江

第十七章　庚子的教难

中国基督教的流血惨史,莫过于庚子年(1900)义和团之乱了。这一次事变。共计被杀害的天主教主教 5 人,教士 48 人,教友 18 000 人;更正教教士 188 人,教友 5 000 人,实在是空前的浩劫。

记录这一次教难的书籍,有广学会季理斐牧师(Rev. D. MacGillivray)所汇集的《庚子教会受难记》二册,与圣教书会柴莲馥氏收集《庚子教会华人流血史》,皆载更正教受难情形。《拳祸记》、《天主教传行中国考》与《圣教史略》中,有附载天主教被难情形。兹且根据他们的记载,约略地加以叙述。

考义和团本来是白莲会一类的秘密组织,很早就有的。雍正五年曾出谕禁止过。乾隆时,河南商邱地方有一个名叫部生文,专门传授拳棒,招收党徒,后来因犯案正法。嘉庆时江苏之颍、亳、徐,河南之归德,山东之曹、沂等处,复有聚徒弄武,设立顺刀会、虎尾鞭、义和拳、八卦教诸名目，横行乡曲，朝廷明谕严禁。又有部生文之孙部坦焰，与青县李八、叶福明等，传授义和门教，同时固县葛立业，青县尤明等传习义和拳棒，均为地方官拘获，明正典刑。在直隶有王景曾一族，散处滦州、卢龙等处，以大乘教清茶门传徒敛钱，奉谕搜捕。至光绪初年，冀州土匪，名叫黑虎，势甚猖獗。时适李秉衡为该州知州，设法招抚，编成义和团队，惟黑虎抗不受抚。义和团之名，盖始于此。这是义和团的起始。至于义和团的组织，实甚离奇怪诞：其头目称曰老师，小头目称大师兄、二师兄，每传拳法，必招集二十五人为一团，团立一首，全团聚散，皆从其命。其所拜之神，皆发源于戏剧小说，如姜太公、诸葛亮、孙悟空、猪八戒、杨香武、黄天霸之类，有许多荒诞不经的咒语。曾在故城拿获一和尚，名大贵，据供是山东人，并述其教咒语，有什么"日出东方一滴油，惊动弟兄天下行"等语，还有什么"快马一鞭，西山老君，一指天开，一指地开，要学武艺，请仙师来"（这一类荒唐话，稍有知识的人，莫不嗤之以鼻，不意身为王公大臣者，竟会为其所惑）。欲习拳术者，必须焚香念咒，以凉水润身，咒毕仆地，口吐白沫，不多时便奋然而起，索刀索棍，手舞足蹈，如醉如痴，口里大声说：我是某神仙。说从此虽手无寸铁，亦能破坚攻敌。又有所谓红灯照，都是十余岁的幼女，身着红衫红袴，一手持红灯，一手持红巾，谓能飞行空际，随意纵火，带同义和拳，剪灭洋人。拳匪称她们为大师姐、二师姐，到处鼓煽，劝人习拳，以保清灭洋为鼓煽的理由。一面盛称拳术的神奇，一面痛诋洋人的祸中国，说教士摘心剜眼，迷拐小儿，种种谣言，乡愚皆信以为真。呼洋人为大毛子，呼教民为二毛子,其他通洋语用洋货的,呼为三毛子、四毛子。这一年恰值天旱,于是散布谣言,说是教士揩住了天。凡此都足以煽动愚民起而仇教的。时值李秉衡任山东巡抚,毓贤为按察司,二人皆昏庸不识时务,常怀排外思想,见义和团专以仇教为务,正符其愿,故听其辗转传布,不加禁止,于是教案日多。于光绪二十三年杀死一德国教士,李秉衡、毓贤均因此撤任。越二年毓贤任山东巡抚,以其信任拳匪,省内渐有多人演习拳棒。匪首朱红灯,自称明朝后裔,聚众千余人,托名习拳,实与教会为仇,焚毁教堂,抢劫教民。毓贤不但不加禁止,反而一味纵容,以致效尤者纷纷并起,在平原、禹城、茌平、东昌等十余县属,皆被骚扰。肥城乃有杀死英教士卜克斯之案,毓贤因此撤职。袁世凯继任,捕获匪首孟洸汶、吴方城、吴经明、庞燕木、李潼关等多名,分别斩决,赔偿造堂费九千两了事。

毓贤既因教案去官,更加仇恨西人,乃进京向权贵们游说,称拳匪为义民,且多有神技妙技,不畏枪炮,正可利用之以伸民气,强国之道,无过于此。端王、刚毅本有灭洋之志,今乃惑于毓贤之说,自是赞同。此时端、刚既踞踞要津,大权在握,在京大员,莫不随声附和,如徐桐、崇绮、英年、启秀等,以及其他朝臣,十之八九,大都倾信拳匪。首相荣禄与庆王、王文韶等虽心知其非,亦不敢力争。因为这时候慈禧太后欲谋废立,方倚任端、刚,乃亦为其所惑。时涞水、涿州拳匪作乱,命刚毅与赵舒翘前往查办,二人不但不遵旨查办,反召见其大师兄,多方奖励,并引之入京,且盛称拳匪之忠勇可用,端王又力为怂恿,太后乃愈信之,连日召见王公贝勒六部九卿会议。廷臣咸知太后已听端、刚的话,决意主战,莫敢发言;惟户部尚书立山、兵部尚书徐用仪、吏部左侍郎许景澄、内阁学士联元、太常寺卿袁昶五人,力言衅不可开,拳民不可恃,杀洋仇教,必触各国怒,将合而谋我。端王一闻此言,甚至斥他们为汉奸,其罪当诛。袁、许二人连上三疏,剀切陈辞,乃于七月初四日奉旨正法。十七日又杀徐等三人,数日间连杀五大臣,全国震动。当时会议凡三次,光绪帝亦力言战衅不可开,无如端、刚等势焰甚张,无力挽回此危机。一般附和端、刚之流,众口一词,说人心不可失。遂下诏褒扬拳匪,称为义民,赏银十万两,并颁给口粮,比于官军。因拳匪人数众多,不可无统帅之人,乃命载勋为统领天下义和团大元帅,刚毅为副,于是义和团仇杀洋人的举动,便成为国家明令允许的政策了。我们看看当时的那道上谕:

我朝二百数十年,深仁厚泽,凡洋人来中国者,列祖列宗,罕不待以怀柔。迨道光、咸丰年间,俯准彼等通商,并许在我国传教,初亦就我范围。讵三十年来,恃我国仁厚,一意拊循,乃益肆枭张,欺凌我国家,侵犯我土地,蹂躏我人民,勒索我财物。朝廷稍加迁就,彼等负其凶横,日甚一日,无所不至;小则欺压平民,大则侮慢神圣。我国人民,仇怒郁结,人人欲得而甘心,此义民焚烧教堂屠杀教民教士所由来也。朝廷仍不开衅,如前保护者,恐伤我人民耳。乃再降旨申禁,保卫使馆,加恤教民,为民教解释宿怨,朝廷怀柔远人,至矣尽矣。乃彼等不知感激,反肆要挟,昨日复有杜士兰照会,令我退出大沽炮台,归彼看管。否则以力袭取,危词恫喝,意在肆其猖獗,震动畿辅。平日交邻之道,我未尝失礼于彼,彼自称教化之国,乃无礼横行如此乎? 朕临御将三十年,待百姓如子孙,百姓亦戴朕如天帝,况慈圣中兴;宇宙恩德所被,浃髓沦肌。祖宗凭依,神祇感格,人人忠愤,旷代所无。朕今涕泪以告先庙,慷慨以誓师徒,与其苟且图存,贻羞万世,孰若大张挞伐,一决雌雄。连日召见大小臣工,询谋金同。近畿及山东等省,义民同日不期而集者,不下数十万人;至于五尺童子,亦能执干戈以卫社稷。彼尚诈谋,我恃天理,彼凭悍力,我恃人心;无论我国忠信甲胄,礼义干橹,人人敢死,即土地广有二十余省,人民多至四百余兆,何难翦彼凶焰,张国之威。其有同仇敌忾,陷阵冲锋,抑或仗义捐资,益助饷械,朝廷不惜破格懋赏,奋励忠勋;苟其自外生成,临阵退缩,甘心从逆,竟作汉奸,即刻严诛,决不宽贷。尔普天臣庶,其各怀忠义之心,共泄神人之愤,朕实有厚望焉。

　　这一篇自寻苦恼的糊涂话,是在五月二十五日发表的,这时拳匪已经非常猖獗,加上这一番鼓励,正如火上添油,便一发不可收拾了。先是五月初一日,拳匪进袭长辛店、卢沟桥二车站,放火焚烧,截断电线,京城戒严。从此连日焚烧丰台、京、津、芦、保等车站,一路拆毁铁路桥梁,至十一日,京中官员眷属纷纷逃难。十四日有安徽姚提督自甘肃入都,在市游行,见遍地都是拳匪,声言要杀洋鬼子。姚叱曰:升平世界,你们不可胡说,你们要杀鬼子,恐怕你们要被鬼子所杀。匪便诬为二毛子,把他拖下马来杀死。十五日本使馆书记官杉山彬,闻本国使馆卫兵将至,乘车出永定门迎接,为董福祥所见,命兵士将他杀死。接着到处焚毁教堂,屠杀教民,京师大乱。京城内外,所烧毁的西人住宅,统共有 34 所,教堂 18 所,男学堂 12 所,女学堂 11 所,传道学堂 4 所,施药局 12 所,医院 8 所,印刷所 3 处,盲目学堂 1 所,天主堂 2 所。杀死的人不计其数,端、刚等下令围攻使馆。

围攻使馆的情形,据一位被围在英国使馆中的某教士,写信寄给他本国的朋友,说得很亲切。现在把他的大意,节录在下面:

记得我们被围困到如今,差不多五十天了。虽然曾经派了许多送信的人,但能到天津又回到北京的,只有三人,其余都在路上被杀,所以信息全无,外边的事情,一概没有知道。

我们在没有进入使馆之前,已经受着许多从古以来所没有的苦痛。去年冬天以来,在京城的周围,中国教友,受着拳匪的逼害;却想不到在京城里面,也这样任凭拳匪搅扰,更使我们受苦。现在被围在使馆里的,除了西国人之外,一共有二千多中国教友。离使馆九里路远的地方,有一所天主堂,俗名叫北堂,也有二千多名教友,被拳匪围困在里头,只有四十个法国、意国兵在保护,我们不能通个信,不知道现在平安不平安? 但听见北面枪炮的声音,没有停止罢了!

五月二十日,那天京城里西国教士和中国教友都聚集在崇文门里的美以美会礼拜堂,那地方离开英国使馆有三里多路,只有几个美国水兵在看守门户。每天晚上看见四处有火光,知道拳匪在放火烧教堂。二十三日早晨,接到美国公使的信说:中国王大臣请各国公使在二十四小时内离开北京到天津去。我们知道这是一种奸谋,因为这时在北京到天津的路上,拳匪像乱麻一般,我们若是出去,必定半路上给他们杀死。况且各教士都不忍扔掉中国教友,所以我们愿意在这里与他们同死。第二天早晨,派德国公使克林德带了参赞,到总理衙门(即外交部)去商量,在路上克公使被杀,参赞也受了重伤。因此困在使馆的西人,更加不敢到天津去了。我们有七十一个西国人,七百个中国教友,便一齐搬到英使馆去。因为人多,英使馆容纳不下,对河便是肃王府,幸亏有位从前在山东传道的秀牧师,同肃王府中的人认识,就派他到肃王府去商量,容中国教友避难,不幸秀牧师在路上也被拳匪放枪打死了。过了一天,总税务司赫德也带了税关上的各西国人,进英国使馆来避难。税务衙门四十年来的公文,都被烧掉了。

拳匪起初都用长枪大刀,被西国兵用快枪打走他们,他们就在上风放火,翰林院衙门在英使馆北面,也被烧掉,中间有许多世间少有的古书,都损失了。这一夜,在南面有六处起火,使馆里的男男女女,都竭力救火,幸未波及。

从五月二十四日起,拳匪日夜不断的放枪攻打。受围困的一个武官,曾经在西国打过好几回仗,他说:从来没有看见过那样凶狠的敌手。有一夜,天下大雨,雷声隆隆,拳匪趁机加紧来攻,枪声雷声,搅成一片。他们看用枪不能取胜,就排大炮进攻,我们都有点害怕,恐怕所防守的墙垣要守不住了。曾有人计算过,开花炮弹落在院子里的有二千八百颗的多,但是却没有一个人受伤。他们在内城的城墙上,正对着公使馆北面安排了两个大炮,向下攻打,墙头都被打得破坏不堪。西国小孩子,常常在院子里,用小筐子拾弹子做玩意儿,像不知道有拳匪在外打仗似的。各国公使馆里,受损最大的,算法国、德国两处。妇女们一天到晚缝布袋,盛着泥土,做破缺的防堵。防守的各西兵,只有枪没有炮,所以渐渐有不能抵挡的样子。

恰好在某旧货铺里找着一个旧炮,在1864年用过的,如今当作废物,埋在地下。我们把它找出,但是没有炮架子,仍旧不能用。刚巧又在某公使馆里找着一个旧炮架,恰恰相配,就是缺少炮弹。有人在某公使馆找着许多未曾开花过的炮弹,大小也正适合,就拿来试试看,果然把拳匪吓得四散逃走。拳匪有四五万人,守使馆的西国兵,只有四百多人,他们竭力攻打,屡次被打退。拳匪最恨的是中国教友,要叫使馆里把中国人交出来,就可以免了攻打。西国官哪里肯把无罪的好百姓交给仇人的手里呢?

六月十七日下半天,攻打得最利害了,他们在法国公使馆放了三个地雷,把房屋轰掉大半,又伤了许多人,医院也被打毁了。为了防备炮弹,特地在空地上挖了几个窟窿,预备给妇女孩子们躲避。有一天阵亡了一位兵官,正在把他抱到树下葬埋的时候,忽然一个开花弹飞来,打在树顶上,吓得大家四散奔避。这两个月里,西国人死了六十,伤了一百四十,现在围困在府里的,一共有十七国的人。七月十八日我因病躺在床上,听见救兵已经到了天津,拳匪知道救兵快到了,更加拼命的打,院子里的弹子像雨点一样,晚上也拼命的打,拳匪头目催紧许进不许退。正在危险万分的时候,听见城外炮声,知道救兵已到,大家胆壮起来,更加用力的抵抗了。

二十一日午后,救兵打破京城,打退了拳匪,大众都同声感谢上帝,使我们能够从死里复活。

这篇报告,写得非常动人,在这里因为篇幅关系,节掉了许多,文字上也有些改变。(原文可参观《庚子教会受难记》上卷)。联军虽已入京,解了使馆之围,但在西什库一带,兵匪之围攻北堂者,仍不稍懈。皇城各要区,尚有重兵据守。联军复于二十一日节节进攻,东华门之战尤为剧烈,良久,兵匪始溃,遂破皇城。次日日本兵先到北堂,法兵继之,从此两月之被围苦守,一旦告终,莫不喜出望外,谢上帝洪恩。计北堂避难教民 3 400 人,被困两月余,死 400 人;地雷炸发,毙幼孩 76;护堂西兵 42 名,阵亡 11 人。京师既陷,董福祥纵兵大掠而逃,数万拳匪,与庞匪王大臣,皆鸟兽散。凡寺观与王公府第中所设拳坛,皆被焚毁。皇太后已携光绪帝逃往山西太原,后又逃到陕西西安。命庆亲王会同李鸿章与各国议和。各国要求先办罪魁。太后以纵匪仇洋之人,多系亲贵,因此为难,命李鸿章竭力分辩,而联军统帅德国瓦尔德西(Waldersee)乃说:"所索罪魁,还是附从的人,真正罪魁,为保全中国体面,还没有提出。"这明明是指着西太后说的。李鸿章密电以告,太后惧,始允分别治罪。乃于十二月发出上谕：

京师自五月以来，拳匪倡乱，开衅友邦，现经李鸿章与各国使臣在京议和，大纲草约，业已画押。退思肇祸之始，实由诸王大臣昏谬无知，嚣张跋扈，深信邪术，挟制朝廷，于剿办团匪之谕，抗不遵行，反纵信拳匪，妄行攻战，以至邪焰大张，聚数万匪徒于肘腋之下，势不可遏。复主令卤莽将卒，围攻使馆，竟至数月之久，酿成奇祸，社稷临危，陵庙震惊，地方蹂躏，生民涂炭。朕与皇太后危险情形，不堪言状，至今痛心疾首，悲愤交深。是诸王大臣等信邪纵匪，上危宗社，下祸黎元，自问当得何罪。前者两降谕旨，尚觉法轻情重，不足蔽辜，应即分别等差，加以惩处：已革庄亲王载勋，纵容拳匪，围攻使馆，擅出违约告示，又轻信匪言，枉杀多命，实属愚暴冥顽，着赐令自尽；派署左都御史葛实华前往监视。已革端王载漪，倡率诸王贝勒，轻信拳匪，妄言主战，致启衅端，罪实难辞；降调辅国公载澜，随同载勋妄出违约告示，咎亦应得，着革去爵职，惟念均属懿亲，特予加恩，均着发往新疆永远监禁，先行派员看管。已革巡抚毓贤，前在山东任内，妄信拳匪邪术，至今为之揄扬，以致诸王大臣受其煽惑，及至山西任内，复戕害教士教民多命，尤属昏谬凶残，罪魁祸首，前已遣发新疆，计行抵甘肃，着传旨即行正法；并派按察使何福堃监视行刑。前协办大学士吏部尚书刚毅，袒庇拳匪，酿成巨祸，并曾出违约告示，本应置之重典，惟现已病故，着追夺原官，即行革职。留任甘肃提督董福祥，统兵入卫，纪律不严，又不谙交涉，率意卤莽；虽围攻使馆,系由该革王等指使,究难辞咎;本应重惩,姑念在甘肃素著劳绩,回、汉悦服,格外从宽,着即行革职。降调都察院左都御史英年,于载勋擅出违约告示,曾经阻止,虽尚可原;惟未能力争,究难辞咎,着加恩革职,定为斩监候罪名。革职留任刑部尚书赵舒翘,均着先在陕西省监禁。大学士徐桐,降调前四川总督李秉衡,均已殉难身故;惟贻人口实,均着革职,并将恤典撤消。经此次降旨以后,凡我友邦,当共谅拳匪肇祸,实由祸首激迫而成,决非朝廷本意。朕惩办祸首诸人,并无轻纵,即天下臣民,亦晓然于此案之关系重大也。

　　将此上谕与前述对外国宣战的上谕一为比较,见得所谓罪魁祸首,还不是端王、刚毅等人,直是那个贻祸中国的西太后!西太后又徇各国之请,出谕惩治各省戕害教士教民的地方官吏,于是道台郑文钦、都司周之德、知县白昶、文星等,均置重典。充军与革职永不叙用的,凡百余员。其他杀人凶犯,亦有为教民指控,经官判令抵偿的,为数亦不少。综计拳匪的死亡,为数实倍蓰于遇害的教民。

　　各国除要求惩凶外,又要求十二款,如:因戕害德国公使与日本书记官,须派专使赴两国谢罪,赔偿各国人及教士教民所受公私损失。西太后一一答允,于是议定赔偿各国兵费四万万五千万两,分三十年还清,每年还一千五百万。各省焚毁的教堂与教士教民的屋宇,皆由地方官就地筹款赔补。拳匪大乱的一件案子,就此结束了。

　　但是上面只叙述一部分的情形,而京师以外各省情形,在此有略加补述的必要。这时候从山东省起，连上山西的地方和直隶、河南，更有东三省，没有一处安静的地方。其间受祸最烈的，要算山西了。因为山西是在毓贤的管治下，他是第一个提倡义和拳的人，招徕了山东的拳匪头目，教授拳术，以仇洋灭教为号召，所以在山西所遭遇的教难比别处更利害。六月初二日那一天，他开始在太原屠杀了，先派兵把守城门，防教友们逃走，一面集了一万多拳匪，把天主堂围困起来。上一夜曾经围攻过英国更正教堂，被教堂里面的人开枪打死了几个人，在现在他们看见天主堂的人更多，深恐像昨天一样，所以先叫知县白昶假言保护，进到堂里探听虚实，知道里面一无准备，报知毓贤，然后再来劝西教士们迁到铁路公司，一到公司，便被捕杀。主们既被杀死，房屋数百间尽被放火焚烧。当时尚有数百教友，聚集城中，就捉到官署，逼他们反教，又被杀死三十多人。还有"慈幼堂"内修女与女孩二百余人，亦被拘禁，也杀了好几个。他们搜索城内教友，每逢寻到一个，便逼他反教，若肯焚香拜佛，到官厅买一张反教执照，便可以免死，但是多数教友都宁死不愿，就被杀掉。而且他们用种种残忍的方法，如挖心、挖眼、肢解、活烧等等，真是惨不忍说。当他们放火焚医院的时候，医生牧师等人从围住的人中逃出来。一位姓顾的女教士，因为要抢救一个女孩，落在后面，拳匪就把她连女孩一齐推在火里烧死。毓贤定计要焚害那些住在铁路公司的人，亲自拿了兵器，把许多西国人捉到巡抚衙门，吩咐开刀，先杀男的，后杀女的，末了杀孩子，把首级号令在城上。那天杀死的西人，天主教有 2 个主教，3 个神甫，7 个女修士；耶稣教有牧师夫妻 16

个，医生夫妻 2 个，女教士 12 个，孩子 11 个。第二天在北门杀了天主教中国教友 47 个，更正教教友也被杀许多。同时，在榆次、寿阳等县，也有大杀中国教友的事，单寿阳一处，有 72 人之多。在山西其他各地受害的，天主教外，更正教以内地会为最多，此外如公理会、浸礼会、瑞典会、大英圣书会。美国纽约播道会等等亦不少。受难的人数，总有好几千。单记华人在山西受难的更正教人，柴莲馥氏的著作里有《山西之难》一册里，廿七篇记录，大都是可歌可泣的事实。

其次说到直隶。总督裕禄、臬司廷雍，都是毓贤一路人。四五月间，拳风已大炽，蔓延几遍全省，几乎没有一个村庄不习拳棒，老者黠者，充头目师兄，天天以搜杀教民为事。北京城内已闹得天翻地覆，其他各城各村，亦莫不风声鹤唳，杀人如麻。教友们无处逃，只好团聚一庄，掘濠筑垒，以备抵御。这种为保全性命的不得已办法，官厅不谅，倒说：教友聚众备械，抗拒官兵，形同叛逆，官兵乃助拳匪围攻。景州朱家河成为教友避难麇聚的地方，遭李秉衡率兵北上，其部将陈泽霖路过其地，州官乃诬称朱家河洋人聚众谋逆，请其剿除，于是千数百教友与两神甫皆被惨杀，陈泽霖因此得着西太后的特赏。南皮县吉行村也发生同样的惨剧，被匪攻破，有聂、鲍二神甫与一百多教友同被杀。宣化府有数百教友避匿山中，被拳匪积薪洞口，悉数烧毙。献县地方，被活埋了一百多人。巩村地方，有拳匪一队来搜捉教会中人，将赵牧师及刘姓教友杀死，并开膛破肚，尸首扔在河里。保定孟继先牧师，他劝教友们都躲到别处，自己与西牧师等留待殉道，后来果然被拳匪杀了。美以美会的教友被杀死的,据一位海牧师当时报告,说在开平有45人,另外在逃到天津的路上杀了3人,因逃难而饿死的六七人。在这些死难中人,有许多可歌可泣的情形。在延庆有60岁的一个老牧师陈大镛一家4人,都被杀死。迁安一处惨杀死了91人之多。在北通州被杀的人更多,单在更正教方面,有男教友42人,女教友54人,男女小孩41人,记名教友5人等。拳匪杀人的方法,真是残酷到了极点。在迁安把一个姓吴的女教友,拴在庙里的柱子上,用一大把香烧她的脸,又把四肢割下来,堆在门外用火烧。还有被活埋的,有用滚水倒在喉咙里烫死的,诸如此类的事体,真是多得不可胜数(参看《庚子教会华人流血史》第三册)。

再说到山东,原是拳匪最初的发源地,毓贤、李秉衡都做山东的高官,他们是提倡拳匪最先最有力的人,星星之火,从山东蔓延到山西、直隶而成燎原之势。光绪二十五年便有肥城县杀死英教士的事,次年又有曹州土匪滋闹的事。幸亏毓贤调往山西,袁世凯来继任,他是一个明白时势的人,对于拳匪,本来很恨,所以拳匪不敢在他的境内滋扰。不过这时端、刚的势焰很大,西太后又宣布了宣战的上谕;不得已令西教士暂避到海口租界,一面把教堂房屋藉查封入官为名,以防被匪毁坏。不过在潍县、乐陵、泰安等处,也不免有毁教堂,焚掠教民家的事,教友死难的,也有290人。潍县有个学堂叫"乐道院",为暴徒抢劫焚毁,也有学生朱东光为匪殴毙,刘作哲受伤的事。从潍县焚毁洋楼之事,传布到四方,各处拳匪,都蠢蠢欲动。有些地方靠着长官的贤明,平安无事;

有些地方，因为地方长官的糊涂，也发生暴动。例如，蓬莱县地方，虽亦有拳匪屡次闹事，幸亏知县李于阶，百般压抑，方得无事。这位李知县，实在是很有胆略的，因为当时登州知府是一个满洲人叫端谨，也倾向于拳匪的，同时，有守备魏某地保马某，都是煽动的人。在这种情形之下，竭力保护教会，是十分困难的，幸亏袁世凯的态度是和他相同的，又得了萨镇冰臂助，使登州教会一点没有受着意外。又如武定府属等地方，因为地方长官不竭力弹压的缘故，乐陵县知县何业健竟出示祖匪，故滨州一处，有中国教友 89 个遇害。黄河南岸有一处泰市里地方，有 24 个，与菱榭地方有 11 个人受害。乐陵西仓上一处，殉难的 17 人，魏家仓殉难的 38 人，该村房屋尽被焚毁。朱家寨的西人住宅医院学校教堂，都遭烧毁。这几处所遭遇的困难，与山西、直隶等处无异。可见当时拳匪的扰乱，全以地方长官的态度为转移的。有袁世凯的镇压，山东省总算还不致大糜烂。

还有东三省，也非常利害。因为做副都统的晋昌，素来仇教，虽然盛京将军增祺曾出示禁止拳匪，一点也不生效力。在六月初四、初五这两天，拳匪两次攻打南关的天主教堂，被堂里的人放枪打死了几个，晋昌便自己领了炮兵，来帮助拳匪攻打。主教对大众说，我们只可以敌匪，不可以敌官兵，就叫教友们停战。因此拳匪便得攻进天主堂，逢人即杀，纪主教及艾、李二神甫及教友一百多人，及许多妇孺，尽被杀死。烧毁教堂及教友的房屋，又杀死了许多更正教教友。当那些教友被杀的时候，一点也不害怕。沈阳有个姓侯的女教友，临杀的时候，还大声地祷告。五家屯有教友王富恒一家被杀,也大声祷告。在沈阳一共杀死11个男教友3个女教友。内中有一个瞎眼教友,名叫常森。本来是个赌徒,并且学"混元道",后来瞎了双眼,到医院医治,得听道理,痛悔前非,劝化了许多"混元道"中的人,常常讲道劝人,人都称他小保罗,这次也殉了难,临死他还唱赞美诗。此外在新宾堡殉难的有42人,永陵有23人,旺清门有14人,上夹河有2人,怀仁县有10多人,八家子有3人,辽阳有80多岁的一个女教友,合家都被杀。在广宁一带,也有50多人受难。新民屯等处一共死了38个人。天主教被杀的更多,单在奉天一省,有一千四五百人,内中有1个主教,10个神甫,3个中国神甫。吉林、黑龙江也有受难的人,只是比较少一点。

在蒙古天主教分三区,受祸之烈,不下山西、直隶。在东区因滦平知县文星仇教,有把司神甫活埋的惨剧。中区西湾子总堂,逃难教友五六千,团结自卫,散处他方的,十之八九皆被杀,被害的有3 200多人,内有神甫5人。西南区殉难教友800余人,内神甫4人。更正教在法库边门地方,有许文明、刘种玉等以及男女学生受难的十多人。此外在河南光州、信阳等内地会、路得会,都受着逼迫。

总起来说,在北方受拳匪之祸的,以山西、直隶为最利害,其次为奉天,其次为山东、蒙古、河南等处一部分,独南方则幸免,前面已经说过,全辈两江总督刘坤一、湖广总督张之洞之力。当宣战上谕到南方的时候,他们二人往返函商,都以不奉中央命令,保卫地方,为正当办法。两广总督李鸿章在粤亦不奉诏,南方遂免拳匪之祸。然而地方上仇教的莠民与哥老会等,亦都想乘机窃发,故不免有焚劫教堂教民之事。河南巡抚裕长(乃裕禄之弟)、浙江巡抚刘树棠、河南巡抚俞廉三、江西巡抚松寿等,倾向拳匪,故在河南境内,教堂被毁者十之七八,教友数千家亦遭劫掠。浙江以衢、台二州为最烈,教堂与教友家无一幸免,亦有多人丧命。湖南衡州道台隆文知府裕庆,与北省仇教大员遥通声气,乃有主教神甫殉难之事。江西北境尚无大损。陕西亦赖端方维持,尚称平安;惟密近山西之处,亦不免波及,因有郭神甫及数教友丧命。惟有四川、云贵、两广、福建等省,被害较轻。

　　基督教遭此莫大的洗劫,我们一读此类记载,莫不为之心悸。然而在基督教本身,利害相权,实在利多而害少,因为庚子以后的教会,因遭此一番锻炼,不但教友的信德愈坚,不良分子予以淘汰,而其进步之速,较十倍于庚子以前。所可惜的,清政府从此对外丧失国体,对内失去人民信仰,不十年国祚便移,而改为中华民国。这不可谓非清当局的愚昧有以致之。

第十八章　庚子后基督教的新趋势

中国基督教从庚子年得到了很大的教训,觉得以前的传教方法,有改革的必要。天主教当局对于教士帮助教友诉讼的事,重申禁令,而注重于教友的训练与教友全家归主的运动,所以成立了许多训练教友的团体,如山东、江西、四川、延平、保定、天津、河南、湖北、蒙古等处,都有这种组织,有些是培养教友宗教生活的,有些是讨论个人传道方法的,有些是为邻友祈祷的;总之是以鼓励教友传道为目的,规定每人每年必须领导一人进教。果然,效力大著,在燕山一处地方,竟从700个教友,突然增加到3000多人。同时,对于慕道者的训练,亦加紧起来,每个慕道者,非经过二三月的长期训练,不可以进教。其训练的方法,或聚合在一起,如短期学校一样,使他们学习一切教义问答,并且熟读经文及十诫等;或由教士们亲至慕道者家中,施以教授。在训练期中,教会每开支了巨大的经费,予慕道者以相当的津贴;有时且利用赈灾的机会,吸引许多贫民,来受宗教的训练。在1910年直隶灾荒时,曾一面放赈,一面以金钱召人听道,结果,便增加了许多教友。这种方法,当然会引起一部分教士的反对;不过在施用这方法的人,以为待他们进教以后,可以用教育来把他们品格提高,并且在二三代以后,他们的子孙,从小就可以获得宗教的熏陶,而为良善的教友了。所以他们很普遍地采用这方法来吸引教友。

1900年以前,在中国的天主教,只有十个修会,即方济各,奥斯定,多明尼,耶稣会,以及遣使会,圣言会,圣母圣心会,巴黎、密良、罗马等"外方传教会"。到1900年以后,便络绎增加到三十多会。(见前章《修会来华表》。)传教士的国别,起初只有葡萄牙、西班牙、意大利等,后来不论法、美、英、德、比、荷、坎、奥、匈、波、捷、瑞等国,皆派教士来华,其人数的增加,实足以惊人。

传教士人数增加表

年 份	外籍传教士	本籍传教士
1900	886	470
1910	1 391	521
1920	1 364	963
1930	2 068	1 500

传教区域增加表

年 份	区 数
1800	6
1844	10

续　表

年　份	区　数
1865	23
1920	52
1926	76
1930	100
1933	120

教友人数增加表

年　份	人　数
1900	741 562
1907	1 000 000
1910	1 292 287
1920	1 994 483
1921	2 056 338
1930	2 498 015
1932	2 562 742

　　从上列各表，可以见得天主教在1900年后的进步。而在教育、慈幼、印刷各方面，亦有很显著的发展。

　　原中国之有新教育，实不能不归功于基督教。在天主教方面，从1850年开办"徐汇公学"以后，逐渐增设许多普通小学、中学与教理学校。为便利学生深造起见，法国耶稣会于1903年创办"震旦大学"于上海，1925年北平的"辅仁大学"，初由美国本笃会所创办，到1933年改由圣言会管理；法国耶稣会又在 1922 年创办"工商学院"于天津。这是天主教在中国的最高学府，都已先后向中国教育部依法立案。据 1930 年的统计，三大学学生有 1 384 名。高初中学校共 51 所，男生 8 306 名，女生 4 026 名。师范学生男 279 名，女生 395 名。至于高初小学，高小男校 197 所，学生 10 389 名，女校 117 所，学生 8 387 名。上述各级学校中，有半数以上是教外学生。而纯粹培植教内学生的，有教理学校 8 640 所，男女学生 162 485 名。教理教员养成学校中有男女青年 1 631 名。此外则专攻神学的修院，是培植传道人才的，在 1930 年一年中。习拉丁文的有 4 351 名，习哲学的有 327 名，习神学的有 425 名；尚有在罗马留学，预备晋升司铎的有 29 名。只就学生的人数比较，1930 年的统计，差不多比 1914 年加了一倍；其教育发达的情形，可见一斑。

各教区中所设的"孤儿院"，有 306 处，收容孤儿有 21 858 名；圣婴会收养婴儿，有 52 894 名。从上面种种数字上看，觉得天主教所特别注重的工作，即是收养婴孩孤儿与培植教内子女，使他们从小就得着宗教的训练，可以建立起中国教会的基础。同时，也设立了"留养院"有 232 所，收容老人和病人，由修女们担任看护之责。这些修女们，大都受过简单医药常识训练，所以对于婴儿、孤儿与老人遇寻常疾病的时候，他们便可以为之医治。苟有重病，方送医院诊治。在汉口、陕西、上海等处曾设医院，施诊给药，在 1930 年这一年中，就医人数有 7 061 492 人；在广州亦曾设"麻疯院"一所，收容麻疯患者。

至于印刷和著作，据最近统计，共有定期刊物 30 余种，周刊、半月刊、月刊之外，又曾在 1915 年创办一日报，即天津的《益世报》，在中国的新闻界中也占着重要的地位。有印刷所 20 余处，规模较大的，要以北平、天津、上海为最；出版书籍，上海共有 53 万多册，重庆共有 40 万册，他如献县等处，亦出了不少书籍。为发展此种事业计，曾于 1928 年设立一个中枢机关于北平，名为"中华公教教育会"，大部分的工作，是管理全国的出版事业。

最重要的一点，即是加紧中国领袖人才的训练，努力于中国教士与职员的增加。当 1918 年时，中国教士占 35％，至 1923 年加到 41％；1926 年时中国职员占 66％，十年之后，便增加到 72％。对于一般新兴的建筑，大都采用中国式样。又编成了许多中国谱调的诗歌，教区的名称，都改为中国地名。这些工作，与更正教所提倡的本色教会运动，有相同的意味。1924 年召集一次"中华全国公教会议"，议决从速建立一个经常自立的本国教会，并且划定了几个自立传教区。在这会议中，分设七个小组委员会，计划各方面工作的联合。此后几年中，传教区域，陆续移交于华籍神职班管理，使中国教会可以渐渐达到自立的地步。可见最近二十年来，跟着时代的潮流，向着这新方向迈进。

一般的批评，以为天主教对于社会服务的工作，不若更正教的努力，其实亦不尽然；我们看天主教在救灾救难的一方面，也很有伟大成绩。例如 1931 年华北水灾时，教皇及中国信徒发起的赈灾会，募得 20 余万元的赈款。又如"一·二八"、"八一三"的中日战事中，多数天主教教堂，都充作了难民收容所，并且设立许多军事医院，为救护伤兵之用。

饶神父为难民奔走呼吁，划定难民安全区，不独在上海，也普及到各战区；受他荫庇的人，更何止几千百万。一般中西修士与教友，日夜为难民服务，尤不乏其人。中国领袖如陆伯鸿、马相伯等人，亦莫不为之尽力。

至于教友人数的增加，在 1900 年前，必须经三十年之久，方加一倍；而今从 1900 至 1912 年，只十一年间已加了一倍。不过从 1918 年后，其增加的速率较为迟慢。1918 年的统计为 1 963 639 人，到 1924 年加到 2 244 366 人，只增加到 14.3％而已。

说到更正教，在 1900 年以后，与从前大不相同。从前国人仇视基督教，多误会外人来华传道含有政治作用；不幸拳匪倡乱，各国乃有瓜分中国之议，但经教会人士力持正谊，主张保全中国领土，始得转危为安。其后山西浸会首先以其赔款创办山西大学，而美国乃主张退还赔款，创办清华大学，各国多亦效法，均将赔款退还，遂使国人仇教心理为之一变。其次如政府锐意维新，广设学校，算术、英文及科学教员大都取材于教会；尤其在国民革命的时候，参加革命工作人中，每有不少基督信徒。民国成立以后，基督徒充任政府要职的，更不乏其人；单在广东省政府中，当时任职人员，信徒竟占 65％以上。并且基督教所办各种慈善事业，每每取得一般社会人士的信任。遇有水旱兵燹的时候，不独教会能慷慨捐输，尤必担任放赈事务，任劳任怨，涓滴归公，凡此皆足以改变国人对教会心理的原因，所以最近二三十年，能获得一部分人的谅解。

在教会自身,因遭遇许多困难,发现了许多弱点,力谋改弦更张。例如教会的自立自传运动,从此更加猛进。1906 年俞宗周在上海发起"中国自立会",设办事处于宝山路,发行《圣报》为宣传机关。到 1910 年浙江平阳内地会首先响应,宣告自立。自立的风气,遂渐渐普及到全国。如上海的罗店,浙江的镇海、定海、永嘉,福建的莆田,广东的南澳,湖北的京山、天门,湖南的常德等处,皆先后成立自立教会。并设总堂于上海闸北。1920 年便召集第一次全国大会,当时报告有 80 多处自立教会。从此历年增加,1921 年增至 150 余处,1922 年增至 180 多处,1923 年增至 290 处,1924 年增至 330 多处,在这四五年之间,几乎是级数的增加,进步之速,于此可见。同时,上海又有高凤池、谢洪赉等发起"中国基督徒会",不久,在香港设立了支会,逐渐推广到北京、天津、宁波、徐州、长沙、太原等处,亦先后成立支会;其后在天津则改称为"中国基督教会",他处亦渐渐的无形消灭,惟香港至今犹存。

1910 年时,天津徐君汇、张伯苓等联合当地五公会教友,发起一个自立教会。1918 年又有长老会教友刘寿山等在山东烟台组织"中华基督教会",青岛、济南相继成立分会,推及到山东全省以至于直隶、山西等处,而成立华北的自立系统。同时,上海基督徒作家沈嗣庄、李逢谦等组织一个自立教会,名为"基督徒团契"。在香港、广东、福建等处,尤努力于自立自养自传,而改称其教会为"中华基督教会"。全国教会差不多都有谋求自立的计划;即未完全自立的教会,亦必将其原有名称,冠以"中国"字样,或改称为"中国基督教"。而在传道工作方面,都渐渐由华教士负起主要的责任,西教士乃退处于辅佐的地位。

其次,中国大多数的教友,不但觉悟到自身应负教会的一切责任,并且应推广布道工作到各方面,于是有"国内布道会"等的发起(另详基督教事工章)。如在黑龙江、陕西、蒙古、云南等处布道,十数年间,成立了二三十处机关。

再次,谋全国教会的大联合,不但在事工上消灭了宗派的界限,一致合作,如拒毒运动、归主运动、国内布道会、信仰自由请愿等等,已不复有宗派的区分。而1907年召集的"百年大会",更表现了各教会的合作精神。该会自4月25日开会至5月8日闭会,以上海青年会新建的殉道堂为会场,各教会各机关所派出席代表,共有600多人,讨论的总题为"中国的教会"。结果,有人主张组织一个无宗派的基督教协会,亦有人主张各省组织省基督教联会,然后由省联会联合成全国基督教议会。此后,各省基督教纷纷组织了省联会,地方教会亦组织了许多地方联会。不过这次大会闭会以后,没有负责推进的中心机关,进行得很慢。直至1913年在上海又召集了一次"全国大会",由穆德主席,组织成一个全国基督教中心机关,名为"中华续行委办会"。她的任务:(一)执行全国大会的议决案。(二)在中西沟通的机关,与艾丁堡续行委办会通声气。(三)提倡通力合作的事业。(四)发表教会公共的意见。(五)为各教会的咨询机关。设立事务所于上海昆山花园五号,聘请诚静怡为总干事,开始做调查与研究工作;把调查全国各方面的事业,印成《中华基督教会年鉴》,第一期在1914年出版,继续至今已出至十三期了，1922 年 5 月间又召开了一个全国大会，中西出席代表有 1 180 人之多，与上次大会比较，见得进步了许多，上次会员中国人占三分之一，而此次则占二分之一强。开会凡八日，分五股讨论，对于布道、医药、文字、教育、工业、妇女等问题，皆有详细的计划。改"中华续行委办会"为"中华基督教协进会"，选举中西会员百人，以诚静怡为总干事，提倡"本色教会"，编成中西文《中华归主》两巨册，全国各教会的工作情形，悉载无遗。由是各教会咸谋联络或合并，除长老会曾于 1907 年成立"全国联合会"，并与公理会、伦敦会合组"中华基督教会"外，全国信义宗教会，亦成为"中华信义会"，全国圣公宗教会、亦联成"中华圣公会"，最近属于卫斯理宗的监理会、美以美会、美道会，亦已实行合并而为一会，这可以见得中国教会的日趋于联合统一了。

最值得注意的，则为因中日战事的发生，教会在物质方面虽受很大的损失，而在救济难民的工作上所尽的力量，却博得一般民众的好感，为千载一时的传道良机，使基督教在中国社会上的地位日愈巩固，前途便有无穷的希望。兹且以最近统计，列表于下。

最近二十年中教友人数增加表

年　份	教　士	领餐信徒	学习信徒
1905	3 833	178 251	256 779
1910	5 144	167 075	324 890
1915	5 338	268 652	526 108

续　表

年　份	教　士	领餐信徒	学习信徒
1920	6 204	366 527	806 926
1928	4 375	446 631	
1933	5 775	488 539	
1935	5 875	512 873	

第十九章　基督教与国民革命

因为人们在生活上受着一种压迫,对于旧制度有不满的时候,便会生出了反抗的情绪,用一种激烈的手段,来达到理想中平等自由的生活,那就是所谓革命。世界上无论是政治的革命、社会的革命、宗教的革命,或者其他一切的革命,莫不出发于这个理由。我中国自受清统治以后,人民失去了生活上的自由平等,最先就有洪秀全所领导的民族革命,只因为他的革命阵线不健全,乃至于功败垂成。继之而起的,则有国民党总理孙中山所倡导的国民革命,他自己用了40年继续不断地奋斗,把267年满人的统治权推翻,使君主专制政体变成为民主共和政体,完成了一部分的工作。现在有他的信徒在依照他的遗志,继续努力,以期完成一个平等自由的中华民国。

我们研究这种革命精神的来源,却不能否认与基督教有相当的关系:洪秀全既从基督教得到了他的革命精神,发动这十三年伟大的力量,虽然他那种利用基督教的手段不能叫我们赞同,而他与基督教的关系,却无可否认的。孙中山也是如此,他从小就受着基督教思想的熏陶,获得了基督教革命的精神,做成他一生牺牲奋斗的原动力量。不信,我们可以看一看他的生平。

对于孙中山与基督教的关系,一般替他写传记的人,都把它隐讳。只有一位英国朋友名叫林百克(Paul Linebarger)的,写了一本《孙逸仙传记》,才把他一生的宗教生活毫无忌讳地述说出来。从这本书里我们大略可以知道,孙中山个人的宗教生活与他所领导的革命,不无密切的关系。

当他在 14 岁那年(1879 年),跟着他的哥哥德彰离开了生长的翠亨家乡,到夏威夷火奴鲁鲁(檀香山)去的时候,就进入了一个基督教的学校,在那里读了三年书。后来又入了香港的皇家学校,在香港公理会喜嘉理(C. R. Hager)牧师手里正式受洗,这年他是 18 岁(1883 年)。他写在基督徒册籍上名字叫孙日新,因为广东音“日新”与“逸仙”是同音的。他为什么不写“逸仙”而写“日新”? 我们不能知道其中的原因,大约的推想起来,或者是因为家庭中不赞成的缘故。他的哥哥也是反对的,因为那时候的读书费用,是由他的哥哥供给的。在香港进教的事,被他哥哥知道了,就写信给他,叫他与基督教断绝关系,否则不再予以经济上的援助。可是他的志向并不因此动摇,他哥哥没法,只好叫他回檀香山,说有业务相托。到了檀岛,他哥哥迫胁禁阻,且不给一钱。当时在侨居的信徒中,见他热心宗教,就资助他回国学习传道,后来弃传道而习医,原来想借行医以传道的。从"博济医院"毕业后,在澳门设立了医院,便开始进行他的革命工作了。先是他从进教以后,对于耶稣的牺牲精神,不但一天天地了解,而且生活变成基督化了。一本《圣经》,便做了他终身行事的法规,而有虔诚的信仰。林百克在《孙逸仙传记》第三十三章里有一段话说:

> 他当耶稣教是文化的法规,他把中国文化同耶教国文化比较,看出中国没有一种进步的宗教的害处。他看见耶教与近代文化一同往前进的……因为他亲见耶教有实现的成功,他才信服。他看见耶教训练个人,增加他的力量,减少他的弱点。

他在那年回到家乡,曾经毁坏了翠亨村上万人崇拜的北帝神像,便引起了大众的咒诅,他们骂他:"这个疯孩子,都是外国教育使得这样的;这种亵渎神道的举动,只有洋人教得出来。"他的父亲因此也生了气,叫他离开了家乡。但是他还是拿着一本《圣经》,在一个小的油灯边静静地念着。林百克又记着说:

> 他这个时候,出神地想,……也觉得他已属于耶稣的更新更好的生命。他已觉得他是新中国的一分子。这个神像的碎木,和乡民反对的声浪,为什么缘故?因为他们不懂得耶稣生死的道理。要使中国人知道耶稣牺牲的道理,不是三言两语所能尽的。第一,必须使民众的经济

情形提高,教育的地位于是也可以增高,他们就可以知道耶稣救世的道理了……耶稣是爱与和平的救主。

这个时候,他已经深植了耶稣的牺牲无畏的精神,所以后来能够本着这种精神,始终不变,做他革命的事业。当他在 31 岁(1896)那一年,在英国遇到一次非常的危险,就是所谓"伦敦被难"的一件事。全是靠着他的宗教信仰与他的宗教关系下而脱险的。他被人诱到中国使馆去,被中国驻英公使龚照瑗密囚起来;那一天正是礼拜天,在将赴礼拜堂的途中发生的。他既被禁在使馆之中,外面一些也没有知道。使馆中正布置着怎样把他秘密运回中国,一切都预备好了,时间很急迫了,在这千钧一发、万无生望的时候,凭着他那宗教的信仰,用诚恳的祷告,得着上帝之助,借手于他的老师康德黎(James Cantlie)而得脱于难。我们看康德黎所著的《孙逸仙及中国之觉悟》(Sun Yen Sen and the Awakening of China)一书以及他亲手写给香港道济会堂区凤墀长老的一封信,就可以知道他的宗教信仰。现在把这一封信抄录在下面:

启者,弟被诱擒于伦敦,牢于清使馆,十有余日。拟将弟捆绑乘夜下船,私运出境,船已赁,惟候机宜。初,六七日内无人知觉,弟身在牢中,自分必死,无再生之望。穷则呼天,痛痒则呼父母,人之情也;弟此时惟有痛心忏悔,恳切祈祷而已。一连六七日之夜,不绝祈祷,愈祈愈切,至第七日,心中忽然安慰,全无忧色,不期然而然,自云此祈祷有应,蒙神施恩矣。然究在牢中，生死关头，尽在能传消息于外与否耳。但日夜三四人看守，窗户俱闭，严密异常，惟有洋役二人，日入房中一二次，递传食物各件。前已托之传书，已为所卖，将书与衙内之人，密事俱俾知之，防范更为加密。而可为传消息者，终必赖其人；今既蒙上帝施恩，接我祈祷，使我安慰，当必能感动其人，使肯为我传书。次早，他入房中，适防守偶疏，得乘间与他关说，果得允肯。然此时笔墨纸料，俱被搜去，幸前时将名帖写定数言，未曾搜出，即交与传出外，与简地利（按即康德黎）万臣二师。他等一闻此事，着力异常，即报捕房，即禀外部。初时尚无人信，捕房以此二人为癫狂者，使馆全推并无其事。他等初一二日，自出暗差，自出防守，恐溜夜运往别处。初报馆亦不甚信，迨后彼二人力证其事之不诬，报馆始为传扬，而全国震动，欧洲震动，天下各国亦然；想香港当时亦必传扬其事。伦敦几乎鼓噪，有街坊欲号召人拆平清使衙门者，沙侯行文着即释放；不然，则将使臣人等逐出英境。使馆始惧而放我。此十余日间，使馆与北京电报来往不绝，我数十斤肉，任彼千方百计而谋耳。幸天心有意，人谋不臧，虽清虏阴谋，终无我何，适足以扬其无道残暴而已，虏朝之名，从兹丧尽矣。弟现拟暂住数月，以交此间贤豪。弟遭大故，如荡子还家，亡羊复获，此皆天父大恩。敬望先生进之以道，常赐教言，俾从神道而入治道，则弟幸甚！苍生幸甚！孙文。

　　他又写过一本伦敦被难记的小册，但在这一封信里，已经可以包括伦敦被难的大概情形了。他这次能在万分危险中得着释放，正如死里复活一样，全靠康德黎营救的力量。这位康德黎先生，在孙中山去世的时候，他还健在。当旅英华人开追悼会时，曾经到会，涕泪沾襟，挽词中有这么几句话：

孙先生革命的抱负，及由此抱负所产生的辛心苦行，百折不磨，大有耶稣救世的精神。

在这封短短的信里，充满着宗教的信仰，他怎样在危急的时候恳切地祈祷，从祈祷中怎样得到内心的安慰。在万无生望的当中，竟会脱出危险而安然无事，觉得是上帝的特别施恩，因而始终不忘他"从神道而入治道"的使命。（再看这位英国人侍者哥罗，怎肯为一个外国的犯人传递消息：当孙中山与他关说的时候，曾经说"我是一个基督徒，将为基督而受难"，因此得了感动。并不接受给他的酬报，把孙中山送他的金钱，交还给康德黎夫人，可见这位侍者，完全出于一种基督徒的义侠与同情。）及至得到康德黎的回信，知道有重生的希望，挥泪而感谢上帝。他虽然以后不很谈到基督教，而他的生平，却处处表现出他是"以耶稣之心为心"的。林百克所以说：

中山虽然不大谈论宗教，但是他是以使所有的善人都做弟兄为心的耶稣主义者；他是个全人类都是弟兄的耶稣主义者。

　　这结论实是确切不移,我们看他所发明的三民主义,更是充满着耶稣的博爱精神。记者在民国十五年曾经写过一篇《孙文主义与耶稣主义》的短文,把民族、民权、民生的含义与耶稣所主张自由、平等、博爱互相比较。张亦镜先生也在《真光杂志》第二十七卷十号里详细地比较过,并且列一个表做结论。

$$
\text{耶稣主义}\begin{cases}\text{基督教义}\begin{cases}\text{自由}\\\text{平等}\\\text{博爱}\end{cases}\end{cases}\text{救世救国}\begin{cases}\text{民族}\\\text{民权}\\\text{民生}\end{cases}\text{中山主义}\begin{cases}\text{国民党义}\end{cases}
$$

　　在这里我们不需要详细地重提,我们可以肯定地说,孙中山的革命精神,完全出发于耶稣的救世精神而来,这在平心静气加一番研究的人,决不会说是穿凿附会的。

　　1925 年 3 月 12 日午前病卒于北京铁狮子胡同行辕的时候,最后的遗嘱中,他承认是一个基督徒,要用基督教仪式,殡葬他的遗骸,因为他觉得一生(60 岁)的生活与他努力的革命事业,完全合乎基督的精神。当时用基督教仪式举行丧礼,曾引起国民党同志中一部分的反对,孔祥熙等为此事通电解释,而素来反对基督教的汪精卫,为此事也曾有过说明:

　　　　中山先生曾说他是基督徒,临终并不否认,当中山先生去世之后,孙夫人和孙哲生主张在协和医院行基督教礼仪,但有一部分的人反对,我在当时却是放任的。

这是汪精卫在1925年对刘湛恩、李应林说的话，可以证明孙总理自己承认是基督徒的一件事是确实的。还有他的结发夫人卢氏，在后来答复香山商会的一封信，述说总理平生的末一段，有这样的几句：

> ……科父返天国，得闻离世前一日，自证"我本基督徒，与魔鬼奋斗四十余年，尔等亦要如是奋斗，更当信上帝"。此乃科儿手书所言，十分多谢天父，允氏所求，复赐科父信上帝之心，此乃氏至安慰者。

更是真确的见证。我们总孙总理一生的精神与事业，不但处处与基督精神相符合，而且能把基督精神活用于革命事业之上，这不可谓非基督教在中国的一大收获。崔沧海（即通约）在叙述《基督信徒合作革命之信史》一文中，不但证明孙总理是一忠实基督信徒，更说及当时参加革命的人中有不少基督信徒，其言曰：

> 先总理是一个平生忠实之基督教信徒，先总理之家庭也完全是基督教信徒。……总理少年信仰宗教，非常热烈；读《旧约》至摩西导引以色列人出埃及到迦南乐土记，眉飞色舞，拍案大叫，我孙逸仙岂不能令我汉族脱离轾虏而建新国乎？（见《真光杂志二十五周纪念特刊》）
>
> 中西教士与总理之患难结识，其名更仆难数：最著者其师康德黎，其友莫尔干，皆英人也；畏友区凤墀、杨襄甫、王煜初诸教士，皆我国人也；亦皆革命派之基督教信徒也。

他又叙述革命之初,往往借教堂为革命机关,在双门底长老会福音堂中,有传教师王质甫,曾帮助孙总理秘密工作,用教堂名义,暗藏军械于书箱中,秘密运输,为海关察破,连累牧师坐监。其他教堂为革命机关的,如永汉路四牌楼黄沙的长老会福音堂,河南的巴陵会福音堂,花地"格致书院",芳村的"培英书院",仁济大街的"博济医院",油栏门天主教徒胡心泉的"鸿兴客栈"等处,可见基督教机关的赞助革命如此。更有基督徒之参加革命的,如首先为革命牺牲的史坚如,是一个教会学校的学生,虽没有正式受洗,但他对基督教却笃信而不疑。又如洪全福、邓荫南、李杞堂皆热心教徒,奔走于港澳之间。总理从日本派来梁务光、梁务义兄弟,皆巴色会信徒,为李准所杀害,后来莫荣新附逆,邓荫南愤不可遏,暗设机关于广州城南,基督徒黄福、谭思义、司徒不偏等密制炸弹炸药,以事机不密,三人皆被害。其他基督徒中热心济助军饷的,如吴东启、王棠、林护等人,更难计数。最令人难忘的,黄花冈之役中,已死难之七十二烈士,有几个基督徒,不过不能举其名。当时参加革命的,据崔氏所知的基督徒,曾列表如下:

宋少东夫妻	长老三支会	入兴中会	生存
宋居仁	巴陵会		生存
崔通约	长老三支会	入兴中会	生存
陈少白	道济会堂		生存
邓荫南	在檀香山领洗	入兴中会	已故
吴羲如	大良长老会	入兴中会	生存

续　表

罗伯许	大良长老会		已故
苏焯南		入兴中会	生存
徐甘棠	花地长老会	入兴中会	生存
李杞棠	伦敦教会	入兴中会	生存
钟荣光	伦敦教会	入兴中会	生存
练达成	巴陵会	入兴中会	已故
林信贤	巴陵会		已故
刘锦丹	长老三支会		已故
宋玉臣	长老三支会		已故
黄福	长老三支会		已故
张石臣	长老三支会		生存
李植生父子	巴陵会		已故
杨香浦	浸信会		已故
萧励初	浸信会		已故
毛文明	长老一支会牧师		生存
朱德华	长老一支会		生存
胡心澄	天主教		生存
胡心泉	天主教		生存

　　崔氏列此表时，尚矍铄健在，但今已故世。足见当时基督徒之参加革命的，仅广东一隅，已有如许人，他处当亦不少，惜无人调查耳。如今承继总理而领导革命的首领蒋总裁，亦正式领洗而为基督徒。其夫人

宋美龄女士，本生长于基督徒家庭，为监理会本处传道宋跃如的第三女公子，兄弟姊妹一家皆为热心基督徒，其母宋太太十年前犹热心传道，奔走于教友家庭中探望。其戚属孔氏孙氏等，莫不信奉基督教。其他如冯玉祥、张之江、王宠惠、王正廷、钮永建、马相伯等，更属不一而足。可见基督教对于国民革命的关系，是异常密切的！

第廿章　非基同盟与本色运动

　　要说非基同盟，必须先说非基同盟所以产生的背景。简单地说，它的背景有两点值得注意的：一即新思潮的运动；一即外交上的反应。说到新思潮运动，开始于非基同盟产生前六年，这运动是由于北大的六君子发生，六君子就是陈独秀、钱玄同、沈尹默、刘复、胡适及周作人；这时正是蔡元培做北大校长。这运动实是中国的文艺复兴，对于一切旧思想、旧伦理、旧制度、旧学说，皆加以价值上的重估。所以它不单是影响到中国整个的文化，亦与基督教有莫大的关系。陈独秀所著《基督教与中国人》，胡适所著《不朽》，蔡元培所著《以美育代宗教》，都足以表现新思潮运动对于宗教的态度。同时，对于中国思想界发生重要影响的外国人，莫过于美国的杜威与英国的罗素两博士，他们应中国教育领袖之请，来华演讲。杜威主张实验主义，罗素主张经济的社会主义，同样对于基督教有反对的态度。杜威以宗教不当占学校课程之一部，罗素提倡男女自由同居，都是给新思想运动以莫大影响。胡适是杜威的学生，所以以实验主义做他的思想中心，处处叫人抱着"为什么"的怀疑态度。宗教是感情的产物，不能用"为什么"的理智来分析；以为凡不能以理智分析的所谓形而上部分，都是非科学的；非科学的东西，都在排斥之例；只有科学才是万能的。六个人中，影响最大而最速的，莫如陈独秀的唯物主义、胡适的实验主义，其次则钱玄同的疑古。当时青年学生界，莫不跟着他们跑。非基同盟，不可谓非新思潮运动中的一种结果。我们看他们反基的理由，大都是以马克斯的唯物史观，与信仰科学万能为出发点，后来才走到反帝国主义的路上。

第二种背景，当 1919 年欧战告终，巴黎和会的结果，激起了极大的思潮，国内的学生界以及商人，因外交上的失败，有非常激昂的舆论，对于世界各国，都笼统地表示怀疑而至于抱恨，以为非我族类，其心必异。加上五卅、六二三等惨案，觉得凡属外人，莫不是帝国主义，都是不怀好意而来的。非基同盟，又不可谓非这种民气所造成的结果。看他们非基的理由，多少带一点排外的色彩。

背景既明，然后可以说到非基同盟的事实。什么叫非基同盟？乃是基督教在中国所遭遇的第四次反对，在性质上，比第三次庚子反教来得严重，在形式及意义上却不同：

第三次	第四次
发动于无知识的拳匪	发动于知识阶级的学生
由一般顽旧的王公大人提倡	由几个教育家文人的领导

出发于排外思想	出发于科学思想
取野蛮的屠杀手段	取文明的文字讨论
仅限于北方的几省	普及于南北各地
在物质方面尽量破坏	在思想方面尽情进攻
发生流血的惨剧	影响教会的改革

从这几点比较上，可以知道这次所谓非基同盟是一回什么事。我们且先来看一看非基同盟的产生：

当1922年世界基督教学生同盟，开十一届大会于中国。我国以地主的地位，借北京"清华大学"为招待三十余国代表的会场。自4月4日下午开会，至8日晚间闭会。与会代表，计外国146人，我国各省区出席代表有400余人，大都是全世界学生界领袖，其间有著名的文学家、著作家。美国穆德博士为该会会长，我国如王正廷、余日章等皆为该会中坚。会中分六股讨论：（一）国际与种族问题。（二）基督教与社会及实业界之改造。（三）如何宣传基督教于现代学生。（四）学校生活之基督化。（五）学生在教会中之责任。（六）如何使世界基督教学生同盟会在世界中成一更强有力之团体。此外有霍德进演说"基督教与国际"，法代表蒙博士演说"基督教与平民运动"，德国某哲学家演讲"基督教与哲学"，丹麦学生代表演讲"基督教与实业"，巴黎大学某博士演讲"基督教与文化"等等。这原不过是一种寻常的宗教聚会，并没有别的意义，却不料会引起非基督徒学生的反对。他们一听见4月间有这样一个聚会，不问这个聚会的性质如何，便在3月间就发动起反对来，3月9日发出一篇宣言，叫做《非基督教学生同盟宣言》，原文如下：

我们反对"世界基督教学生同盟"；我们现在把我们底真态度宣布给人们看。我们知道基督教及基督教会在历史上，曾制造了许多罪恶，这且不要管彼；但是彼现在正在那儿制造或将制造的罪恶，凡我有血性，有良心，不甘堕落的人，决不能容忍宽恕彼。我们知道现代的社会组织，是资本主义的社会组织。这资本主义的社会组织：一方面有不劳而食的有产阶级；他方面有劳而不得食的无产阶级。换句话说：就是一方面有掠夺阶级；他方面有被掠夺阶级被压迫阶级。而现代的基督教及基督教会，就是"帮助前者，掠夺后者，扶持前者，压迫后者"的恶魔！我们认定这种残酷的压迫的悲惨的资本主义社会，是不合理的，非人道的，非另图建造不可。所以我们认定这个"助桀为虐"的恶魔，——现代的基督教及基督教会——是我们的仇敌，非与彼决一死战不可！世界的资本主义，已由发生、成熟而将崩溃了。各国资本家，——不论是英是美是日是法——因而大起恐慌，用尽手段，冀延残喘于万一，于是就先后拥入中国，实行经济的侵略主义了，而现代基督教及基督教会，就是这经济侵略的先锋队。各国资本家在中国设立教会，无非要诱惑中国人民欢迎资本主义；在中国设立基督教青年会，无非要养成资本家的良善走狗。简单一句，目的即在于吮吸中国人民底膏血，因此，我们反对资本主义，同时必须反对这拥护资本主义欺骗一般平民的现代基督教及基督教会。"世界基督教学生同盟"，为现代基督教及基督教会的产物。佢们预备于本月四日集合全世界基督教徒,在北京"清华学校"开会,所讨论者,无非是些怎样维持世界资本主义,及怎样在中国发展资本主义的把戏。我们认彼为污辱我国青年,欺骗我国人民,掠夺我们经济的强盗会议,故愤然组织这个同盟,决然与彼宣战。学生诸君!青年诸君!劳动者诸君!我们谁不知道资本主义底罪恶?我们谁不知道资本主义的残酷无情?现在眼见这些资本家走狗,在那里开会讨论支配我们,我们怎能不起而反对?起!起!起!大家一同起!

非基督教学生同盟,一九二二,三,九。

这篇宣言,是以社会主义为立场,硬说基督教是资本主义的先锋,把这次世界基督教学生同盟大会,看做是资本主义支配经济的会议。我们一看前面所述大会中的议题,便可知道这种反对完全是误会的。次日又发了一个通电(即"灰电"),其意义与宣言不同,侧重在"清华乃国校,不能供一教之用"。隔了七日,又有非宗教大同盟的"霰电"及宣言。"灰电"没有发电地点及负责人名,"霰电"却说明是北京各学校并有"北京大学第一院金家凤收交"字样,又有 77 人签名的名单。其宣言则称为非宗教,内容还是非基督教,特别痛骂青年会。同是对基督教的攻击,不过立场不同,而以基督教为违反科学、束缚思想、麻醉青年的毒物。中间有几句极决绝的话:"有宗教可无人类,有人类应无宗教,宗教与人类不能两立。"是欲把宗教从人类社会中扫除,也就是要把基督教从人类社会中扫除。这两次宣言发表以后,便引起全国学生界响应,于是函电纷驰,对于教会不无仇视。是时,有一曾在教会学校肄业,已为基督徒三年的潮州人李春蕃,因在上海某教会大学肄业,偶与校中一职员冲突,该职员是个基督徒,李春蕃因此辍学,遂迁怒于基督教,乃借《民国日报》《觉悟》刊载其攻击基督教的文字,七日一次,名之曰《非基督教特刊》,随《民国日报》附送,并另作单张分发。并于十二月九日,撰一《非基督教周》短文,登诸刊首,主张于耶稣诞日前后一个礼拜,作大规模的反教运动,简称为"反基周"。由此影响到全国,在广州尤为激烈。教堂及男女学校莫不受其蹂躏;他省也有相同的情形,惟不若广州之甚。广州《民国日报》亦发刊《反基周特刊》,非教空气,更形紧张。且恃党部与政府为后盾,动辄指基督教为党国之敌!甚至以宗教宣传招纸上"罪恶之价值乃死",谓为诋毁孙总理人格,通电全国党部,一致声讨;盖孙总理适去世未久,广州党部有志哀标语,而教会招纸误贴其旁,乃认为有意侮辱。不知此招纸尚有下句"上帝之恩赐乃永生",注明《罗马》六章廿三节经文,为教会历来常用的招纸,他们乃截去其下句,只以上句为攻击口实,横生风波。……教会爱国之士,亦对于基督教国发生不满,主张中国教会脱离帝国主义,而引起内部纷纭,欲谋教会革命;然却因此反而变成教会不幸中之大幸。次年的"反基周"情形,更形厉害,在广州原拟招募二万五千暴徒,准备在十二月廿五日,散往各处教会机关,实行暴动。广州教会闻讯,咸栗栗危惧,以为大祸将临。不意至期,各暴徒已聚"广州大学",预备出发,忽而如鸟兽散。……广州一偶,因而暂安,而他处则不然,仍不免有许多挑衅举动,幸教会人士,都能处以镇静,不致发生流血惨剧。然而言论的非毁,已变为政府党部所特许,故到处有挑动仇教的言论。闽、浙、湘、苏、赣、鄂等处,常有捕捉传道牧师,反缚戴纸帽,游行市中,百般侮辱,且有因而丧命之基督徒。教会机关有被占为非教办事处,教会学校亦有受迫停办的,……从此至民国十六年,无日不在纷纭扰攘之中。……而朱执信、汪精卫、李石曾从科学立场,言宗教已无存留余地。时汪氏为广东教育厅长,对于反教运动可算最卖力了,发表许多反教言论,于是在广东全省之青年学生皆受其影响,非教同盟,其势愈张。孙哲生氏曾说:

这回非基风潮,恐有国民党员从中主动,也未可知。但非教运动,断不是国民党的主张。……政教分离,那件事,我们老早已认为民国建国大纲;宗教自由,载在约法,任何宗教,在法律下应受平等的保护。至若谓有等国民党员,以个人名义来反对基督教,无异有等基督徒以个人名义来做贼。这些都属个人行动,与全体无关。很希望多些基督徒入国民党,负一份责任。

这是孙哲生氏在民国十四年冬向两方解释中的一段,孙氏是总理的公子,总理一家都是基督徒,临终的时候,曾把夫人托付于同志说:"她是个基督徒,也是个同志;你们不要因她是基督徒,就歧视她。"(徐季龙喑中山语)不料当时国民党中竟有人骂基督徒是洋奴,是走狗,是无知愚氓,是亡国贱种。更说:"站在国民党立场,应当收没全国宗教机关。""他们宣传上帝是唯一的尊者,难道总理在上帝之下么?"这些话完全与总理自己的态度大相反背,诚是总理在世所不及料的。更有江苏省党部有这样的议案说:"基督徒须声明脱离所信仰之宗教方可入党。"上海学联会呈中央党部说:"基督教徒不得任国民政府之政务官职务。"这些真是不知大体的臆说。可见当时国民党反教的空气,还是很浓的。他们把一切所有的罪恶,丑名辞,尽量加在基督教身上。

但是国民政府对于基督教的态度怎样呢? 他们始终维持信教自由的原则,对教会加以保护。当 1922 年"反教周"在广州发生滋扰的时候,国民政府马上讨论应付的办法,有"本党对于宗教问题,取信仰自由之义,对于此次反基督教风潮,亦本此态度处之。反对与赞成两方,虽可自由讨论,任其各个发表意见,但两方皆不得为骚扰及胁迫之行为"的议决。由政治委员会通谕所属各警区保护教堂,制止暴动;一面由中央党部转知青年部,约束一切暴动性的示威巡行及集会。香港教友何乐琴医生曾函询汪精卫,汪虽是个领导反教的激烈分子,而他的覆函,也不能不说些"信教自由"的违心之论,他对徐季龙也说:"尊重他人的信仰,反对的,不过是传教的手段。"同时,潮梅警备司令部奉蒋总司令的电报出一布告说:"现奉国民革命军总司令蒋皓电开,查年来各属,有扰乱教堂情事,其发生于十二月廿五日者尤多,殊于地方治安,大有妨碍。仰该司令严饬所属军警,切实维持,免滋纷扰。"广州公安局同时通告所属一体保护教堂学校。汕市公安局政治部,以福州误会天主教惨杀婴孩事(福州天主教育婴堂有病死婴儿,遂起谣言,甚至把死孩照相到处悬挂,天主教堂被捣毁)出一布告,中有"民众呀,拔剑奋起,杀呀!杀呀!"等语,几酿成大风潮。广东省政府马上发令制止,并把该政治部主任革职。这足以见得政府的态度。

在基督教方面,能够出来与他们辩驳的,却是很少,只有《真光杂志》的记者张亦镜氏,可算是唯一努力的健将,他在《真光杂志》上差不多每期都有辩驳的文章,后来他把这些文章印成一册,叫《批评非基督教言论汇刊》。他那种孤军奋战的精神,也给非基督教人们的一个反攻。另外有许多基督徒作家,对于非基督教的言论,却相当地容纳了一部分意见,指出基督教内部的缺点,发表了许多自省的文章,如:徐宝谦的《反对基督教运动与吾人今后应采之方针》,赵紫宸的《风潮中奋起的中国教会》、《武汉基督教徒革新运动宣言》等等,大都是对内的言论,而于非基督教的言论,认为不屑与辩的。倒有几个第三者出来评论其是非,最初有周作人等五人,在非宗教同盟"霰电"发表以后,接着就发表一篇宣言:

我们不是任何宗教的信徒,我们不拥护任何宗教,也不赞成挑战的反对任何宗教。我们认为人们的信仰应该有绝对的自由,不受任何人的干涉,除去法律的制裁以外,信教自由,载在约法,知识阶级的人,应首先遵守,至少也不应首先破坏,我们因此对于现在非基督教非宗教同盟的运动,表示反对,特此宣言。周作人、钱玄同、沈兼士、沈士远、马裕藻 3 月 31 日。

这是第三者根据信教自由的立场，来反对非基同盟。意思就是说，强迫人信某种宗教是违反信教自由，强迫人不信某种宗教也是违反信教自由，非基同盟就是犯了后者的毛病。这的确给予非基的学生们一盆冷水，所以在"东电"里表示对五人电报的不满意，他们说："对于现在的非基督教非宗教同盟的运动表示反对，而对于耶教学生同盟，又独不表示反对，虽说他们'不拥护任何宗教'，其实已经有倾向于拥护宗教的嫌疑，而失了完全的中立态度。"这见得非宗教同盟的无聊解嘲，因为这句问话，很容易解答的，假使他们要回答的话，只要说"耶教学生同盟，并没有干涉到非耶教人的自由"！一看这电报，就会懂得有这句话在里头，所以我说"东电"里的驳语是无聊的。

梁启超也以第三者来说几句折衷的话，其实也是对"非宗教同盟"的一个忠告。梁先生本来惯于说两面光的话，他在4月16日那一天在"哲学社"公开演讲，题目就叫《评非宗教同盟》，他替宗教下了个定义，说一切信仰都是宗教，证明非宗教的不可能。他说："我在我所下的宗教定义之下，认宗教是神圣，认宗教为人类社会有益且必要的物事，所以我自己彻头彻尾承认自己是个非非宗教者。"这个意思，明明是驳他们"宗教与人类不能两立"的话。他所下的宗教定义，果然太嫌笼统，但是对非宗教同盟者的武断态度，的确是一种针砭。常乃德也写了一篇《对于非宗教同盟的诤言》，他以为非宗教同盟的人，还没有把问题弄清楚，自己以为拥护科学，却不知不觉有"武断"、"谩骂"、"凶暴"等非科学的气焰。他说："英国美国是基督教国，但他们的科学进步，比非基督教的中国,究竟谁好谁坏?"他竟举出了三十二条不解,说他们不能平心静气地加以研究。这也是对于那班非宗教的学生们一番不客气的教训。陈衡哲在《努力周报》上写了一篇《基督教在欧洲历史上的位置》,从历史研究的立场,说了一番持平话。另外有一位旁观者叫刘绍宽,他却没有像上面几个人那样客气了,竟说:

……深叹非基督教一般人全无学识,盲言瞎论,亡中国者必此辈人也。此辈自认为科学中人,而科学家如哥白尼、奈端、侯失勒诸人,皆是基督教中人,彼竟不知。……今乃于《新旧约》全未见,凡《新约》中所主张真平等真自由,及力破资本主义处,全未知之,反谓诱人欢迎资本主义,要养成资本家的走狗,真是梦话。至谓我国本无宗教,又云有宗教可无人类,有人类应无宗教,宗教与人类不能两立等语,更是无法无天之极。……独恨中国学子,全是盲从,胸无点墨,如汪精卫等,自命通人,而所言鄙俗尚如是,他更安足言耶? 徒藉盲言瞎论,叫嚣一世,以自文其不学无行之罪状。而祸害一世,不可救药矣。

这正如老师痛斥顽皮学生一样的严厉,便成为斩断乱丝的快刀。

溯自民国成立以来,对于保障信教自由,教会曾经有过相当的努力。当时有人主张规定孔教为国教,全国基督徒结合团体,并会同其他宗教,起而与争,奔走呼号,派代表赴北京请愿,并主持其事,幸而能获得信教自由的条文规定。此次的反教,显然有悖于信教自由的原则,是以那班局外的学者作此不平之鸣,使这次普遍的反教运动,渐渐地无形消灭。虽然这一次的反教仅仅是一场笔墨官司,但却给予了基督教不少刺激:能使一般基督徒在精神上、在思想上自己加一番检讨,觉悟到自身确有其不可或讳的弱点。同时,觉得要消除外界的误会,使基督教从不平等条约的关系中解放出来,惟有使中国教会脱离西洋化而为中国化。于是有中国"本色教会"的运动。

何谓"本色教会"? 解释的人很多,简单地说,就是一个自理自养自传的中国化教会。这个运动,是从"基督教协进会"提倡起来的。诚静怡氏曾经说:

> 当今举国皆闻的"本色教会"四字,也是"协进会"所提倡。一方面求使中国信徒担负责任,一方面发扬东方固有的文明,使基督教消除洋教的丑号。(见《真光杂志》二十五周纪念特刊《协进会对于教会之贡献》)

在这短短的几句语里,很明白地指出"本色教会"的任务与目的。任务有两种:一使中国信徒自负责任。这责任就是自理自养自传,在经济上、行政上、工作上,都是以中国信徒为主体,西国教士可以退处于辅佐地位。虽不免有少数西人怀疑到是一种排外的举动,但是大多数贤明的西教士都十分同情,协助这运动的进行。因为中国教会真正能达到自理自养自传,可以减轻了西教士的负担,所以在很早就有人在提倡,像俞国桢氏所创立的"中国自立会"(自立会有两种,一称中国耶稣教自立会，一称中华基督教自立会，成立有六百余处，散布在河北、河南、湖北、四川、浙江、江苏、山东、福建、广东等省）与胡素贞女士所发起的"国内布道会"，皆其一例。另一任务是发扬东方固有的文明。那就是要使教会与中国文化结婚，洗刷去西洋色彩。这在当时便有人主张改变礼拜仪式，采取一点佛教的方法，在礼拜时燃点香烛，跪诵经文祷文等等。上海在宝兴路曾有过这样一种试验，在南京艾香德氏所组织的"景风山"，完全变成了佛化基督教。同时，也有从诗歌方面入手，特著了许多中国歌调的赞美诗，一方面也修改固有的赞美诗，使诗歌中国化起来。但是这种形式上的改变，不独不足以适合本色教会的原意，却反而觉得愈加纷歧；所以有人主张从思想方面来研究，一方面研究中国文化是什么，一方面研究基督思想如何与它调和。基督教学者曾发表了许多意见，基督教与中国文化一类的文章，在教会杂志上层见叠出。吴雷川氏曾著成了一专书——《基督教与中国文化》。他如徐宝谦、赵紫宸、谢扶雅等都著作过这类的文字，这些大概是从建设方面着想的。另外有从破坏方面着想的，像聂云台主张"基督教儒教化"，张纯一主张"基督教佛教化"，他们的言论，虽然离开了根本的立场，几乎站在反对的地位，但是他们不满意于基督教的西洋色彩，是相同的。我们看一看"基督教全国大会"里所发表的《教会的宣言》第二段，举出九条关于"本色教会"的意见，其间第三第六第七条说：

三，我们对于西来的古传、仪式、组织，倘若不事批评，专做大体的抄袭、卑鄙的摹仿,实在是不利于"中华基督教"永久实在的建设,这是我们教会同胞的公意。

六,所以我们请求国内耶稣基督的门徒,通力合作。用有系统的捐输,达到自养的目的。由果决的实习,不怕试验,不惧失败,而达到自治的正鹄。更由充分的宗教教育、领袖的栽培,及挚切的个人传道,而达到自传的目的。

七,我们宣告时期已到,吾中华信徒,应用谨慎的研究,放胆的试验,自己删定教会的礼节和仪式、教会的组织和系统,以及教会布道及推广的方法。务求一切都能辅导现在的教会,成为中国本色的教会。

这确可代表一般中国基督教徒要说的话,西国人也有很多是同意的,欧德模氏发表过这样几句话,也可以代表一般西国人的意见:

中国教会本色的问题,是"协进会"的必需。……比如尝有苏格兰的友人警告我说,我应当时刻小心,不要过于推重美国人的思想,或是习染美国人的方法。因为这种美国色彩的东西,决不合苏格兰的民情。同时,我也看得出来,若是一种办事的方法,过于带英国的色彩,又不是美国人的利益,同时欧陆各国的友人,也要发生一样的感觉。……到什么时候基督教才有真确的本色的发扬呢?就是什么时候基督教的运动,是本国人亲手来主持他,管理他,必要他们自身去取决行止,那就是那一国的基督教自由发展了……若是基督教必需按着本国的国情自由发展,那个问题的答复,不只是由中国人自行决断,乃是中国人要自身去发生一个自动的问题……中国人到底是否要自动的担负完全责任?依鄙人看来,一种带西洋色彩的责任,中国人还未必愿意去负担他。(上皆见全国大会纪录)

这样,可以见得无论中西人士,一致承认中国教会必须脱离西洋色彩,就是上面所说"要消除洋教的丑号",这便成为提倡"本色教会"的目的,而使基督教完全成为中国的基督教。在这个运动之中,附带地产生了两个问题:一个是"脱离不平等条约"的关系,一个就是"收回教育权"。基督教传入中国的时候,最大的不幸,就是与不平等条约发生了关系,因此,引起一般人的误会。要消除这种误会,非使基督教脱离不平等条约的关系不可! 一般觉悟的基督徒,不约而同的有取消不平等条约的呼声。"全国基督教协进会"鉴于各地基督徒的舆论,曾发表取消一切不平等条约的宣言,同时,西教士中有司徒雷登等联合请求政府脱离传教条约的保护,湘潭美教士梅知理等亦宣言废除传教条约。《武汉基督徒革命运动宣言》中有"我们很欢喜'全国基督教协进会'已经通过赞成及宣言取消一切不平等条约了,我们一致拥护此议决案。我们不要基督教建立在炮舰政策之基础之上,更不愿以什么武力为福音之后盾"。又说:"关于收回教育权一项,我们一致赞成,我们要使教会学校都归中国教会自办,受中国政府之监督。""广东基督教协会"也有宣言:对不平等条约,则主张废除,对收回教育权,则定有大纲。全国基督徒团体,莫不发表宣言,有"打倒帝国主义"、"废除不平等条约"等口号。此外在一般基督徒的言论中,有不少类似的话,例如徐宝谦在《反基督教运动与吾人今后应采之方针》文内有:"我以为中国基督徒当此时机,应参加反对不平等条约(包括传教条约)及收回教育权各种运动,使人们得知基督教与帝国主义并无何种不解的姻缘;使人们得知基督徒爱国之心,不居人后。"施云英女士在《基督徒学生应如何尽力于国际友谊之改进》文内,也有"在中国的西教士,大都不知道不平等条约的不人道,我们基督徒学生如能平心的向他们说明条约的真相,至少能得到他们的同情。再说现在已经有许多西国教士觉悟了,他们竟愿大胆的向他们的政府请求废除传教保护条约"。又说:"如能将种种不平等条约宣告各国青年学生,他们亦定有相当的同情。"比较激烈的言论,更有如徐谦所云:

　　反基督教的基本观念,就是反帝国主义,认基督教为帝国主义的工具,不是一种批评,乃是一种事实,这是不容否认。……假使外国传教士要否认这句话,就可以问他们宣传基督教,既有救人目的和牺牲主义,为什么要用不平等条约作保障?传教士自动的入到反教的地方,牺牲了性命,反要中国割地赔款,这不是为帝国主义之工具的明证么?

　　徐氏是基督徒,他本来很为基督教辩护,至此态度大变,这几句话与非基督徒口吻,如出一辙,我以为说帝国主义利用基督教则可以,说基督教就是帝国主义,未免有些冤枉。徐氏又说:"冯同志(即冯玉祥)亲口向我说:我从前做基督徒,听牧师讲,只以为专是救人的,现在我听了你的话,才明白基督徒是应该救国的。五卅事件发生后,冯同志通电中外,大骂帝国主义基督教。以上证明我的确是个反基督教的分子了。"但是他声明他是反基督教而不是反基督徒,意思就是对于教会表示不满,对于基督还是相当的信仰。至于张纯一、聂云台反对得更利害,从反对教会而牵涉到教义上去。这些人本来都是基督徒,而且是很热心的基督徒,他们这样突然地改变,站立在反对的方面,很显然的是因为不平等条约的关系。更进一步,甚至有主张革命式的独立,例如武昌"反基督教大会"议决案等五条:"全国的基督教堂,基督教青年会,基督教徒,一齐独立起来,离开一切外国神父牧师的统治,向一切外国帝国主义者,为本国民族自由而战。"广东协会有一条议案说:"凡外国差会现在所辖各项事业,应于最速时间内移交大会接收,以后外国差会停止管理行使其向有支配教会事业之职权;所有人材经济之助力,亦概由大会或大会特设之机关支配之。"兰州教会发出宣言:"十五年十二月十二日开会议决,纯粹由华人组织'中华基督教会',与西国宣教师完全脱离关系,务期自立自传自养。"桂林教会亦有相同的宣言。其他各处都有这种教会自立的酝酿,许多教会都改称为"中华基督教会",取消原有的宗派名称。这些所谓自立,简直带点革命性的独立了。而可以说是从反基运动而来的反应。

　　至于"收回教育权"的事,乃是由反基运动变而为反文化侵略运动,基督徒也有很多表同情的。教会教育权,本来操在外国人手里,各自为政,多不向中国政府立案,中国政府亦无从管理。国民政府鉴于国民的一般舆论,与统制教育的重要,乃于1926年颁布了私立学校立案规程,中间最重要的有五条,就是(一)组织校董会。(二)不得以外国人为校长。(三)不得以宗教科目为必修科。(四)如有宗教仪式,不得强迫学生参加。(五)依限呈请立案。这规程大部分是指教会学校而说的。同时教育部又对教会学校发一布告,有"凡外人捐资设立各等学校,向教育行政官厅请求认可。学校校长,应为中国人,为请求认可之代表人。校董会应以中国人占过半数。学校不得以传布宗教为宗旨"等条文。这种法令,最使教会学校当局有些为难的,就是限止宗教传布,取消宗教科目,认为与教会设立学校的原意有背,所以对于立案问题,颇费踌躇。但是经过了多方的研究,与一般基督徒的舆论的督促,各教会学校大都先后呈请立案了,只有极少数的学校尚未履行(如"圣约翰大学"等,至今尚未立案),但是在立案之后,并没有感觉到什么困难。这一点也未始不可以说有反基运动促成的力量在内。

总之:这一次的反基运动,对于基督教不但没有什么害处,却相反的成了基督教的诤友,而蒙受着极大的利益和进步。至少可以使中国基教徒觉悟到自身的责任,变更了西教士在中国教会中的地位。

第廿一章　基督教的事工

这里所说的基督教事工，是专指更正教（即耶稣教）而言，因为我们对于天主教，除了前面已经略说过以外，其他实在所知不多。关于更正教的事工，我们可以说的，大约有五部分，即布道、文字、教育、医药和社会。依次加以叙述。

一　布　道

所谓布道事业，从广义方面说来，下列的各种事业，都是布道范围内事；但这里所说的，只是指用口舌宣传的一方面。说到这一方面，我们知道是更正教所特别注重的一件事。当更正教初入时期，即注重于向大众或个人演讲，或散发印刷小册及单张等工作。从 1856 年以后，外国人可以在中国内地自由旅行，因此，更正教教士的足迹，几乎踏遍到全国；他们常常带些单张传单，上面刊着《圣经》章节或简单的基督教教义，到处宣传。这在天主教看为是一件不大庄重的事，而更正教却认为重要的工作。第二步设法在商埠与城市中，租赁或购买房屋，作为布道机关。那时候外国人要租赁房屋非常不易，不要说在内地，就是在开放的商埠上，也感到相当的困难。因为条约上并没有外国人可以置产居住的明文，不过传教士若然得着了住屋或地皮，中国政府亦并不加以压迫，当地官厅亦不能不加以保护。

既经成立了一处布道机关，往往建立起礼拜堂、谈道所、医院、学校、住宅等等建筑物。这些建筑物，大概是在城市之中，用红砖砌成的西式房屋，足以引起当地人民的注意或反对。又由此推广到邻近村镇，在热闹的大街上，租赁商店房屋，成立一小礼拜堂，有中国协助传道者居住其间，作非正式的讲道，随时招待邻近的人民往来谈道，从个人的接触上，渐渐引人信仰。在城市机关中的谈道所，亦有同样的设备，如同一种应接室，用中国固有的礼节接待来宾。

礼拜堂是专门作崇拜之用，与村镇间的小礼拜堂不同。但是这种礼拜堂，最初是异常简陋，或用中国旧屋改成的，或特别新建的，或用西洋的形式，或沿中国的旧制，颇不一致，但都不很注意到美化的装饰。当时因男女界限分别极严，所以当礼拜的时候，大都是男女分坐，甚至有在中间隔以屏风。礼拜的仪式，不过是唱诗祷告读经讲经而已。所唱的诗，都是从英文翻译的，而用外国的调子。在中国的习惯上，实在非常陌生，所以唱来不甚好听；同时，在翻译的词句上亦甚俚俗。其《圣经》与《赞美诗》，间有用本地土白译成的，如有所谓福州土白、广州土白、上海土白、宁波土白等类，在宁波更有罗马字拼音的土白，使外省人完全不懂。祷告的口语，是临时随口说出的，虽不十分美化，却实是心灵中自然的呼吁。除了圣公会有比较固定的礼节外，其他都十分简单，没有中世纪及天主教的繁文缛节。在一个总机关下，分设出若干市镇乡村的小团体，即上述的小礼拜堂，因于这小礼拜堂，是渐渐由于当地的信徒组织起来的。而这种信徒的来源不一，有藉医药，有藉教育，大多数是由于个人的友谊而来的。小团体中必有一负责传道的人员主持其事，普通称他牧师。而总机关里的最高当局，或称为主教，或称为监督，或称为会长、总牧等等不一。此最高当局，必须计划每一个小团体的经费，每年中有几次巡视各堂，负监察、施洗、指导、训诫等等责任；有时亦为之解决问题，调停纠纷。这些小团体，有称为堂会的，亦有称为区会的，总之是总机关——或称总堂——的基础。每一公会，必有如是的总堂若干处，隶属一总主教或监督之下，每年开全体会议一次，称之为年会或年议会，聆取各部传道人员与牧师等的报告，以计划未来的种种布道工作。这是各公会在布道方面组织的大概情形，因各公会在名称上、系统上略有不同，在此只能笼统地说起。

上面是说到在礼拜堂以内的布道情形。还有许多在礼堂以外的布道，例如：沿街布道，值热闹市区，或茶肆之中，一面分散印刷品或《圣经》，一面也有用《圣经》故事图画，或用手风琴随拉随唱，晚间或用幻灯影片，使途人麋聚，然后传道者站立在较高的阶沿上或板凳上，向众讲演，所讲的大都是"上帝如何创造天地"、"人类如何犯罪"、"耶稣如何降世"、"如何舍身赎罪"、"信仰可免罪得永生"等等问题。后来扩大范围，有举行篷帐布道，其法就一空隙的广场，支搭一座大布篷，可以容纳四五百人之多。排列着许多长凳，正中设一讲台，悬挂了许多标语宣传品之类。用大字写些布道诗歌于白布上，有风琴或其他乐器和唱，按日有几次演讲，如是举行一星期或数星期不等。也有用这方法在礼拜堂内举行，每礼拜总有几次在晚间或白日举行所谓开堂布道。有时请得著名人物举行演讲，或讲科学，或讲时事，或讲耶稣道理。当1913年美国布道家穆德与艾迪游行远东布道，先在日本与印度演讲，后来到了中国，在十四处大城开布道会与科学演讲会，听讲者有137 579人之多，立志研究《圣经》者有7 057人。次年艾迪又重来中国，在十二大城市布道，听讲者有121 730人，签名入查经班者7 000余人。当时担任翻译的有王正廷、诚静怡、温佩珊、曹雪赓等人。事前由当地各教会联合筹备，组织祈祷会，训练招待员，以及张贴广告之类。更预定较大会场，在上海曾借大舞台戏院为会场，每讲可容二三千人。讲题大概为"中国之转机"、"中国之希望"一类爱国思想，把中国情形详加分析，而后归结于耶稣道理与国家关系，一般青年学生闻而受感，签名研究。教会对于这些签名的人，担负起善后栽培工作。组织研究会查经班，因此受洗而为基督徒的，为数也颇不少。这种布道方法，实为中国布道工作上一大兴奋剂。此后各处教会，往往仿效而开联合大布道会，请余日章、饶伯森、王正廷、丁立美等人讲演。特别是饶氏，带了科学仪器，到处演讲，颇受各处欢迎。这些都可以称为群众布道，有时也能收到一些效果，至少能使一般人知道"耶稣教是什么"一点知识。同时,在演讲耶稣道理之外,也常讲到普通知识,如提倡卫生、破除迷信、公民常识、识字等等问题,也可以当作一种民众教育。而在这种举动中,需要多数男女教友的帮助,所以做牧师的责任,不独要训练教友们信德上的上进,更是要训练教友们布道的能力,使教友能在这种场面下做布道工作,亦能做个人布道工作。说到个人布道,收效实较群众布道更大,天主教所以只注重个人布道而不注重群众布道,就是为此。实则两方面都有他的功效。耶稣尝以捕鱼比喻布道,说"得人如得鱼",这里可以说群众布道是用网捕鱼,个人布道是用钓捕鱼,两种方法都可以得些鱼。不信,请看利玛窦当时用个人布道的方法引导了许多学者信教;而梁发在考场外分散书本,用群众布道的方法,也吸引了些信徒。这些从群众布道或个人布道所感化来的所谓慕道友,到怎样的程度,方才可以允许他受洗进教? 各公会的意见不很相同,有的以为只要有信仰便可以,有的以为非培植到有相当程度不可。总之,用教育的方法加以培植,是大家认为极其重要的事。所以主日学及《圣经》研究班等组织,与每礼拜举行崇拜听道,有一样的重要。不但使受训练者能了解一切多妻、赌博、鸦片、拜偶像、择日、风水、早婚、离婚、偷窃等种种行为应该彻底拒绝,更使他们有博爱、牺牲、服务的精神。不然,便会引起意外的不幸。初期天主教与更正教因求数量上的增加,训练工作不能充分的缘故,有些不良分子,抱着别种目的,进了教会,不免有包揽词讼、藉势欺人的事,神甫、牧师受其蒙蔽,出头与官厅交涉,特别在天主教中常见的事,成了闹教仇洋的原因。所以后来更正教中以教士干涉词讼为大戒，而努力于教友信德的培植；使教友都能洁身自好，不求个人的利益。以前的教友，都是没有什么学问的人，一下子要训练他们成为有力的教会主体，自然不很容易。因为当时的人数既不多，经济也不宽裕，又是大都藉教会生活的人，所以免不了有人说信教是吃教；这些教友，要他捐款来维持教会，不但事实上不可能，也是没有这种习惯。所以教会便注意到人材的训练，努力计画设立高等传道学校。在 1900 年以后，便有许多合格领袖继续产生出来，在教会里担任各种不同的职务；也有女传道人员，担负向女界布道工作。这时候在每个教堂里，差不多都有中国牧师，也有许多协助布道的人，如同沿街分发宗教书籍的，领导各种聚会的，大都是中国人。这些人多半是半路出家，很少有从小信奉基督，献身为传道的。到了后来，方有许多在基督徒家庭中长大的青年，他们从小就受着家庭的宗教教育，立志做布道工作。这些大概是在教会里训练成功的，他们跟着牧师实地练习，像中国从前"拜师父"的情形一样。或者有时候教会为这些人开一个会，如"夏令传道会"、"传道研究会"之类，规定学习的功课，与领袖们的演讲，继续着一二星期的训练，也造就了许多合适的人材。1866 年乃有正式的神学院产生。英国长老会首先设立一所"神学院"在厦门，1869 年荷兰教会也在此设立了一所"神学院"，到 1884 年两院便合并起来。那时教会都注意于神学的设立。福州在 1874 年圣公会也设立了一所，1879 年上海"圣约翰大学"里附设神科，次年便有13 个学生。此后不但神学的数量逐渐增加，而程度也日愈提高。据十年前的调查,中国现有神学共 13 处,"圣经学校"有 50 处。比较著名的,如奉天的"基督教神学校",北京"燕京大学神科"与"华北协和神学院"、"妇女圣道学校",济南的"齐鲁大学神科",南京的"金陵神学院"、"金陵女子神学院",上海的"沪江大学神科"、江湾"圣经学校",福州的"协和神学院",广州的"协和高等神学校",长沙的"湖南圣经学校",湖北的"荆州神道学校"、漢口"信义神学院",成都的"华西协合大学神科",与保宁"神道学校"等等。肄业的学生,大都是高中以上程度。这些神学,起初程度很低,从"圣约翰神科"用英文教授神学生,以及其他神学课程,都渐合大学程度,并且有许多既经毕业,又留学欧美而有很高深的造诣,所以在现今中国传道人中,有不少的留学生,也有不少的神学博士,普通传道人非毕业神学,即毕业某种高等学校或大学。同时,又提倡学问的自修,各公会都规定传道人必修的课程,经过相当的考试及格以后,方能升为牧师。尤其注重中文训练与文化的研究,不但各神学提高中文程度,并且常有悬奖征文的事,如"广学会李提摩太纪念征文"之类。可见中国布道人材的日见增加,并且把中国布道责任由中国人自负起来。更因受着庚子年的教训,觉悟到中国教会非自立自养自传不可;于是有中国热心教友,组织了中国自立会、中华基督教会,以及原有各教会,莫不向着这一条自立自养自传的路上迈进。同时,更合全国基督徒力量,发起"国内布道会",向蒙古、云南、东三省等处担起布道的责任,使中国基督徒布道的力量得以向外发展。这里略将"国内布道会"的经过附述于此。

　　"中华国内布道会"于 1918 年开始赴云南布道,1922 年推广到东三省的黑龙江,次年又推展到蒙古,所有经费由全国更正教徒所捐助,由诚静怡、蔡苏娟、陈维屏等 21 人为执行委员,聘请李琼阶为执行干事。成立之初,即由发起人胡素贞在香港联合各公会信徒倡议组织"协进部",同时,在直隶方面,亦有顺德的刘汝刚医士和长老会几个信徒,相继成立同样的"协进部",从此南北二京和其他城市中,闻风兴起,继续设立"协进部"有 80 余处之多。"协进部"的责任,除代祷宣传之外,更努力于捐款,成为中国人自己负责的布道会。在云南工作的地点,有云南府、禄丰县、个旧县三处,首先创办女学校和幼稚园于云南府,颇受各界欢迎。初往工作的,有林藉恩医士、陈玉玲女士、陈铁生牧师,成绩甚佳,香港"协进部"捐助建筑 8 000 元,当地绅商学各界领袖热心赞助,代募捐款,为建筑新会所和礼拜堂之用。对于布道教育医药各项事业,都有充分的发展。黑龙江布道工作,成立于民国十一年,同时在哈尔滨设立"协进部",负责管理一切经济人材事务。布道地点,共有八处:(一)大黑河,由史世良牧师主任,至民国十六年已有教友 79 名,经济已能自养。(二)北安镇,由朱辑五君主任,已有教友 76 名。(三)克山县,由张成仁牧师主任,又在城东设立分堂,教友已 69 名,有自建的新会所,并筹备自立。(四)拜泉县,由金秉权君主任,有教友 109 名,慕道友 294 名。(五)海伦县,由王仁甫牧师主任,教友有 104 名。(六)省城卜魁,由于作霖牧师夫妇与李秀华君在此工作,教友有 93 名,募款3 500 元,购买平房 19 间为新会所之用。(七)嫩江县,由信徒自行组织布道团体,并组织基督徒新村,定此为职业布道区。(八)海拉尔,虽为交通要道,然教会较为幼稚,仅有教友 14 名。至于蒙古布道工作,早为国人所注意,及至民国十二年年会中议决实行,先行组织"蒙古布道筹备会"从事调查,虽已筹得开办费 2 000 元,然以人材经济没有充分准备,未能实现。同时,其他分会也有国内布道团体的组织,如监理会独力在东三省开发,设总部于哈尔滨,类如此种的团体,有 20 余个之多。此可见最近十多年来,中国基督教一面谋所以自养自立自传,一面更担负起向外布道的责任来。现在更有人注意到除上述三处外的新疆、西藏、青海等边陲地方,以推广其布道工作。1930 年翟辅民牧师发起过国外布道,向南洋群岛及安南、菲列滨等处华侨布道,以王载为团长,成绩亦甚佳。

此外,尚有几个布道团体:(一)"中华学生立志布道团",于 1910 年由山东潍县"广文学校"发起的,初名"义勇布道团",推丁立美为干事。1914 年改称此名,添聘王善治为干事。游行各地,向学生们演讲布道工作的重要,唤起一般基督徒学生的热心,因而立志终身传道的,每年有百余人签名。全国成立支团有 13 处,团员 1 170 人,决意传道的 530 人,入神学预备的 87 人。(二)"湖南逐家布道团"于 1911 年由长沙内地会葛荫华牧师与萧慕光牧师发起的。初仅团员 6 人,后因团员增加,分成南北两队,南队由杨熙少带领,布道于衡州各属,北队由萧慕光带领,布道于湘阴、平江等处。共有团员 28 人,游行布道,携带各种单张小本《圣经》,逐家分送,五年之间,曾进 107 000 余家中布道。

（三）广东"河南布道团"，于 1912 年，由杜女士等发起。广东有在水上聚族而居的蛋民，杜女士特造"启明福音船"，专向他们布道，该船可容百余人坐而听道。杜女士常住船中，日则与布道人员分向蛋家船中谈道，夜则招集蛋家在船中演讲，并且赠医施药，就诊者甚多。1914 年又创立"义学船"，教育蛋家儿童，其效亦甚大。（四）"上海车夫听道处"，又名"维持人力车夫会"，于 1913 年由英人马达生创设的。马氏乃巡捕房总巡，目击车夫的困苦，在身心两方面予以帮助。初在开封路租屋一间讲道，后因拥挤，乃改租阿拉白司脱路房屋二间。每日晚间讲道，并有教授识字、卫生讲演、练习唱歌等工作。寒天准其借宿，且施粥一碗。患病的送"仁济医院"免费医治。每礼拜有一次专为车夫妻女讲道。又在嘉兴路添设分堂一所，有一年逾四十之车夫，勤恳仅读，后竟获得知识，改营他业。受洗人数，每年约有数十人。其造福于人力车夫，实匪浅鲜。（五）"福州旗族布道"，光复后旗人生活异常痛苦，福州公理会卫玛玳女士，薛子隐学生，发起向旗人布道。设查经班四处，每星期分两处礼拜，各有七八十人听道。后见旗人生计困难，设立"妇女工艺厂"。因而进教者有 80 余人。后又开办女学、半日妇女学校、幼稚园、阅报所、施医局、晨光小学等事业，成立了一个很兴盛的教会。（六）"香港海面传道"，亦向海面生活的蛋户布道，成立于 1913 年，购船装修，2 月 1 日行下水礼。聘邵天赐为传道员，并设小学于船上。进教者甚多。又资助梁美好女士入妇女传道学校肄业，并资助有志学道之男子多人，养成传道人才。（七）"上海基督徒布道团"，借麦家圈天安堂为会所,推严忱热为团长,团员有 112 人,分队四出布道。夏令在公园中露天演讲,因而记名慕道者亦不少。(八)"监狱布道",首由北京青年会发起,各地皆有同样的工作。(九)"回民布道",中国各地散处的回民甚多。热心基督徒组织团体,进行此项工作。(十)"上海布道福音车",由荣耀会主办的,于 1936 年出发至南京沿途各乡村布道,放射影片及用无线电收音机播音。(十一)"福音广播电台",由王完白等发起,上海各教会机关轮流布道,后请竺规身牧师主任其事。上述为比较著名的布道团体,大都由华人发起而负责进行的。

二 文 字

更正教初入的时候,即已注重用文字来布道。马礼逊、米怜等创办印刷所于马剌甲,并且努力翻译《圣经》,梁发更撰著了许多小册和单张,即已开其先河。此后继续来华的传教士,莫不十分注重,迄今一百多年,欲加一全盘的统计,很不容易。当 1867 年时,有伟烈亚力(Alexander Wylie)牧师开始调查所有作品,撰成《1867 年前来华传教士列传及著述》,经过四十余载,未尝加以修纂,直至 1907 年季理斐补充再版。1916 年"中国续行委办会"基督教文字委员部,鉴于该项工作的重要,原拟聘请中西各一人,用一年的工夫,专事调查全国基督教书籍,重行编纂,卒因人材难得,遂商请汉口雷振华牧师代理,1918 年撰成一《教会书报目录汇编》。他在这目录中用英文将全国教会所有机关出版书籍,一一加以说明。1930 年"中华基督教书报发行会",曾拟修改前书，没有成功。1933年由上海"广协书局"，收集各书局目录，编成《中华基督教文字索引》，同时根据《出版界》每期所载新书，随时补入。1938年又增刊一续编，这可以说是基督教最近而完备的目录。据雷振华氏当时的报告说：

教会出版之书，共计二千八百余种，调查时以书面多少为等差，五十面以上者为大册，五十面以下者为小册，仅一面者为单张。此项单张，共805种……小册共993种，只467种可以列入教会书林；大册共1002种，有350种，不得列入教会书林之内。

可以列入教会书林的书，共1119种，计分：宗教、自然神学、圣经、教义、灵修、讲道、教会、宗教史、宗教与科学、卫生、伦理、小说、传记、教授法、杂记等十五类。未能列入教会书林的，如医学、算学、格致，以及其他有时间性与公会界限等书。1938年所增补的有3500余种，其间布道单张及招贴约1000种，医药及教科书诗歌种类约1000种，可以列入教会书林的有1500种，合计当为2600多种。最近二十年间所增入的书，有永久价值的，比较前期为多。可以见得基督教在文字方面，质与量皆有相当的进步。在这书目里，也有少数天主教的著作，而天主教著作的黄金时代，当在明末清初耶稣会士的时代，现在似已成过去；从天主教索来的书目观之，近代作品，数量甚少。以天主教所有著作，必须经教会当局的核准，不若更正教的自由。惟其太自由，所以在质的方面,反不若天主教的精审,是无可否认的。

更正教中发行及出版的社团,有 69 处,其间要以广学会、青年协会、圣教书会、浸会书局等的历史最久,出版最多。他如兴华报社、基督教教育会、信义会书报部、基督教协进会、基督教文社、女青年协会等,出版亦不少。至于发售基督教书籍的书坊,有 130 多处,在上海则以"广协书局"为最集中;其他男女青年会,及各教会机关与大学中,往往附设售书处。

现在我们应当首先述说的,厥为《圣经》翻译的经过。这一件事本为历来教士所注意。当第 7 世纪景教传入中国之初,即有"翻经书殿"的事,大约当时已着手翻译《圣经》,究竟成绩如何,以彼时印刷尚未大行,现在却无从考证。至十七八世纪天主教亦曾翻译《圣经》中的数部分,大约并未刊印。马礼逊在未到中国以前,已留意于翻译《圣经》的事,既到广州,用六年工夫,将《新约》译成,就在广州雕版印刷。又从事于《旧约》的翻译,至 1823 年完成,在马剌甲印刷。他用十六年光阴完成这伟大的工作,得着"大英圣书公会"济以巨款,乃得印成。同时,在印度锡兰浦地方有教士名马士曼亦曾翻译中文《圣经》,在 1822 年完成《新旧约》,用活字木版印刷,这可以说是中国印刷上新纪元。1842 年以后,向来只活动于南洋群岛的教士们,得有机会迁到香港,便公开地从事翻译工作。他们对于马礼逊所译的《圣经》,觉得在文字上有不甚妥当的地方,组织一个委员会,重行翻译,希望得一文字较优的中国《圣经》,自 1852 至 1854 年完成,名曰《委办圣经》。同时,裨治文与克陛存

(Culbertson)译成的文理《圣经》,于 1862 年出版。在 1866 年至 1872 年间将马士曼译本修改两次,曾印数十万本发行。此外,尚有许多人各别翻译,至 1877 年已有译本 11 种。凡此皆初期教会上所应用的《圣经》,然各教士尚以为未尽完善,乃于 1890 年开会于上海,推选委员会重译,于 1907 年出版《新约》,名曰和合译本。同时,在北京的天主教士,亦译成一文理《圣经》。

先是在 1885 年汉口杨格非译一浅文理《新约》,1889 年有包、博二教士合译的《新约》,与施约瑟独译的《新约》,均为浅文理译本。1902 年浅文理《新旧约全书》方始付印。初期教会所译《圣经》,都注重于文言。但后来因为教友日愈众多,文言《圣经》只能供少数文人阅读,故由高深文言而变为浅近文言,再由浅近文言而变成官话土白。第一次官话译本,乃 1857 年在上海发行,第二次 1872 年在湖北发行。1874 年乃发行《旧约》。杨格非也于 1889 年译成官话《圣经》,直至 1907 年始有《官话和合新约》,1919 年《旧约》亦完成。此为最近通行的译本。至于土白《新旧约全书》,有上海、苏州、宁波、台州、福州、厦门、兴化、广东等。客话及汕头、海南岛、江宁、温州等地只译成《新约》或《旧约》的一部分。对于滇、黔苗族,已译成客家、花苗、猓家、力叜及犴夷等苗文《四福音》。另外有蒙文《新旧约全书》、满文《新约》与汉满文和合的《四福音》,西藏文的《新约》与《旧约》一部分。在长江流域,尚是一种用罗马字拼成土音的《新约》或《旧约》,宁波最为盛行,使一般不识字教友有极大的便利。为供给盲人用的,另有高凸字《圣经》。

当时在《圣经》翻译的问题上,有许多困难问题,大都由西人主任,而聘华人执笔,为欲求文字的美化,不免要失去原文的意义,为欲符合原文的意义,在文字上不能美化。文言文不能普遍于普通教友,于是有官话土白,而官话土白又为当时外界所诟病。却不料这种官话土白,竟成了中国文学革命的先锋。还有翻译在 God 这名称时,几乎蹈天主教的覆辙而引起纠纷;有主张必须译为"神"字的,但也有仍旧译为天或上帝。在浸礼洗礼的名称,圣灵圣神的区别,曾有小小的辩论,幸而两方面并不十分固执,终至于各行其是而已。无论哪一种译本,皆由圣经会印行。在中国的圣经会有三个:一曰"大美圣经会",二曰"苏格兰圣经会",三曰"大英圣书公会"。前二会在 1856 年以前就来中国。1862 年"大英圣书公会"始来,派以前在伦敦会服务的伟烈亚力为经理,除督理印刷工作外,又到各处去旅行。在他的指导下,雇用几个外国人及许多中国人沿街叫卖,分散《圣经》及书籍,因此,《圣经》得在中国流行,直至1877 年因目力衰弱而辞职。"大美圣经会"亦努力工作。《圣经》推销的工作,增加得很快。"苏格兰圣经会",原是由几个旧团体在 1860 年联合办理的。1863 年派韦廉臣(Alexander Williamson)为第一任经理,办事处设在汉口,到 1890 年有 9 个外国职员,100 个分书人。这些圣经会最初的政策,原是把《圣经》赠送人的,后来因为要中国人重视一点,略为收一点代价,所以每年要耗去巨大的经费。得着各传教团体的帮助,使《圣经》渐渐地著名了。虽然有些学者鄙视它的文字,却至少能知道有《圣经》这本书。中国基督教女教友送给慈禧太后一本很美丽的《新约圣经》,做她60岁的寿礼。后来光绪帝也向教会要了一本《新旧约》。在1914年的报告中,三会所售出《圣经》总数,为18 027 816本。又据力宣德报告仅1935、1936两年中,售出9 304 562本。由此例推,又知三会售出总数,差不多可以到一万万本,其工作的伟大,可以想见了。

其次则有许多发挥教义的作品,一方面借以介绍给非基督徒,一方面勉励和联络基督徒。有用文言的,有用白话的,有些名词是基督教创造出来的,有些名词是从佛经中借用的。当1877年上海会议时的报告,说有43本布道书,521本神学书,25本传记,82本问答书,54本祈祷书和礼节书,63本赞美诗,7种刊物,101张单张。这些作品,大概是传教士在传道之余由中国人执笔而写成的,差不多都是由英文翻译的,这时候中国领袖能写作的还是很少。特别是刚刚开始的科学书,不但在教会所设的学校里要采用为课本,即教外所需求的,也必仰给于教士的翻译。在1877年会议中也委派负责人员,供给学校的课本;总编辑是由傅兰雅(John Fryer)担任。他在1890年会议时报告说:译成的有算学、化学、物理、地理、音乐、生理卫生、天文、历史、哲学、神学、教育、法律等书。同时,也有其他传教士译出同类的书籍。这些西教士不但把西方学说介绍到中国,并且比较东西文化,很受一般进步的中国人所欢迎,成了后来中国革命的导源。有些作品,大都是文言的,为的是要得着当时学者的尊重;惟有关于宗教的书籍,大多是白话的,甚至有些课本是用罗马字拼音的,希望容易普及到民众。在当时的著作中,对于教育上贡献最大的,莫如编辑字典一事。起初有马礼逊所编的《汉英字典》，后来又有教士们所编的《厦门话字典》、《广东话字典》，都很给予一般研究者以便利。同时，他们把中国的古书与孔孟学说译成英文，使一般西国人了解到中国文化的内容，引起他们对中国学说研究的兴趣。他们又编辑许多刊物。当 1890 年会议时报告当时已有 28 种刊物，较早的要算一本 1874 年福州的《郇山使者》。1874 年又有一种《小孩月报》(The Children's News)，后来就有一种《万国公报》，名为 A Review of the Time，目的是把西方的思想介绍给一般中国学者。也有些英文刊物，专供传教士阅读的。此后有许多同样的刊物，在福州及上海等处发行，大概是记录教会各方面的消息。

这些书籍和报纸，都由教会自办的印刷所印行，在 1895 年的时候，已有各公会自办的印刷所十处，到 1897 年又加了一处，其中最重要的，莫如美国长老会所办的一所，在 1844 年创办于澳门，1845 年移到宁波，1860 年又移到上海，这就是"美华书馆"。最初经理馆务的有柯麦鹿、高魏及甘君，至 1864 年，得惠、柏诸君及狄氏兄弟为经理，1876 年有何君经理，1884 年始由范约翰经理。1888 年费启鸿继任，在其任中，特建印刷所房屋于上海北四川路，并设发行所于北京路。当时圣经会、圣教书会、广学会一切出版书籍，皆由其承印，并且兼印教外各种书籍，为上海最宏大而最早的印刷机关。所承印的各种教会书报纸，英文如《教务杂志》及各种月报季报年报，中文如《新民》、《开风》、《福幼》、《神学通问》等报及《圣日课》，实为上海历史最久的印刷所。民国初年乃停办。1861 年福州美以美会也创办一个印刷所。1899 年广州浸信会由纪好弼牧师计画开办印刷所，自印出版书籍，1902 年自建房屋于沙面，发行《真光报》，1912 年迁移至东山，自建房屋，出版许多布道书籍，后来迁到了上海，到现在还存在。这些印刷所，实开中国新法印书的先河。

当时在教会著作界最有权威的，要算广学会了。先是 1884 年在苏格兰的格拉斯哥有人组织一个圣教书会。到 1887 年此会因事解散，便将所有的印刷机器，送给在中国办理"苏格兰圣书会"的韦廉臣，韦氏于是便联络了同志，组成为广学会，来继续格拉斯哥的工作，计画编著书报，发挥基督教义，韦氏实为开创同文书会即广学会第一人。这时的中国，是在沉睡状态之中，对于世界大势茫无所知，从西方输入的学说，也不被一般人所注意。广学会着手编译书报，希望能唤醒中国的迷梦；特别注意于知识阶级，所以在 1889 年复刊《万国公报》，按月出版，由林乐知为编辑主任，并聘请中国学者，协助译著工作，最负盛名的，如蔡尔康、任保罗、范子美等，以极优美的文笔，介绍西洋思想与文化，颇引起中国维新分子的欢迎。后来那些主张政治改革的人，大都受着这些书报的感动。次年因为自己所办的印刷所，赔累甚多，便将印刷所停办，把机器卖给汉口"苏格兰圣书会"，而专门努力于著作方面了。韦氏于是年秋后病故，由会长总税务司赫德和几位同志商决，延聘李提摩太教士继任，乃于 1891 年就职。李氏于 1892 年遍函全国各教会领袖，征求意见，究竟现在中国需要何种书籍。有 27 人发表了他们的意见，建议许多具体办法；同时也有 20 多人应许帮助译著，供给材料。又讨论到销行的问题，与其尽量赠送，赔累太多，应如何发售以补经济的不足。

然而普通书店，又不肯代售，只有自办发行所，于是成立广学会售书处，直到现在还是继续存在。这一年恰值顺天乡试，李氏乘机到了北京分送他前著的《救世教益》一书，这本书本来是他在天津的时候著成的。他对于当时的几位大臣曾国荃、李鸿章、左宗棠、张之洞、丁宝桢等都相当的熟悉，曾向他们条陈过许多新政，这次进京，尤多影响。其时林乐知例假回国，《万国公报》、《教会公报》等编辑，都由李氏代理。又着手编译《泰西新史揽要》一书，出版以后，销售极多，在中国各省大著效力。

1893 年，为清慈禧太后六十寿辰，各省举行恩科乡试；同时，有德国教士捐助 1 200 元，为印刷《自西徂东》一书，分赠各省举子，并又分送其他书籍，共计送出有六万余册。那时，《万国公报》有各省教会机关代为经理，销行甚广；因此感动了几省的督抚大员，都赞成广学会工作。张之洞特捐助 1 600 元，聂仲芳也捐助银两。招商局职员购买《泰西新史揽要》百部，分赠其同人。至 1902 年聂氏升任浙江巡抚，又捐助千元。以后他在浙江任内，劝本省官绅每年购买广学会书报甚多。其夫人是曾国藩的女儿，后来在 1914 年信仰了基督教，做热心的教友，他的儿子中有两个也做了热心基督徒，聂其杰是上海青年会著名领袖，聂其焜亦为长沙热心信徒。这都是当时所下的种子。1894 年英商汉璧礼、多马捐银六百两，为广学会征文之费，其征文题目，即如何改良中国币制、建筑铁路、扩充邮政、用机器制茶制丝、敦睦外交、禁止鸦片等等切要问题，要激发当时的文人，注意于国内要政，发表改进意见。汉氏临终时，遗嘱捐银 2 500 两，建筑广学会新会所于北四川路。这种帮助，更足鼓励他们的努力。直至 1916 年李氏因身体衰弱,辞去总干事职务。其时广学会的工作扩大,有 6 位西人在会工作,有 18 位华人任助译誊录等事务,财产约值 25 万,他自己所译著大小书册有百余种。广学会在他二十五年工作下,感动了英国的布道会,发生最大的兴趣,尽量地赞助,并且感动了多少中国知识阶级。那些维新运动的分子如康有为、梁启超等,他们所组织的强学会,在所办的《中外公报》上转载广学会不少的文章,李氏也曾在他们的《时事丛刊》上著了三十余篇论文。广学会巩固的基础,实在由李氏一人打定的,所以后来潘慎文这样说:"多年以来,李提摩太与广学会,二而一,一而二,广学会就是李提摩太;我们与先生同工,越接近,越令人亲爱而又尊敬。"这话实在是确评。当李公辞职后,由瑞思义继任,而李氏仍任名誉总理。当时与李氏同工的,有林乐知、高葆真、丁韪良、花之安、潘慎文等人,他们对于译著方面,也有很大的贡献。当戊戌政变的时候,广学会书籍数百种,行销已及全国,以其时所有之著作,多半是介绍西洋学说,匡时拯俗的东西,为一般留心时事的人所欢迎。瑞思义曾亲往武昌、汉口、北京、天津、济南、广州、香港等处,实地调查,以为改进方针。增聘梅益盛、赫士等,专任编译及注释工作,季理斐与华人张纯一、杭海等撰著时论,投载教外各日报。是时伟大著作,莫如瑞、季二氏主译的《圣经字典》,其次有关发挥教义的译著多种。又刊《大同报》,以提倡东亚和平为旨,其内容虽不如《万国公报》的充实,而销路却不减少。同时,创办《女铎报》,由前南京汇文女学校长亮乐月担任编辑,有女学毕业生襄助,实为中国女界最早且最有价值的刊物。又继续出版《教会公报》，并由乐灵生编辑英文《中国教会年鉴》。此后历季理斐、窦乐安、莫安仁与贾立言、励德厚、贝德厚女士诸人相继工作，有季理斐夫人主笔的《福幼报月刊》，李路德主笔的《明灯半月刊》。《宗教伦理百科全书》，为莫安仁主编。陈金镛专辑劝世单张十数万套。这些都是比较显著的事工。华人中又有聂绍经、周云路、许耐庐、谢颂羔、张仕章以及李冠芳、沈骏英二女士等，五十年来，除出版书籍不下千种外，刻下所继续的报纸，则除《福幼》、《明灯》、《女铎》外，有《女星》、《道声》与《平民》数种。

其次在基督教文字事业上占先锋地位的，要算"圣教书会"。原来"圣教书会"设在中国的有六处：（一）上海圣教书会，（二）汉口与天津合并的圣教协和书局，（三）华西圣教书会，（四）两粤基督教书会，（五）闽南圣教书会，（六）闽省圣教书会。六处中以上海为最早，于1878年由上海中西人士范约翰、丁韪良、林乐知、顾永经、吴虹玉、鲍华甫等提倡成立，仿效英国伦敦、美国纽约两圣教书会办法，印刷各种《圣经》注释与《劝世文》、《醒世歌》、报章、单张等类，专以开通民智、化导人心为宗旨。每年发行的单张，约有百余万张，内而二十二行省，外而华侨足迹所到各地，莫不风行遍及。所印的书，有大部小册，有文言白话，或发挥真理，或阐明科学。汉口、天津起初是分立的，后来合并改称"协和书局"，以汉口为总局，天津为分局，成立全国协会，计划合并问题。六处同样印刷布道书籍和单张，都以华文为主。惟华西则兼印苗文，上海、闽、粤兼印土白，使此类布道单张，能普及于各处民众。总计六会所出书目,上海有 564 种、津、汉有 529 种,华西有 889 种,两粤有 29 种,闽省有 50 种,可见其事业的伟大了。上海总理斐有文,华人如柴莲馥、徐维绘等,除编撰书籍外,亦曾出版《新民》、《开风》等报。他如丁韪良所著《基督教辨证》,尤为阐扬真理之作。

跟着时代进步的著作机关,我敢说要算"青年协会"的书报部,它有一个特点,我们不能不注意的,就是始终由中国人负编辑的全责,不若上述的机关,以西人为主体,华人只处于辅佐的地位。所以在"青年协会"的出版物中,创作占大部分,翻译占小部分,与其他机关成一个反比例,在思想上技术上都比较地前进得多。溯中国之有青年会,实于 1895 年,比广学会、圣教书会为后进。这一年世界学生同盟总干事穆德博士第一次到中国,促进组织教会学校青年会,进行非常之速,不久,就有 29 个学校成立校会。1896 年便召集各会代表于上海,开第一次全国大会,便产生全国的总委办,潘慎文当选为总委办会长,来会理为书启。这时所说的委办会,即现在所谓董事会;所说的书启,即现在所谓干事。同时,决定一条议案:"编印适用书报以促学生宗教生活"。于是便成立了"全国协会"。成立之初,假上海青年会四楼之一室为事务所,因陋就简,除通信及巡视联络各学校青年会外,编行《学塾月报》。到了 1903 年,谢洪赉加入协会以后,便组织起编辑部来,谢氏即任为编辑部长。原来现在协会这个名称,起初叫做"中国学塾基督幼徒会总委办",后来因为包括韩国青年会在内,所以改称为"中韩基督教青年会总委办",继又改为"基督教青年会组合",直至 1915 年第七次全国大会议定改"组合"为"协会"。第八次大会又扩充编辑部为书报部，1920 年新会所落成于博物院路。关于书报部工作，一方面编辑，一方面发售。除了《青年报》为记载消息外，又编辑《进步月刊》，讨论学术。出版以后，颇受教育界欢迎。后来把《青年》与《进步》合为一报，就称为《青年进步》，始终由范子美担任编辑，到最近数年前才停刊。此外，又出版了不少书籍；一方面发挥基督教义，并讨论到宗教与科学等问题，一方面阐明青年会的本旨与工作。同时，又发挥中国固有学术，本基督教的立场，对中国文化分别其优劣与价值。历来主持笔政的，类皆饱学之士，如谢洪赉之后，有奚伯绶、胡贻毂，以及现在的吴耀宗。中间有许多学者从事著述，如谢扶雅、应元道、黄稻孙、沈体兰、张仕章等人。书目甚多，不胜枚举，例如谢洪赉所著《圣德管窥》、《圣经锥指》、《圣迹咫闻》、《基督教与科学》等等，不下数十种，范子美所著《道之桴》、《适道篇》，以及最近汇刊的《皕诲丛书》等等。其他各家都有不朽之作。最近所编著的《青年丛书》中，如赵紫宸《耶稣传》、吴雷川《基督教与中国文化》、沈嗣庄《社会主义史》等类，尤为精审而富有时代精神的作品。"青年协会"始终维持其进取精神，而保持其青年的面目。

既然说到青年会，便附带地说到女青年会。中国之有女青年，始于 1908 年。1923 年成立协会，第一任协会总干事为潘女士，继任的为顾恩慈女士，与文自立女士，然皆为西国人。中国继任为干事的，有丁淑静女士，现在由蔡葵女士担任。其组织与男青年会相同，亦设有书报部，分编辑与营业两部分工作。编辑部编辑及翻译各种应用书籍。自

1921 年出版《女青年报》，初名《女青年季报》，年出四期，三年后成绩甚好，乃增加篇幅，年出八期，改名《女青年月刊》，于记载会务外，又加以论说讨论家庭改造、教育子女等等问题，为后起的女界有名刊物。此外又出版关于妇女、儿童、宗教、体育等书籍 50 余种，都极受人欢迎。

"真光杂志社"亦为出版数量较多的著作机关。当 1902 年在广州成立美华印书局时，即编著布道小册，《说经丛书》及《土白圣经》、《赞美诗》之类，并发行刊物，如《真光月刊》、《恩喻周刊》、《新东方英文双月刊》，由湛罗弼、张亦镜等主政，后迁上海与"浸会书局"合并办理。

后起之秀的"基督教文社"虽仅有三年多寿命，然曾出版十几种重要的书。如赵紫宸的《基督教哲学》、《耶稣的人生哲学》，王治心的《中国历史上的上帝观》，简又文的《革命的基督教》，谢颂羔、米星如合译的《近代科学家的宗教观》，颇能引起读者的兴趣。"文社"始创于 1926 年，其本旨是谋促进中国本色基督教的国文著作，曾发行《文社月刊》，对于一般的读物加以批评，言论较为激烈，为一般人所忌，1928 年遂停办。

此外有北平的"生命社"，为刘廷芳、赵紫宸、徐宝谦、吴雷川等所创办，除出版《生命月刊》(后与《真理周刊》合并为《真理与生命》)外，亦兼出宗教丛书。后又由刘廷芳创办《紫晶》不定期刊。

湖北滠口有"信义报社"，由杨道荣等主政，除发行《信义报》外，亦出版书籍。

又有宁波的"三一书院"，梧州的"宣道书局"，沪江大学的"通俗教育社",烟台的"晨星报馆",台州的"内地会",上海的"勉励会"以及个人如赫显理的《日用指明》,余慈度的布道书籍,"觉社"的小册子,"国学社"的《国学研究》等等,皆各出版不少书籍,名目繁多,不及枚举。

现在我们来讲一讲教会报纸的大概情形。中国教会最早的报纸,要算福州所出《郇山使者》月报,时在 1874 年,由武林吉创办,黄乃裳为主笔。

1875 年上海"圣经书会"发行的月报,亦为最早之报,由范约翰创办,钟子能为主笔,专为幼童立言,多载孩童故事及寓言之类,间插图画,1907 年由柴莲馥主笔,1913 年上海、汉口两圣教书会合并,该报亦改名为《开风报》,至 1915 年因欧战关系而停刊。

又有《图画新报》,亦为"圣教书会"所出月刊,于 1880 年发行,以开通教友知识,联络教会声气为宗旨。先后由钟子能、柴莲馥主政。后改名为《新民报》,于 1921 年停刊。

《万国公报》,于 1874 年由林乐知私人创办的,每星期出版一册。后林氏服务广学会,便变为广学会的出版物,改星期刊为月刊,以灌输新知识为宗旨。操笔政的有蔡尔康、范子美等,当时盛称为有益士林之刊物。至 1907 年以林氏去世,遂亦停办。

《真光报》,创办于 1902 年,在广州由湛罗弼主政,陈禹廷编辑,名为《真光月刊》。继聘廖卓庵为协理,廖氏与张亦镜本同在香港办理《中国旬报》,故邀张氏来助。此后《真光》便为张氏终身事业,刊载不少辩道文章。1917 年改称《真光杂志》。后随《美华印书局》迁沪办理。张氏去世,后由曹新铭编辑。

《通问报》,乃长老会机关报,创始于 1902 年,由吴板桥主政,陈春生任编辑,每星期出版一次,以有光纸印的单张。专载全国教会消息,行销甚广。

《教会公报》,亦为广学会出版,创始于 1891 年,初名《中西教会报》,高葆真主政,冯九卿为编辑,多载经题讲义,教会新闻,至 1917 年停刊。

《光报》,于 1905 年旅美华侨基督徒所创办,亦载教会消息及经题解释等,间插图画,在华文之外兼刊英文,由黄梓材、伍盘照为中英文主笔,每月出版一次,数年后即停刊。

《圣公会报》,创于 1908 年,初名《圣教会报》,由聂高莱主任,为圣公会刊物。1913 年改称《中华圣公会报》,后移汉口发行,而以孟良佐为主笔,1924 年改为半月刊,简称《圣公会报》,仍迁回上海,由董健吾主笔。

《神学志》,乃南京"金陵神学"出版的季刊,1914 年出版,由陈金镛主笔,专以发扬教义,指导牧师为宗旨。后由王治心主笔,增加篇幅,充实材料,遂为基督教领袖所欢迎。今则改为页数较少的月刊。

《兴华报》,为美以美会与监理会合办的机关报。起初美以美会武林吉在福州办有《华美报》,监理会林乐知在上海办有《教保》,后来合并称为《华美教保》,月出一册,由林氏主政,及范子美、任保罗等襄助。后林氏故世,由潘慎文继任,曹迈豪襄助。1910 年改称《兴华报》,每星期出版一册。美以美会又派司徒尔主任,聘屠坤华编辑。至 1911 年司徒氏因病去世，仍由潘氏主理，聘王治心为编辑。1917 年由陈维屏、李逢谦编辑，后罗运炎继陈氏职，仍由李氏操笔政。行销不亚于《通问报》。

《大同报》，为广学会刊物，创于 1904 年，高葆真主笔，张纯一、徐翰臣等襄助撰著，以灌输知识为宗旨，民国纪元增添内容，销数亦加，至 1915 年因欧战而停刊。

《奋兴会报》，系香港十余华信徒办理的，创始于 1914 年，由杨少泉纠合同志，分任编辑。初仅载会中消息，互通声气，后乃增加篇幅，装订成册，以发扬个人道德为主，按月出版，未尝间断。

《谈天》，也是香港基督徒所办，1916 年出版，注重说教，七日一出，为尹文楷医生所手创，后由黎文锦、麦梅生、陈安仁、张亦镜诸人主笔政。

《青年进步》，乃青年协会所出版。由谢洪赉主政的《青年》与后起之《进步》两报合并而成，月出一巨册。主编辑的为范子美，其他奚伯绥、胡贻毅、应元道皆襄助译著，于沟通中西文化，实有莫大贡献。自范氏告老，该报遂改为《华年》，而变为潘光旦个人主持的周刊。今则《华年》也停办，青年会刊物中，只剩《消息》报告学生部事工，《同工》载职员的工作情形。

《信义报》，湖北滠口信义会的机关报，初与《通问报》相仿，以互通消息为主，由杨道荣等编辑，后逐渐改进而装订成册，按月发行，兼及教义的发扬，今已停刊。

《湖广月报》，汉口圣教书局发行，创始于 1910 年，内容有论文消息等,民国以来,已不知究竟。

《醒世月报》,1908 年出版,由武汉恳亲会办理,内容亦较丰富,民国以来,也不知是否继续。

《女铎报》,由广学会亮乐月女士所创办,华文主笔为许笃斋,专供女界阅读,内容丰富,按月出版。

《晨星报》,由山东烟台长老会出版,于 1910 年始创,内容以故事小说为多,月出一册,传道人甚为欢迎。

《圣经报》,由梧州宣道书局发行,主笔为翟辅民,月出一册,专以解释圣经为主,亦为传道人所欢迎的刊物。

此外有协进会所办专以联合全国教会为旨的《中华归主》,北京基督徒注重发行《真理与生命》,与提倡基督教文学的《紫晶》,基督教教育会专以促进基督教教育的《教育季刊》《教育月刊》,广学会提倡中学生宗教文艺的《明灯》,平民识字运动的《平民》,与介绍新书的《出版界》,提倡灵修的《灵光报》《灵食》《灵声》等,促进文字事业的《文社月刊》,鼓吹教会自立的《圣报》,以及其他各大学神学中学的校刊,如《约大周刊》、《约翰声》、《协大学术和艺文》、《金大团契通讯》、《金陵学报》、《南大工友》、《建道院刊》、《哲理声》、《真光校刊》、《培正校刊》、《崇真月刊》、《崇真季刊》、《华北神学志》、《道南》、《齐大旬刊和季刊》、《燕大团契声》、《之江校刊》、《岭南大学校报》等等。又如各宗派各教会机关的机关报,例如《女青年》、《天津公理会月刊》、《中华女布道会季刊》、《循道会月刊》、《公理公报》、《北平公理会月刊》、《江苏浸会刊》、《自立月刊》、《合一周刊》、《布道杂志》、《河南圣公会刊》、《两广浸会周刊》、《新生命》、《道风》、《福音光》、《福音钟》、《卫理》、《桂林自立会刊》、《麻疯季刊》、《时兆月报》等等更多。又有各地青年会会刊,真是举不胜举。其间有许多已经停刊的,有许多无定期的,有许多是创刊未久的,因为限于篇幅,不及详载,姑以见闻所及,略举如上,不免挂漏了许多。兹将汤因君在十三期《年鉴》上统计,转录于下,借以考见基督教在文字工作的一斑。

基督教书籍历届调查统计

年鉴期次	调 查 年 份	所 得 种 类
1	1914	186
2	1915	159
3	1916	75
4	1917	119
5	1918	66
6	1921	553
7	1924	—
8	1925	572
9	1927	265
10	1928	163
11	1931	—
12	1933	378
13	1936	549

基督教杂志历届调查统计

年鉴期次	年　份	中　文	英　文	合计总数
1	1914	25		25
2	1915	40	4	44
3	1916	43	4	47
4	1917	50	4	54
5	1918	66	7	73
6	1921	101	11	112
7	1924	125	11	136
8	1925	125	11	136
9	1927	206		206
10	1928	156	27	183
11	1931	148	29	177
12	1933	193	18	211
13	1936	211	27	238

三　教　育

当中国尚在用八股试帖、开科取士的时候,基督教带来了西洋教育制度,用格致科学来训练人才;这在中国觉得是一件极陌生的事情,并且动摇了固有的教育基础。因为从这种新教育制度中造就的人物,不能应付国家的考试,与从前传统的"读书是为做官"的观念大相背驰,所以一般人不愿把他们的子弟送进教会学校。只有两种人敢去尝试:一是"要读书而没有钱"的贫寒人家,因为那时的教会学校不但不收学费,反而津贴学生的衣食零用。一是想进洋行海关谋生的人,他们鉴于教会学校注重英文课程,希望造就所谓买办阶级。然而进教会学校,大家都以为带点冒险性质,所以要招收教外学生,实在很不容易,只有一些基督徒家的子弟,因为可以借此避去崇拜孔子的麻烦;基督教最初办理学校的动机,也是为基督徒子弟便于读书的缘故。以教育为宗教介绍的意义,原不是最初的动机,到后来才逐渐发展起来的。天主教在教育上到现在还是注重在第一点上,他们不甚重视学校的办理,所有的学校,无非是培植教内的修士修女,以及所养的孤儿,大都就是所称的教理学校,所以起初他们的学校数量是很少的。后来鉴于更正教在努力办理学校的一件工作上,进展得非常迅速,便也相当地努力起来。1850年在上海开始创办"徐汇公学",1903年创办"震旦大学"于上海,1922年创办"工商学院"于天津,1925年创办"辅仁大学"于北平。据最近的调查,各教区中教育最发达的,要算南京、北平、香港、汉口、兖州和天津等处。南京区内,共有男子中学8所,学生2 625名;女子中学5所,学生955名。北平区内,共有男子中学10所,学生1 186名;女子中学13所,学生796名。汉口区内,有男高小学校20所,学生947名;女高小学校19所,学生900名。至于小学数最多的,是南京区,高小学生有1 596名,初小学生有8 073名。香港则女生为多,有高小学生1 600名,初小学生2 855名。此外在兖州有253所初级男小学,有4 515名学生。天津有130所初级男小学,学生不详;尚有初级女小学。南京区有

6 448 名学生。香港区有 2 855 名。这些都是普通学校,招收教外学生读书的。至于所谓教理小学,其数甚多:在献县有 1 069 名,兖州有 712 名,永平有 522 名,北平有 519 名。还有读经学生:献县 6 325 名,北平 5 419 名,南京 4 949 名,兖州 4 023 名。这是根据德礼贤氏《中国天主教传教史》的记载,看见所谓教理读经学生数,与普通学生数差不多相等。其普通学校与更正教的统计一为比较,就觉得相差甚远了。更正教教育状况,据 1934 年统计:

大学 13 所	学生 5 780 名	
医学院 3 所	学生 182 名	
神学院 7 所	学生 188 名	
总共 23 所	学生 6 088 名	
男中学 115 所	学生高中 6 892 名	初中 12 187 名
女中学 102 所	学生高中 2 919 名	初中 6 890 名
男女同校中学 43 所	学生高中 1 448 名	初中 6 663 名
总共 260 所	学生 36 999 名	

又据 1922 年《中华归主》中的统计:

高小 956 所	学生 32 899 名
初小 5 637 所	学生 151 582 名
总共 6 593 所	学生 184 481 名

这统计还是十七年以前的情形,当然现在又增加了不少。但是根据这统计,与天主教同年的数目比较,已有七与一之比,证明更正教对于教

育事业注意的一斑。现在且略略将更正教教育经过情形叙述于下：

最早的学校，当然要算 1817 年马礼逊在马剌甲所创办的"英华书院"，后来在 1842 年迁到了香港，在这个学校里产生过不少的教会领袖。校长理雅各用宗教教育和中英文字教授学生，是为中国人习学英文的起头。1825 年公理会有葛兰德女士在新加坡为中国女子设一学校，是为中国女子受新教育的起头。1835 年西国信徒为纪念马礼逊的缘故，捐资在澳门设一女学。这些学校都设在中国沿海的岛屿之上，至于在中国内地设立的学校，是为《南京条约》以后的事。最先在 1844 年有阿尔德女士奉了英国"东方女子教育会"之命，来华设女校于宁波，同年约翰·施敦力与杨夫人分设"英华男女两校"于厦门。1846 年崇真会在李朗设"存真书院"，即后来的"李朗神学"，可谓最早的神学。1848 年美以美会柯林斯创办男校于福州。1850 年马克来夫人又在福州创办女校。同年，长老会用雅各设学校于厦门，又在鼓浪屿设"英华男校"、"怀仁女校"。归正会同时亦在鼓浪屿设立男女学校。1856 年厦门又成立了"真道学校"。1859 年美以美会在福州亦办一女校。1861 年范约翰手创"清心书院"于上海，即今"清心中学"。1864 年公理会设"育英学堂"于北平；裨治文夫人亦在北平创办"贝满女学"，后来迁到了上海。又设"格致书院"于福州，即今"格致中学"。

1865 年圣公会在上海设立"培雅学堂"，次年又设立"度恩学堂"，到 1879 年两校合并成为"约翰书院"，迁校址于梵王渡，即是今之"圣约翰大学"。先是在 1845 年北长老会在宁波所设的学校，于 1867 年迁到杭州，名叫"育英义塾"；到 1910 年南北长老会合并，便把它改成大学，建校舍于钱塘江畔六和塔，名曰"之江大学"，即今"之江文理学院"。1865 那一年，又有美以美会在九江设立"南伟烈书院"，后称"南伟烈大学"；长老会丁韪良在北平创设"崇实馆"，后改称"崇实中学"。次年巴陵会在广州油栏门设男女学校。1859 年美以美会屋斯顿又办女学于福州。1867 年公理会弼夫人在福州又办女校。1849 年香港"圣保罗书院"成立。同年，监理会在苏州设立一学校，初开时只有两个学生，到后来改名为"存养书院"，继又改为"博习书院"，再后将在 1881 年上海所设的"中西书院"收并，就成为现在所称的"东吴大学"，文理科办在苏州天赐庄，法科则办在上海。鼓浪屿的"毓德女校"，也于是年成立。1872 年登州浸会设一学校，初仅学生 12 人，后逐渐发展，不久遂增至五校。1875 年九江美以美会增设"儒励女学"。1878 年监理会有雷夔女士在南翔设立"悦来书塾"，后来迁到吴兴，改为"华英学校"，就是现在的"东吴第三附中"。同年，宜昌有男女学校成立。1805 年浸礼会在苏州开办"晏成中学"，后又添设"慧灵女学"。1882 年美以美会沙德纳女士在南京创办了"汇文女学"。1883 年公理会有宋女士又办一女校于福州。同时喜嘉理在香港办一学校，夜则教授英文，孙中山就是从这个学校里受洗的，当时一同进教的有三个人，一个叫宋毓林，一个叫陈中桂。广州的"培英"，也在这时创立的。

1885 年的登州"文会馆"，实为山东基督教基础，因为有许多教会领袖，都从这里产生的。他们那些毕业生，每年捐助教会自立费，并且在 1898 年创办"自立学塾",可以说中国人最早自办的学校。当时本有一"广文大学",后来这个"文会馆",就变成现在"齐鲁大学"的前身。1879 年长老会在广州沙基创设一学校,即今日之培英小学。这个学校在 1888 年迁到花地,1893 年与基督教书院合办,1898 年分立,后者就是"岭南大学"之前身。1889 这一年,也有"培正中学"设立于广州。1890 年漳州成立"振兴女学"。1892 年金井成立"毓英学校",重庆成立"广益学校"。1898 年在永春有"育贤男女学校"成立,成都有"华美女中"成立;同时,伦敦会在上海创立了"麦伦书院",即今"麦伦中学"。1899 年伦敦会又在漳州设立"中西学塾"。

因为学校的数量逐渐增多,教育当局便觉得有互相合作的必要,所以曾经在 1877 年发起一个会议,结果推出一个课程委员会,这就是教会学校表示合作的第一步。进一步的合作,就在 1890 年组织了"中国学塾会",目的是要推进中国基督教教育,并联络各学校的教师,规定每三年召集一次。这时候中国亦改变其教育制度,废除科举,亦渐渐注重科学的学习,各省各府纷纷地设起学校来,不过程度都不若教会学校,教授英文及科学的人才,大都仰给于教会学校。在纪律校风方面,亦不若教会学校的严肃。当时供职于海关、洋行、邮政,各方面需用英文的机关的,类多取材于教会学校,因为教会学校对于英文方面的教授,较为可靠。国家亦感到人才的缺乏,于是派遣多数学生留学日本,也派少数学生留学西洋。东西洋的新思想新制度便由此源源而来中国,不但影响到整个教育的制度,也渐渐影响到政治的改革。从基督教本身上讲,因着学校的发达,产生许多服务教会人材,使布道事业亦得因此而进步。所以在各公会的差会中,都认办理学校是一种效力宏伟的布道工作;因此,差会所供给的教育经费,反而超过了布道经费,教育事业的进步,当然更来得可观了。

试就这时期中学生人数和教友数量,略加比较,以觇其进步情形的一斑。

年份	学生数	信徒人数	百分比
1877	5 917	13 035	45%
1899	16 836	37 287	45%
1910	102 533	195 905	50%
1915	169 707	268 652	60%

以前那些教会学校,是被少数人所轻视的,但在这时候渐渐引起人的注意了,所以学校的人数迅速地增加起来,收进的学费与中国人的捐输,也可以供给一部分的开支,一部分教员的薪水,可以从收入的学费里支付。有些学校渐渐达到了经济自立的地步,不必仰给于教会的支持了。尤其是小学教育的普遍,差不多每个教堂的旁边,都有一所小学,男女学生并收。中国女子向来是不受教育的,从教会女学一天天地发展,女学生便一天天地多起来,女子的地位也就一天天地提高了。甚至连云南的苗族也设立起学校来。同时亦普遍地设立起幼稚园来,数量的增加,尤见迅速。在 1907 年有 42 546 个男女学生,2 196 个中学。四年中便增加到 46 732 个学生,校数 2 557 个。再看小学的进展:1914

年初小学校有 4 120 所,初小学生有 104 841 人,高小学校有 268 所,高小学生有 13 453 人。

从 1900 年以后,基督教教育更进一步趋向于高级学校的建设了。除了一般的高级中学次第的增设,如广州的"通志英文学校"(1900),南京的"圣道书院"(1901),即"金陵神学院"的前身之一,奉天的"文会书院"(1903),后改辽宁"文会高中",美以美会设"葆灵女学"于南昌(1903),泉州的"培元中学"(1905),信义会设中学于益阳(1906),美以美又在福州设立"英华书院"(1906),香港成立"圣士提反书院"(1903)等等中等学校以外,许多最高学府,都次第的建立起来。如杭州的"之江大学",是在 1910 年成立的。上海的"圣约翰大学",在 1913 年已有 370 学生,许多政商学界及教会中的著名领袖,如顾维钧、颜惠庆、余日章等人,都出于该校。南京的"金陵大学"在 1911 年由原有基督会、美以美会、长老会三学校合并而成。后来添设农科、师范科。1913 年便有 500 学生,40 个教师。1915 年"金陵女子大学"亦开始成立,今称为"金陵女子文理学院",为中国基督教所办的女子最高学府。上海浸礼会所办的"沪江大学",溯其最初的起源,则 1906 年的"浸会书院",几经扩充,始成大学,建校舍于杨树浦黄浦江边,连中学有学生千余人;后来又在租界建设商学院夜校,给一般商界青年补习机会。苏州监理会所办的"东吴大学",前已说及,其校舍建于天赐庄,有三个附属中学,第一设在大学内,第二设在上海,即从前"中西书院"旧址,第三设在湖州,即从前的"华英学校",总共不下有 1 500 学生。后第二中学合并于湖州,在上海所办的"东吴法学院",即移设于二中原址。成都由四公会合办的"华西协合大学",发起于 1906 年,至 1910 年始正式开办,占地 60 亩,在 1914 年有 258 学生,今则倍之。当袁世凯时代,中国政府曾给以相当的资助。通州的"华北大学",属于当地"华北教育会"所经营,该会是由伦敦会、长老会、圣公会联合组织起来的;又有"华北女子大学",是从 1905 年开始由"贝满女学"改组而成的,至 1919 年合并而成"燕京大学",1920 年得董事部批准,遂兼收女生,可以说开中国男女同学的先河。校址设于北平海甸,规模相当宏大,在教会大学中可以首屈一指。山东济南的"齐鲁大学",由长老会、浸礼会合办,由"文会馆"扩充而成,于 1903 年创始的。初仅办文理两学院,后来荆州的浸会神学与师范学校与在济南的医学院先后并入,便成现在的"齐鲁大学"。福州有一个"协和学院",创始于 1918 年,又有一个"华南女子文理学院",可以说是在福州省内的最高学府,这两校学生皆甚少,久欲合并,到现在还没有成功。此外有几个业已不复存在的大学,如岳州的"湖滨大学"、长沙的"雅礼大学"、宁波的"斐迪大学"、益阳的"信义大学"、九江的"南伟烈大学"等等,亦曾造就过不少人材,但因种种关系,与他校合并或停办了。

上述的教会学校情形,不过举其大者而言,挂漏必多,兹再根据最近统计,概括地叙述于下。关于大学部。

天主教 ⎱ 北平辅仁大学
上海震旦大学
天津工商学院

更正教
├─ 华北区
│　　├─ 北平燕京大学设文、理、法三院
│　　└─ 山东齐鲁大学设文、理、医三院
├─ 华东区
│　　├─ 南京金陵大学设文、理、农三院
│　　├─ 苏州东吴大学设文、理、法三院
│　　├─ 上海沪江大学设文、理、商三院
│　　├─ 上海圣约翰大学设文理、工、医三院
│　　├─ 杭州之江文理学院
│　　└─ 南京金陵女子文理学院
├─ 华南区
│　　├─ 广州岭南大学设文理、农、工三院
│　　├─ 福州协和文理学院
│　　└─ 福州华南女子文理学院
├─ 华中区
│　　├─ 湖北华中大学设文、理、教育三院
│　　└─ 湖南湘雅医学院
└─ 华西区——四川华西协合大学设文、理、医三院

　　总上表有 11 个大学，6 个学院。1932 年统计学生总数，有 6 838 人，其中男生占 69%，除了天主教学校不收女生外，其余都是男女同学。专就更正教而言，教员 550 人，内华人 356 人，西人 194 人。历届毕业总数，大约有 7 000 人，以职业论，服务于教育界的 40%，经商的 12%，从事宗教及社会事工的 10%，从事于政界的 7%，出国求深造的 7%。1934 年 2 月 29 日《申报》发表教育部统计全国私立各大学沿革，兹摘录其关于教会大学的一部分于下：

一、东吴大学,初为教会人士为扩充教育事业,将苏州博习书院上海、苏州两"中西书院"合并而成今校,民国前十一年3月正式开学,十八年7月呈准立案。

二、震旦大学,初为蔡子民、马相伯两氏,以京师"译学馆"因戊戌政变停办,商请耶稣会创办今校,逐年设科,民国二十一年12月呈准立案。

三、沪江大学,初为"浸会大学",民四改为"沪江大学",十八年3月呈准立案。

四、金陵大学,由"汇文"、"宏育"两书院合并而成,民三"东方医科大学"复并入该校。十年7月经前教育部核准立案,十七年9月经大学院复准立案。

五、岭南大学,初为美人创办之"格致书院",民国前十二年改为"岭南学堂",民十六国人接收自办,改名"岭南大学",十九年7月立案。

六、齐鲁大学,该校初为"广文学校",与济南"共合医道学堂"合并,称以今名。十二年北京"华北协和女子学校",复并入该校医科,二十年12月呈准教育部立案。

七、燕京大学,由北通州"协和大学"、北京"汇文大学"合组而成,民九"女子协和"复并入,十六年春经前教育部认可,十八年6月呈准立案。

八、武昌华中大学,为教会所办"武昌文华大学"、"博文书院"之大学部,长沙"雅礼大学"三校合组而成,十六年政变停办,十八年恢复,并加并"湖滨大学",二十年12月呈准立案。

九、辅仁大学,为公教学校,初为"辅仁社",嗣更名为"辅仁大学",十六年6月经部批准试办,二十年8月准予立案。

其余如"协和"、"华南"、"金女大"等,亦相继立案,惟"圣约翰"则尚在筹划中。

关于中学部分,调查基督教所办的中学,全国约有240处,有34 081学生,其中30%系高中,70%是初中。以省份来分配:

省　名	学生总数	学校总数
江苏	7 337	40
河北	6 849	19
福建	3 963	52
浙江	3 249	20
山东	2 827	20
广东	2 394	21
湖北	1 810	11
四川	1 656	16
湖南	1 048	8
安徽	695	7
东三省	671	14
山西	558	3
江西	554	4

河南	472	5
	总数 34 081	总数 240

办理比较完善的,大都设在大都市之中,且看:

上海	3 712	18
福州	1 800	14
广州	1 382	9
苏州	1 561	9
北平	3 810	8
	总数 12 265(占 35%)	总数 58(占 24%)

其间男中学 118 处,女中学 92 处,男女同学的中学 30 处。肄业高中的学生有 10 184 人,内男校学生为 61%,女校学生为 27%,男女同校中学生为 12%。肄业初中的学生有 23 897 人,男校学生为 52%,女校学生为 28%,男女同校中学生为 20%。说到学生的宗教情形,在高级中学里,基督徒占 35%,初级中学里则占 20%。由基督徒家庭中来的学生,其比率亦如之。自 1932 至 1933 的一年中,中学生受洗人数共有 467 人。而教员中的基督徒数,平均是 75%。

至于小学,到现在还没有确切的统计。1930 年北长老会报告他们一会中有高初小学 383 处,学生 14 693 人。美以美会报告他们一会中有高初小学 551 处,学生 29 372 人。其他公会中所办小学,未能尽知,从上述两会的报告而加以比率的推测,小学校数至少在 3 000 以上,学生数大概有 10 万人。

上列的种种统计，虽不十分正确，而基督教教育事业的逐渐进展，是显然的。综基督教在中国办教育的经过，可以划分为三个时期：1900 年以前，可以称为草创时期；1900 年至 1922 年可以说是发展的时期；自 1922 年以后，便入于革新的时期。现在且略述最后时期的情形。

从 1922 年非基运动发生以后，基督教教育便受着猛烈的攻击。1924 年中华教育改进社年会时，余家菊等曾提议收回教育权，孙恩元等提议无中华民国国籍者不得在中华民国领土内对于中华人民施行国家教育，吴士崇提议取缔外人在中国设立学校。同年全国教育会联合会在开年会时，也通过教育实行与宗教分办，及取缔外人在国内办理教育事业的决议。（见舒新城编《收回教育权运动》四十八页）当时，国民党中的左倾分子，主张把基督教学校完全接收，于是竟有若干学校被占据，也有若干学校被迫而停闭。他们所加于基督教学校的罪名，最大的两点，就是基督教教育是一种反科学的文化侵略，基督教教育是帝国主义的工具。外来的攻击压迫既如是利害，而基督教内部中也起了反应，教会学校处在内外交攻的情形下，不得不考虑到向政府请求立案的问题。根据民国十四年(1925)北京教育部所颁布的外人捐资设立学校请求认可办法共六条，与民国十五年国民政府教育行政委员会所颁布的私立学校规程，内容大同小异。最重要的条文就是：不得以宗教课目为必修科，不得在课内作宗教活动，不得强迫学生参加宗教仪式，不得以外国人为校长，组织华人为多数的校董会等等。其用意是要把宗教与教育分离，并且要使教会学校统制于中国政府。而基督教办理教育的当局，对于立案问题，费了很多讨论，深恐立案以后受政府干涉，失去自由，并失去基督教特殊精神，特别是英国教士，多抱这种顾虑。"全国基督教协进会"为了这个问题通函各处教会人士，征求意见。结果主张极端赞成的为 113 件，主张相当赞成而对于第五、第七两条要求修改的有 101 件，主张不赞成的有 42 件。（见《教育季刊》二卷三期五十五页）但是大多数学校，自动地愿意遵照政府法令，请求立案，少数学校有的自行宣告停办，有的被官厅勒令解散。立案以后，实施党化教育，必修党义课程，举行纪念周，悬挂总理遗像及党国旗，各级学校党义教师与训育主任，须一律受"党义教师检定委员会"检定。后来在"全国教员会议"中，取消"党化教育"这名称，另订三民主义教育方案，以三民主义编入公民课中。也有少数中西人士，对于纪念周的举行，向总理遗像与党国旗行鞠躬礼，认为与基督教信条有根本冲突的地方，因此，不免又发生小小纠纷，而大多数领袖们以为是无关重要，一律奉行。于是教会学校在这种情势之下，渐渐把西人管理权移交于华人，组织校董会，推选华人为校长，如钟荣光任岭南大学校长，陈裕光任金陵大学校长，刘湛恩任沪江大学校长，杨永清任东吴大学校长，吴雷川任燕京大学校长，林景润任福建协和学院院长，吴贻芳任金陵女子学院院长，韦卓民任华中大学校长，王世静任华南女子学院院长……以及其他大学及中学，莫不如是。西人中的开明人士，他们的地位虽然改变，然皆乐以帮助，认此举于教育本身有莫大利益，教会教育终必由中国人自己起来负责，现在时机已到，毋庸推诿。陈湘帆曾这样说过：

移交之事，无论其程序如何繁重，责任如何重大，实有不可不行之势。今日不行，必有行之之一日。与其留待将来，夜长梦多，不如今日排万难，披荆棘，毅然决然勉力行之。(《教育季刊》第四卷第二号八十一页)

这话实足以代表当时一般见解，而成为一致的舆论，移交之事，终于在顺利进行中，见诸实行。在内部方面，有其他种种问题，如经济的重新支配、学校与教会的关系、西教士与学校的关系，以及宗教课程等等，结果，都得到意外的圆满解决。最初那些抱着怀疑态度的人，深恐宗教课程一旦变为选修，势必等于消灭；但实行以后所得的效果，反比以前增大，选修宗教课程的数量，平均在 40% 以上，而且都抱自动的研究态度，在精神方面，实有极大的进步。而学生们的参加宗教仪式，人数虽仅占 50% 左右，然实比强迫式的参加为有价值。

如今教会学校，在国家教育系统中，实占着平等的地位，在宗教自由的原则下，得到政府经济的补助，使教会学校有相当的进展。最近政府又有取消宗教限制的法令，教会学校的前途更有无穷的希望了。

末了，我们应该补叙几个有关于基督教教育的问题。第一，是"基督教教育会"的组织。基督教在中国办理教育，已经百余年了，各学校应当如何联络，宜有一个中心的机关。所以在 1877 年开传教士大会的时候，觉悟到该如何统一教会学校的教科书材料，便推出一个"学校教科书委员会"。这个委员会，成了中国基督教学校第一个联合的机关。

从专编教科书的范围,进而为讨论一般教育的问题了,在 1890 年便定名为"中国教育会",其责任除编辑教科书以应教会学校的需求外,更谋教授上的互助与一般教育问题的解决。1900 年出版了一本《教育指南》,1907 年发行一种《教育月刊》,1909 年改为《教育杂志》,后来改为英文《教育季报》。1907 年聘请西尔斐为总干事。1912 年第七次大会时,改名《中华基督教教育会》,贾腓力、路义思为正副干事。1922 年英美教会因欲调查中国教会教育情形而筹联合进行计划,特派视察团视察一切,依照视察团的主张,分四部组织:高等教育组、初等与中等教育组、宗教教育组、推广与成人教育组,各组设委员会及干事。以四组委员会代表合组为全国董事会,各省区设立分董事会。分中国教育区为十区,即:

一华东　　二华南　　三华西　　四华中　　五燕晋

六福建　　七皖豫　　八湖南　　九东三省　十山东

各区又设区教育会,发行《教育季刊》为总机关报。一以谋各学校的工作,减少教育上的冲突与浪费;一以代表基督教学校与政府机关有所接洽,俾于国家教育系统上占一地位。这便是"中华基督教教育会"重要的使命。

第二,中国基督教学校,在办学经验上,觉得要增厚教育上的效能与力量,必须努力于合并与合作。例如"燕京大学"本为数大学合并而成。"华西协合大学"乃四教会合作而创立。1922 年"教育视察团"曾作此项合并与合作的建议,直至 1928 年基督教高等教育组,通过了具体的联合办法,主张华东七大学联合成一大规模的大学,称为"华东协和大学";华中五大学合成一"华中大学";后者已实现。并且指定各大学的工作,如南京"金陵"将扩充农林专科,"岭南"亦有规模比较小的农科,"燕京"亦设农事试验场,觉得应各分工合作,以期减少重复。其他关于医科、法科、商科、教育科,均有相同的计划。并创设"研究院",限于两中心地点之"燕京"与"华东",使经济人才各方面不致浪费,并且能收互助之效。但是因有地域的限制、政策的各别,所以很难使这种计划完全实现。不意现在却得一意外的合作机会,即如七七抗战以后,各沦陷区中的学校,均集中在一隅。如上海"圣约翰"、"东吴"、"之江"、"沪江"四大学的合作,四川有"金陵"、"金女大"、"齐鲁"、"华西"等的合作,中学校亦有不少由数学校合并办理,这是从前迟迟不能实现,而今竟成为事实的奇迹。

第三,布道教育。教会办学的目的,原是布道,所以造就布道人才,当然是教会学校所注重的,所以最初就组织了许多"圣经研究班"与"圣经学校"。不过在 1900 年以前,程度是很低的。到 1900 年以后,不但程度渐渐提高,而且此种学校的数量,亦逐渐增多。在 1876 年只有 20 个神学,231 个学生;到 1906 年便有 68 个神学,7 822 个男学生与 543 个女学生了。这些学生入学的程度,必须是中学毕业,这犹是 1907 年以前的限制。及至美国圣公会在武昌招收神学生中,有 3 个是大学毕业生,2 个是大学肄业生。1912 年山东"齐鲁大学神学院"里,其中有 8 个是文学院的毕业生。当时的各大学中,差不多都附设"神学院",如

"燕京"、"沪江"、"约翰"等校,栽培出不少传道人才。至于独立的神学院,则有如南京的"金陵神学院"、"金陵女子神学",溉口的"信义神学院",广州、福州的"协和神学院"等,都是造就高等传道人才的机关。此外有程度较低的各种"圣经学校",为数亦甚不少。

第四,师范教育。为应付各级学校的教授人才起见,不得不设立"教育学院"与"师范科",训练适用的教员。曾经有人主张每省设立一"联合师范"学校,在厦门、福州、苏州、武昌等地都开始实行过。

第五,医药教育。这也是基督教教育范围中重要的工作,初期基督教便已注重到这一点。培植中国医药人才,实比由各国派遣医生来华,更为切要;所以从1900年以后,便有医学校次第成立了。1912年沈阳正式成立了医学校。1906年创办北平"协和医学院",清朝慈禧太后亦曾捐输款项,并由政府颁给学位。在北平另有"华北女子医学院",1914年有2人毕业。上海有"女子医学院"。广州有"夏葛医学院"。山东"齐鲁大学"附设"医学院"中,在1914年时,有学生25人,教师4人。1902年在汉口有"联合医学校",长沙有"雅礼医学院",南京也有联合的医学校,1913年并入"金陵大学"。1908年又曾办"护士学校","东吴"、"圣约翰"等大学设医学系,亦授医学博士学位;其他大学中亦多设医预科。在杭州有梅医生继续训练医药人才;在福州曾设有"协和医学院",1921年就停办了。"香港大学"亦设有医学系。广州有"华南医学院"和"中华医学会"所办的医院。按1913年的统计,全国有500学生受医学的训练,更有不少的护士学校。被称为煤油大王的洛克斐勒

(John D. Rockefeller)对于医药卫生事业,特别感到兴趣,因而组织一个"基金委员会",到中国来研究医药学状况;根据这委员会的报告,又组织了一个"中国医药董事会",支配一笔巨大的款子,计划培植中国的医药人才,并津贴教会各医学校。又创办二个"肺病疗养院",预备奖学金给中国出洋学医的学生。该董事会在上海重新办了一个医学校,又扩充了北平的"协和医院",辅助湖南"雅礼医学院"和其他许多医院,大学中所设有医学预科的,都得着他的津贴,于医药教育上的贡献,实在不少。

第六,方言学校,是为刚来中国的西教士预备的。1900 年以前已有此种设备。至 1910 年伦敦会在北平创办了一所"华言学校",1913 年扩充成一个联合的学校。在南京"金陵大学"附设了一所"华言学校"。广州和成都都有同样的组织,使初来中国的西教士,先在这学校里学习一年的中国话,然后分发到内地去做传道工作。

第七,职业学校。在济南有专制花边等工艺品的学校,上海、兴化、宜昌、福州都有此种小规模的组织。

第八,平民教育。因为中国文字过于艰深的缘故,教育便不易普及,所以在一般提倡平民教育的人,研究如何改良文字,用简易的方法,来推行识字运动。"沪江大学"董景安编著了一种 600 字通俗课本,组织起"通俗学校",各处教会都热忱地推行,在 1916 年成立了 200 多个学校,但是 600 字究竟不够应用,于是又增加到 700 字。青年会重复加以研究,另编一种平民千字课本,晏阳初也是同样的提倡。1923 年组织起一个"民众教育会",推行这种工作。另一方面,用罗马字拼音翻译

《圣经》，如宁波、福州等处都曾热烈地实施。后来中国政府规定"注音字母"，来做普及教育的工具，教会最努力于这种工作，不但用"注音字母"译成单本《圣经》，且办理"学习注音字母学校"。同时，在"主日学"课本都加以采用。此外如"妇女半日学校"，各种"补习学校"以及"盲童学校"、"聋哑学校"、"圣经函授学校"，亦皆属于基督教教育范围内的工作，现在我们不能一一详细说明。比较重要而极普遍的教育工作，则又莫如各教会一致办理的"主日学"。"主日学"的创始，虽然已经很久，但是在1900年以前，不过是传教士的一部分工作，教会中设立"主日学"的，只有八分之一。后来由"万国主日学学会"负责推行，编辑中文的课本，分儿童的、少年的、成人的各种不同的程度，于是"主日学"的范围，不单是属于儿童的训练，也是普及到教会以外，成为"平民教育"的工作了。负责推行这件工作的，有"中国主日学合会"，都曾圃尽了多年的力量，使全国各教会没有一处不有主日学的设立。因此，基督教的教友60%的男子、40%的女子，都能读《圣经》，其识字的百分比，实在比普通的人民高多了。用许多方法减少文盲，当时有一句口号："每一个基督徒必须能读《圣经》，每一个基督徒必须是不识字者的教师。"

四 医 药

中国在医学上，本有很悠久的历史与高深的哲理，不过是立足于形而上方面的，乃致以虚实邪正、阴阳五行为辨别病源的根据，陷入于抽象玄想之境。然而在大体上不是没有优越的地方，不过不能掩盖它的许多缺点。从西洋新医术传进中国以后,这种医术便发生了问题。推原介绍西洋新医术的功臣,不能不说是基督教。唐朝以来,已经有景教僧侣以西洋医术为中国人治病的故事;天主教中一般女修士,又往往具普通的医药知识,任"孤儿院"中的看护工作。更正教特别重视这种工作,认为是推行基督教布道事业的良好辅助,所以在百余年前"博济医院"的宪章中,已有这种明文的规定。直到现在,还是保持着原有的意旨,看医药事业与宣教工作一样重要。当马礼逊来华以后,便有伯驾医士、合信医士继续来华,伯驾在 1834 年奉美国公理会的派遣,先在新加坡设立医院,后乃移至广州,成立中国最初的医院,就是"博济医院"。1847 年英国伦敦会打发一个夏吐哗医生到香港,在下环湾仔山上建立医院;次年又有合信医士到了广州,在金利埠设立"惠爱医馆";这都是中国最早设立的教会医院,他们的目的,不但要减少人身体上的痛苦,更是要拯救人的灵魂。所以大多数的医生,在没有到中国来的以前,都曾受过神学的训练。他们的责任,是要向病人宣传福音,使大多数就医的病人在离开医院的时候,得着一种宗教上的影响。对于一般贫穷的病人,不受医资,不收药费,使他们感觉到教会医院完全是一种慈善事业,对于宗教方面发生了兴趣。所以医院中在宗教方面的设施非常的注重,一般看护士及职员,大都施以宗教上的训练,特别在每个医院之中,有专聘的传道人员或牧师,担任向病人讲道及分发布道传单等工作。因此,感动了无数就医的病人,受洗而为基督信徒。教会当局鉴于这种工作的成效,加倍努力以求其发展。从 1856 年以后,便有很稳定的进步。1874 年有 10 个医师,到 1881 年便增加到 19 个;1876 年有 16 个医院,24 个药房,41 281 个病人,到 1889 年便有 61 个医院,44 个药房,348 439 个病人。十余年间,进步有这样的快。当时在每个比较大一点的传教机关里,至少有一个医生。一般无知的愚民,便造出许多离奇的谣言,说教会里剜病人的心、摘病人的眼去制药、去做电报。这种无中生有的谣言,现在看来果然不值一笑,而当时却引起绝大的纠纷,大多数的闹教风潮,大都以谣言为号召群众的根据。后来民智渐开,这种误会便渐渐地消灭了。

新医术在中国的发祥地,要算广东。当《南京条约》尚未订立之前,在广东已经有一个"中华医务传道会";后来中英战事爆发,大多数西教士都因此回国,这个"医药会"也感到很多的不便,但却仍旧在艰难中继续维持下去,集中力量于广州的"博济医院"。这个医院曾由美国北长老会嘉约翰(J. G. Kerr)医生主持,历 40 年之久,就医的人数有百万之多。又训练了许多中国人做医药事业,并编辑了许多关于医药卫生的书籍。他在 1872 年动议成立"疯人院",到 1892 年方在广州芳村建筑了一所房子,1898 年落成。这是中国唯一的"疯癫医院",开办以来,留医人数前后不下三四千人。甫及三年,嘉医生即因病去世,由恂嘉理医生继任其职。求医人数日渐增多,三分之二是由官厅送来的;病者的种类不一,男女老幼,贫贱富贵,无所不有。因为住院人数之多,不得不谋扩充,本来仅占 18 亩地基,房屋 3 座,可容 100 病人,后便添置基地 9 亩,增筑楼房 3 座,平房 9 座,有旷地可资游行运动,有工艺、娱乐种种场所，设备愈见完备，常有 500 人住院。内附设礼拜堂，每日举行礼拜讲道，病人及工役等因此信教者颇多。

其次，我们可以特别提到的，就是北平"协和医院"的经过。这个医院开始于 1861 年，从伦敦会雒魏林（Lockhart）医生创设一个"施医院"起头的，地址在英使馆的旁边。开办之初，远近来医的踵迹相接，乃于 1863 年添聘德贞医生来院襄助。次年，雒医生回国，由德医生主持院务，迁院址于米市大街，另建房屋，并收学生数十人，翻译《全体通考》、《西药大全》等书。1895 年魏女医生于附近设立"妇孺医院"。嗣因庚子之变，全院俱毁于兵燹；至 1901 年权赁铺房，依旧开诊，由科龄医士接办，逐渐整理，悉复旧观。1903 年更于院侧设大药房一所。1905 年"协和医学校"成立，录取学生 45 名，成为中国唯一的最高医学校，后乃得美国洛克斐勒津贴，院务大加扩充。据 1914 年报告，初次来诊的有 20 900 余人，复诊的有 43 500 余人，住院男 924 人，女 282 人，至今犹为中国最大的医院。

同时，在汕头有英国长老会的"高德医院"，1867 年新院落成，初仅容病人 50 至 60 人，至 1874 年可收容 784 个住院病人。伦敦会有个著名的医生名叫马根济（Mackenzie），于 1875 年来到中国，在汉口伦敦会所设的医院中服务，后来因他的夫人身体关系，就搬到天津。在天津治愈了李鸿章夫人的重病，因而取得官方的赞美，并捐助一笔款子，建造一个医院。同时马氏也办了一个医学校，毕业出来的学生后来都在政界里服务。直到 1888 年马氏去世，官方才停止他们的津贴，而这个医院的工作,就由伦敦会接办下去。

一个青年有才干的医生名叫索斐德(H. A. Schofield),抛弃了在英国的高尚事业,用自己的经费在 1880 年参加中国内地布道会在山西的医药工作,三年之后,竟不幸因伤寒而病故。

苏格兰长老会在满洲的医药工作非常著名,有两个医生,一个叫胡约瑟(Joseph M. Hunter),一个叫司督阁(Dugald Christie),1882 年在沈阳设立医院。当时有人怀疑他们是英国军队的先锋,传出许多挖心、摘眼等等谣言,幸亏他们的工作取得官厅和人民的信仰,因此,他们的医院反而扩充起来,西方药物渐为一般人所欢迎,并且也设立了一个医校。

大英圣公会医生梅滕更(Duncan Main)1881 年到中国,在杭州设立一个"广济医院"。伦敦会在上海设立"仁济医院",美圣公会在上海设立"同仁医院",以及英长老会之在厦门、英卫斯理会之在汉口、英长老会之在台湾、美长老会之在北平、美国教会之在福州、伦敦会之在香港、美以美会之在南京、中国内地传道会之在成都等处,都有相当的医药工作,见后列医院表可知,这里用不着细说。

第一个到中国来的女医士,就是康医生(Combs),在 1873 年由美以美会派到了北京。同来的有哈医生(Howard),在天津设了个医院,他专门为李鸿章家属看病。1874 年美以美会"妇女国外布道会"派了一位女医生到福州;美国"妇女传道联合会"于 1885 年派了一位女医生韦太太(Mrs. Williamson)到上海。据 1890 年调查,在中国的女医士一共有 21 位。第一个中国女医士,要算是金雅梅,她本是一个牧师的女儿,因为父母过世,由宁波长老会传教士麦加提(D. B. Maccartee)帮助,学习于美国,回来便在"妇孺医院"中工作。第二个是福州人名叫吴敬恩,也是一个牧师之女,1894 年赴美国菲拉特菲尔"女子医学院"学医,毕业回来,在 1889 年任"吴士登纪念医院"(Woolsten Memorial Hospital)院长。更有石美玉医士,也是一个牧师的女儿,跟一位传教士到美国,在"密西根大学"医科毕业,1896 年回国,在九江开设一个医院。这是几个著名的女医士。其他习医的女子当然不少,这里不能一一详举。

这里且说一说关于医药上的译著。伦敦会合信医生翻译了一些关于医药的书,卫斯理会史密斯(J. P. Smith)与嘉约翰(Kerr)都曾写过一些医药书。礼贤会罗存德(Wilhelm Lobscheid)医生曾写许多医药论文。美国在福建的奥医生(D. W. Osgood)翻译了 Gray 氏所著的解剖学,后来又经过了 Whitney 氏重编。先是"中国博医会"曾于 1887 年发行一种《博医会报》,借这杂志推进医药教育,提倡公共卫生,统一医学名词,并且出版了一本医学和科学的名辞字典和一部医学课本。后来合组而成的"中华医学会",也曾出版一种杂志,并注意于新医术的介绍。

说到"麻疯医院"的设立,要算广东北海伦敦会医院所附设的为最早,成立于 1891 年,创办人为傅特医生。他鉴于广东地方麻疯患者之多,乃请求"万国麻疯救济会"帮助,创设此院,收容男女麻疯 100 多名,强行注射,成效卓著。调查麻疯患者,以闽、粤两省为最多,他省亦不少,总计全国不下有百万人之多,于是各省医院咸注意到这种麻疯救济的事工。1892 年杭州梅滕更医生,也在"广济医院"附设一"麻疯院",

于1914年在与市场较为隔远的松木场建立新院所,分男女两部,共收病人60余名。该院背山面湖,空气清洁,为全国最合适的病院。1905年德国长老教会的柯纳医生(Dr. Kuhne)得"英国万国麻疯会"之助,在东莞创设一"麻疯院",收容患者有300多人,省政府按月津贴500元。1907年天主教康神父(Louis Conrardy)在广州石龙建筑一"麻疯院",1913年得省政府的津贴,大加扩充,收容患者不下700人之多。该院大小房屋有30余幢,麻疯人居此,仿佛成一村落,男耕女织,各勤操作,惟宗教色彩太浓,每天必举行几次弥撒,对于医治注射方面不很注重,未免美中不足。此外大衾岛"麻疯院",发起于1914年浸会力约翰牧师(John Lake),至1925年建筑完成,曾得伍廷芳捐资,规模甚大,可容5 000患者。福州东西门外有麻疯村二处,历史甚久,由官厅与教会人士发起组织"闽北麻疯救济会",设立大规模"麻疯院"一所。完全由中国官厅自办的"麻疯院",只有汕头一处,于1924年成立的。其他如孝感、沧州、兰州、梧州、福清、仙游、烟台、云南省城,均有英国"麻疯救济会"的工作,引起中国人士的注意,才组织"中华麻疯救济会",并在香港、汕头、福州、厦门设立分会,聘邬志坚任总干事,为拯救此百万麻疯患者而努力。关于麻疯救济,可以说是一种社会服务工作,但也是一种医药事业,所以在这里加以叙述。

根据1914年的调查,旅华西医士,男的有300人,女的有135人,西看护有112人,中国医士有94人,住院养病的有127 000人,门诊的有213万人,教会在华医药事业的发达,由此可见一斑。其时虽值欧战,旅华的英德医士多数回国服务,而在中国医药工作上,并不发生什么影响,因得洛氏基金委员会尽量资助,反见扩充而进步。1916年欧美返国的医学生,在上海组织了一个中华医学会。1917年"中华博医会"与"中华医学会"开联合会于广州,通过的议案中,有几件重要的事,即反对吗啡私运入华,主张设立公共卫生部,更主张设立中央医务部,计划全国医学校的课程与程度,使教会医学不致落人之后。当时全国医学校,共有26处,有1938个学生。在二十六校中有八校是由中国人自办的,学生则居总数之半,而教会所办的医学校,似感不及,应如何加以改进,便是这次大会所注意的一件事。

"中华医学会"成立虽不甚久,会员人数日增,类皆毕业于东西各国的医学士,乃能不分派别,谋医药前途的发展。"中华博医会"之先驱为开始于《南京条约》以前的"中华医务传道会",为西医士所组织。至此,中西两医学会,乃联合青年会办理公共卫生事业,如预防传染、禁止鸦片吗啡、提倡清洁等等运动,都是由医学界在中间主动的事。有医学士毕德门氏,周游通都大邑,开会展览,登坛演讲,计各处听讲人数不下十数万人。

1921年又开联合大会于北平"协和医校"内,到会会员有500人,其间有80余中国人,以教会医士占最多数,其余则为地方代表与东西各国代表,不啻是一个"万国医学大会"。讨论许多医学上的推进问题,特别注重学术上的演讲,演讲题目有180件之多。并改选两医学会职员,龚孙(C. L. Johnson)为博医会会长,俞凤宾为中华医学会会长。

当革命军北伐与非教风潮的时候,教会医院遭遇着不少困难,1926

年竟有若干医院受地方政府与党部的干涉,有勒闭、强占、劫掠、捣毁等出人意外的事,尤以河南、福州、上海、长沙、杭州等处受损失最大。医院本是无偏无党的机关,凡需求医药上服务的,无论属于何方,都有不能推卸的责任,决无借故加罪的理由,所以此种对医院所施的压迫,足以引起国内外医学界的惊异。不过这种施行暴举的人,大都是外来的军队,与一般仇教分子在内策动,并不是当地人士;因为当地人士对于医院多数表示好感,予以相当的同情与维护。当时的医院情形:

	在国民政府治理下的	在北方政府治理下的
医院总数	165	70
照常办事的	35(21.2%)	49(70%)
暂时维持的	71(43%)	17(24.3%)
被军事当局占用的	4(2.4%)	无
闭歇的	55(33.4%)	4(5.7%)

在这表里,河南、云南等处尚未列入,可见当时医院所受打击之大了。除了被军队强占与被迫闭歇的以外,有些医院,因负责人他往,由一般职员暂维现状,也有一小部分医院,把事业移交到华人手里。不过这种现象却是暂时的,不到二年,逐渐恢复。各地官厅的态度也多改善,尤其是中央政府本不赞成这种行为,所以对济南当局封闭"齐鲁大学医院"曾加以制止,广州医院的未遭占据,亦是为此。凡属医院,必须登记,是这次风潮以后所得结果。教会医院绝不反对登记,只因登记条例多由就地自拟,绝不一致,有些地方非常苛严,遂大感困难。

教会医院自经此次打击后，不但不因此而衰落，却反得着特殊的进展。即从前由西国人主持的医院，至是有许多变为中国人主持了；从前称为外国人的医院，至是人多称以西医了；从前华职员处于被动地位，至是则因西人离开职守，都由华人出来负责，而变成主动了。多数教会医院于此皆经改组，由华人充任院长，与由华人组织董事部；此皆在事变中所获得的成功。从此以后，基督教医药事业，便在平顺中得着相当的进展。到 1932 年，"中国博医会"与"中国医学会"合并而成为范围较大的"中华医学会"。据"平信徒调查团"李诺克斯（Lonox）在 1932 年报告中说："华医与西医的比例，在 1920 年为 55％，至 1925 年为 57％，1930 年为 67％"；可见得中国医生的逐渐增加。"1930 年，住院病人共 178 467 人，至施诊所受诊者共 3 111 467 人"。在教会医院任职的外国医士，共 275 人，有相当资格的华医，至少有 400 人，大半由医学校最近毕业的。在各医院服务的华看护，共约有 700 人左右，每一个医院里，都有他们自己训练的看护士。而这些医生与看护士中，14％是基督徒。以前教会医院的经费，都仰给于外国。近年来因外国经费锐减，多数医院不能不当地筹募，中国人的捐款数量，在比例上日见增高；但大部分仍来自外国，所以几年来所讨论的移交问题，要求中国人自负经济上的全责，尚未能完全办到，不过中国国民政府对于教会医药事业，颇能予以合作，最显著的是年来在公共卫生方面的进行。在中日战事中，教会医院虽受相当的损失，常受敌机轰炸与沦陷区中的破坏，而对于筹设伤兵医院与参加前线救护工作，实曾相当地努力。可见教会医院与政府合作程度日愈增高了。兹将现有各教会所设立的医院列表如下：

会　名	医院或分院名
中华基督教会—67院	苏州福音医院　更生医院　妇孺医院　江阴福音医院　宿迁仁济医院　嘉兴福音男女医院　余姚惠爱医院　武昌仁济男医院　仁济女医院　汉口协和男女医院　皂市仁济男女医院　宜昌仁济女医院　普济男医院　黄陂仁济医院　孝感仁济医院　衡阳仁济男女医院　郴林惠爱男女医院　湘潭惠景医院　桃源问津医院　常德广德医院　辰州宏恩医院　宿州民爱医院　寿县春华医院　江门仁济女医院　仁济医院　广州普惠医院　柔济医院　阳江化民博济医院　连县惠爱医院　嘉积基督医院　琼州那大福音医院　海口福音医院　汕头福音医院　中华男女医院　潮安念宾男女医院　揭阳福音男女医院　汕头汕尾福音医院　福州塔亭医院　圣教妇幼医院　长乐圣教医院　永泰亨通医院　邵武耶稣教医院　泉州惠世医院　厦门救世医院　惠安仁世医院　漳州协和医院　平安救世医院　漳浦源梁医院　重庆仁济医院　仁寿仁济医院　荣县仁济男女病院　自流井仁济男女医院　乐山仁济男女病院　涪陵仁济男女医院　彭县仁济医院　忠州仁济医院　泸州仁济医院　济南德邻医院　青州广德医院　周村复育医院　烟台毓璜顶医院　北平道济男女医院　邢台福音医院　束鹿耀西医院　漳德广生医院　汲县惠民医院　牯岭中华普仁医院
圣公会—29院	上海同仁医院　广仁医院　无锡普仁医院　杭州广济男女医院　宁波仁泽医院　慈溪保黎医院　临海恩泽医院　桂林道生医院　武昌同仁男女医院　宜昌美华医院　北海普仁医院　福州柴井医院　福清惠爱医院　普爱医院　连江普孺医院　霞浦圣教医院　屏南潘顾女医院　宁德妇幼医院　建瓯基督教男医院　建宁妇幼医院　莆田圣路加医院　华实产科医院　仙游圣路加医院　保宁仁济医院　绵竹教会医院　云南府惠滇医院　平阴广仁男女医院　兖州广仁医院　归德圣保罗男女医院

续　表

会　名	医院或分院名
美 以 美 会—25院	镇江保黎医院　芜湖芜湖医院　平潭基督教西医院　古田怀礼医院　福清和新田医院　闽清善牧医院　沙县美以美会医院　延平吐吡哩医院　涵江兴仁医院　仙游美以美会女医院　永春永春医院　成都存仁医院　重庆宽仁医院　宽仁女医院　资中宏仁医院　北平同仁男医院　妇婴医院　张家口惠济医院　昌黎广济医院　遵化同仁医院　天津妇婴医院　山海关普济医院　南昌南昌医院　九江生命活水医院　但德福医院
浸会—20院	扬州浸会医院　宁波华美医院　绍兴福康医院　金华福音男女医院　西安广仁医院　太原博爱男医院　汕头益世医院　桂林浸信会医院　广州两广浸会医院　潮阳潮光医院　揭阳真理医院　雅安仁德医院　叙府明德女医院　平度怀阿医院　黄县怀麟医院　掖县梅铁男医院　爱怜女医院　胶州瑞华医院　亳县福音济生医院　开封济汴医院
循 道 公 会—16院	温州白累德医院　宁波普仁医院　梧州西医院　汉口普爱医院　德安普爱医院　武安普爱男女医院　大冶普爱男女医院　钟祥普爱医院　零陵普爱医院　邵阳普爱男女医院　佛山循道医院　曲江循道西医院　昭通府福滇医院　朱家寨循道施医院　惠民如己男女医院　永平循道医院
内地会—13院	兰州溥德恩医院　临海普济医院　龙泉路加男女医院　长沙德生医院　洪江爱邻医院　平阳教会医院　潞安鸿恩医院　迪化内地会医院　元江哲理医院　贵阳福音医院　开封福音医院　烟台体仁医院　鄱阳教会医院
长老会—11院	徐州基督医院　坤维女医院　清江仁慈男女医院　海州义德男女医院　怀远民望医院　民康女医院　九龙江教会医院　济宁德门男女医院　沂州教会医院　潍县教会医院　保定思罗医院

续　表

会　名	医院或分院名
中华圣公会—7院	大同首善医院　安庆同仁医院　妇孺医院　罗源圣教女医院　河间圣安得烈医院　永清圣司提反男女医院　安国圣巴拿巴医院
公理会—7院	太谷男女仁术男女医院　清源仁济医院　汾阳汾阳医院　临清华美医院　德县卫氏博济医院　北通潞河男女医院　定县教会医院
信义会—7院	长沙信义女医院　益阳信义男女医院　津市津兰医院　新化信义会男女医院　潢川信义女医院　确山慈仁医院　信阳协和医院
安息日会—5院	上海圣心医院　疗养院分院　南宁安息日会医院　惠州惠安医院　鄞城疗养卫生院
行道会—5院	沙市康生医院　监利瑞华医院　襄阳同济男女医院　麻城福音男女医院　黄州鄂东医院
伦敦会—4院	上海仁济医院　天津马大夫纪念男医院　沧县博施医院　萧张男女医院
监理会—4院	上海妇孺医院　苏州博习医院　常州武进医院　吴兴福音男女医院
友爱会—3院	平定友爱医院　寿阳友爱男女医院　辽州友爱医院
贵格会—2院	南京贵格医院　六合和平医院
遵道会—2院	醴陵遵道医院　铜仁医院
基督会—2院	南通基督医院　合肥基督医院
美以美会女布道会—2院	福清惠乐生女医院　南昌妇幼医院
美道会—2院	成都仁济男医院　仁济女医院
公谊会—2院	遂宁博济男女医院　潼川仁慈医院

续 表

会 名	医院或分院名
崇真会—2院	梅县德济医院　河源仁济医院
约老会—2院	罗定博爱医院　德庆惠爱医院
北长老会—2院	峄县瑞门德男女医院　滕县华北医院
南长老会—1院	镇江基督医院
安息浸礼会—1院	浏河惠中男女医院
德华盟会—1院	松阳博爱医院
伯特利会—1院	上海伯特利男女医院
路得会—1院	老河口福民医院
来复会—1院	巢县普仁医院
礼贤会—1院	东莞普济医院
通圣会—1院	南管陶教会施医院
清洁会—1院	濮阳清洁医院
坎拿大联合会—1院	沁阳恩赐医院
学校的—3院	长沙湘雅医院(雅礼学校)　广州博济医院(岭南大学)　济南齐鲁大学医院
协和的—5院	福州协和医院　南京鼓楼医院　蒲台鸿济医院　泰安博济医院　北平协和医院
中华麻疯救济会—1院	上海中华麻疯疗养院
无会的—1院	盐山道生男女医院

这表是根据 1936 年第十三期《基督教年鉴》编成的,其间没有东三省的医院在内,因为从"九一八"以后,关于东三省的基督教现状非常模糊,所以在这期《年鉴》里便没有东三省的记录。从两年以前的调查,知道在东三省本有 18 个医院,现在情形怎样却不得而知了。这张表里所列入的公会凡 34,加以学校附设的与数公会合办的,共计有 260 个医院。此外尚有许多小规模的医药机关未列入,可见基督教在医药方面的努力了!

五 社 会

"我来不是要受人服事,乃是要服事人",这是耶稣亲口诏诰门徒的话,是以历来的基督教会,莫不本此意义,实行社会服务。如上文所叙述的教育、医药、文字等等,本来也是社会服务范围内的事,但是这里所要说的,是单指"拯困济危"、"改良风俗"的一方面。

中国风俗的亟宜改良者,除破除迷信外,莫如烟、酒、嫖、赌。说到烟,最先努力谋所以铲除的,莫如 1908 年所组织的"万国改良会分会"。该会以丁义华为干事,专门劝人戒除烟、酒、嫖、赌。时中国正在努力禁烟,政府与英国订定十年禁绝条约,所以该会对于禁烟问题,为第一入手工作。他们曾经(一) 联合中国政府暨各省当局,认真严禁。(二) 联合各报社,宣布鸦片流毒,使人人有所注意。(三) 联合商学各界,在各处各学校演说鸦片毒史。(四)通函各国新闻报,请各慈善家辅助中国进行。(五)组织全国"禁烟联合会",一面请政府设立专管机关,由内务部设立"督查禁烟处"。(六)函请各省官厅,凡有缉获烟土,定期当众公焚。(七)联合"英国国民禁烟会",鼓动英国政府,提前禁烟,以免流毒邻国。经此努力,果生奇效,当时各行省中,已有 14 省已告禁绝。又曾联合各省教会及青年会,设立分会,于扑灭烟毒之外,更劝人戒吸卷烟、禁止赌博。该会自设立以来,编著书籍,刊印图画,函电纷飞,东西奔走,工作异常紧张,耗费亦属不赀,然所用经费皆仰给于美国,故当欧战发生时,华盛顿总会不遑兼顾,遂不得不谋经济上的独立,改名为"中国万国改良总会",并购置北京王府大街民房为会所。正在顺利进行的时候,希望数十年烟毒,可以从此扫除,想不到竟功败垂成,前此七八年的努力,都付流水。因为当时上海洋商存有 6 000 箱烟土,中国政府竟徇洋商之请,命上海道蔡乃煌与之订立合同,准其运销江苏、江西、广东三省,以制药为名,设立专卖局。这不啻公然开禁,奸商乃乘机谋利,军阀又借此抽税,死灰竟至复燃,该会亦因此无形消灭。间接继承其工作的,在这一年 10 月间有"天津拒土会"的发起,设总会于北京,上海、广东、武汉、山西、河南等处,皆次第设立分会,联合呈请政府取消公卖,徐世昌总统便毅然明令烧毁存土 1 400 万金,禁烟前途,又呈乐观。曾几何时,毒焰复炽,不但鸦片遍满全国,加以吗啡、高根、海洛因等毒物,源源而来。于是"中华全国基督教协进会"联合"青年会"、"医学会"等团体,发起组织"中华国民拒毒会",1924 年 8 月成立于上海,规定 9 月 28 日为"全国拒毒运动日",印发拒毒图画,全国报章特刊专号,并公开演讲,举行大规模游行,以期唤醒民众。发行"拒毒月刊",规定五年计划,经长时间的奋斗,始获国民政府赞助,严厉禁种禁吸,毒氛几告息灭。又不意七七事变发生后,沿海沦陷区中,复毒焰漫天了。

次言赌。中国赌风之盛,莫如广东,是以"广东基督教联会"于1917年11月开会时曾讨论劝释奴婢及戒烟戒赌一案,推李育泉起草,次年李氏提出铲除烟酒赌奴四害意见书。1919年年会时认禁赌为先急之务,因决定三条议案:(一)请愿政府严禁赌博;(二)请愿警厅禁止未成年男女吸烟及赌博;(三)禁止信徒赌博(无论麻雀、扑克,凡属赌具,一律严禁)。并召集各教会各学校代表,推定委员会负责进行。规定一月间一星期为拒赌礼拜。1920年1月16日开成立大会,到会男女有5 000多人,广事宣传,分三部进行工作,(一)调查,(二)广告,(三)征求。自5月30日至6月20日止,已征求拒赌会员50 290人,于是设办事处,聘请驻会干事,发行《拒赌周刊》,后来此组织也影响及于他处。

对于这种不良习惯,力谋加以改革的团体,有好几个,例如:"妇女节制会",也是以反对烟酒、娼妓组织的。当1886年时,有美国"万国节制会"代表来华,游行演说,乃于上海、镇江等处设立支会,因缺乏相当负责人员,上海会务几乎无形消灭。直至1907年,"万国节制会"又派代表来华,重复唤起国人的热忱,并推定上海长老会范女士为"中国妇女节制会"总会长,负责推行,连任数年,由九江美以美会石玉玉女医士继任,对于会务多所擘划。1909年北京公理会美国富轲慕慈夫人任"万国节制会"驻中国干事,她是一个非常热心的人,在中国宣道已历有四十年之久,对于中国的风土人情无不熟悉,任事之初,即从事于书籍、小说、图画等等的著作,广事宣传,到处演讲,组织支会。除镇江外,有支会 46 处,无一非夫人所手创。后来由梅云英以至刘湛恩夫人为该会总干事。工作范围逐渐推广。不但曾参与"中华拒毒会"的发起,举行拒赌运动,及宣传香烟、酒的害处,更设立"尚德部",提倡家庭道德;"女工保护部"谋求妇女工人的幸福;"幼童部"培植儿童智德体育的发展;"社会服务部"创设妇孺教养院一所,院址在兆丰路,来院教养者有百余人,出院后类能谋得自立的生活;"国际和平部"谋铲除战争,增进人类友爱;"学生部"举行作文竞赛,演说竞赛,暑期演讲等。当上海一·二八战事发生时,因多数会员避难租界,乃创办一"上海女子公寓"。又创办了一个"节制女子家事学校"于江湾,在这个学校里一切事务,都由学生自己操作。最近自八一三战事发生以后,迁于租界,改为"新生女子职业中学"。可见节制会的工作日愈扩大了。

1918 年上海公共租界各团体,鉴于娼妓充斥,要求工部局设立一"正俗委员会"。工部局乃邀请"基督教教士公会"、"基督教妇女禁酒会"等 17 团体,开联席会议,结果,组织成功一个"风俗改良会";到 1920 年改名为"进德会"。专门谋卖淫事业的减少,规定妓院必须领照,每年按照抽签,减去 20%,以期五年抽尽。并且设感化所,收容沿街拉客妓女,成效卓著。其进行工作:(一)尽力营救陷于罪恶中的卖淫妇;(二)研究妇女本身的难题,助其经济独立;(三)警告人用正当的花柳病疗治,免受欺骗。又发行《进德报》,在学校中提倡性教育及卫生。关于救拔妓女的问题,早为一般基督教人所注意。先是在 1900 年有西国女士 5 人,因见上海妓女的痛苦,遂同心祈祷,计划设立"济良所"以资拯救,至次年果然成立。初有包女士及中国张女士留所办事,不数年建有房屋 5 处。至 1915 年,任事者有西女士 6 人,中国职员 23 人,女佣 13 人,住所妇女 470 人,前后十四年中收容 920 人,由所择配的约 300 人。起初立所于西华德路,后又移至浙江路,复在宝山路建二层楼房一所,中有读书室,有工业场,占地 13 亩,会所于是扩大。当 1905 年时,有沪绅 11 人,捐资设立分所于四马路,后移至南京路南香粉弄,专门收容会审公堂所判送的妓女。来所之人,半日教以读书识字,半日教以女红烹饪,后入工业场作工,予以相当工资,使能自立自养。自分所开设以后,数年中收容有 1 800 人之多,每晚在分所宣讲福音,礼拜日举行"主日学校",并派员赴会审公堂女监中及妓女中讲道。1906 年复于江湾开设"爱育学校",专为培植脱离妓院的幼女而设,特建三层楼房一所、大厦一座,可容百人,内分幼稚、初小、高小等级,与普通学校相同。1909 年开设医院一所。1913 年建立礼拜堂一座名"思裘堂"。1912 年复于唐山路购地建屋,专收被拐迷路无处安插的男女幼孩,收容有 800 余人。此外在沪西亦设有分校,亦收容拐孩及被主人虐待的婢女。此种工作,到现在还是继续地维持着。同样在其他通商大埠上,亦有此种救拔不幸妇女的工作。数年前厦门的教会中人,曾有救拔婢女的组织,亦曾收容数十婢女。关于解救妇女的事,又有天足的提倡。中国妇女缠足的风俗,已有很悠久的历史,推其弊害,不但有背人道,且使女子身体孱弱,影响到国民体质。1895 年李德立夫人、李提摩太夫人商议创立天足会,宣传缠足的害处,利用广学会的书报,广事宣传,于是发刊了许多小册和劝世文,分散到各地。各处教会亦多响应,教会学校的女生先行放脚,以资提倡。李德立夫人又亲身游历南北各省,开会演说,并请求各省督抚大员及皇太后出谕劝导全国,实行放脚。奔走数十年,发生巨大影响,至今中国女子已完全脱离缠足恶习,推本穷源,不能不归功于四十年前李夫人。此外如天津雍剑秋曾发起"养真社",在消极方面,亦注重戒嫖、戒赌等改良工作;在积极方面,提倡敬天、齐家、爱国、互助、孝亲等运动。主张修养四真、五爱。何谓四真? 一曰灵真,要将一切迷信打破,笃信上帝,遵守上帝博爱世人之旨。二曰心真,要将一切私心打消,遵行上帝真理,以基督为模范。三曰体真,要将一切有伤身体之事扫除,不作嫖赌纳妾之事,坚守一夫一妻之义,借保天真。四曰行真,要将一切虚伪欺诈,屏除净尽。何谓五爱? 一曰自爱,二曰爱人,三曰爱家,四曰爱国,五曰爱和平。当时入社同志有3 000余人。南京长老会牧师孙喜圣发起"南京改良会",于1923年11月10日开成立大会于"协进会",入会的有2 000余人,推定宣传员24位,规定宣传事项:(一) 戒鸦片,(二) 戒香烟,(三) 戒饮酒,(四) 戒赌博,(五) 戒邪淫,(六) 戒纳妾,(七) 戒奢侈,(八) 戒淫书,(九) 戒裹足,(十) 戒迷信。提倡之事亦有10项:(一) 公共卫生,(二) 公共游戏场,(三) 通俗学校,(四) 通俗报,(五) 残废院,(六) 流民习艺所,(七) 游行演讲,(八) 博物院,(九) 惜牲会,(十) 赈灾会。后在汉西门、溧水县、湖熟镇、山东济宁府、峄县、登州府次第设立分会,并请求"全国基督教协进会”,通函各省教会提倡。

总之,中国当时一切社会恶习,无论烟、酒、嫖、赌等嗜好,风水、星相等迷信,偶像、鬼魅等崇拜,都是基督教所极端注意而竭全力以反对的。

次言拯困济危。天下最困苦的人,莫如盲目、聋哑与孤儿,特别在中国,这种人的痛苦更利害,因为一般社会对于他们没有什么救济的办法。譬如生一盲童,他的父母,看做一个废人,男的叫他学习星相算命,女的叫她学习歌唱做瞽妓;一生命运,便入于悲惨之境。基督教教士本其人道主义,设法予以救济。当1840年的时候,有某教士偶然收容瞽士六人,因中国此时尚无盲人学校,故分送二人至美,四人至英,入盲人学校受适当教育。至英国的四人中,后有一人返国充宁波“瞽人院”院长。1874年,始有某教士在北京设一“瞽人院”,以后在汉口、奉天、福州、九龙、保定、成都、湖南、宁波、上海等处相继设立,收容男女盲童,虽皆施以适当教育,尚未注意到工艺的学习;有之自1911年“上海盲童学校”始。该校为美国傅兰雅独力捐资而设,中分四种功课:(一)为家庭部,即学习家庭中的种种操作。(二)为文学部,学习中西文字及打字。(三)为音乐部,学习弹琴唱歌。(四)为工艺部,学习编织等手工。其所用书籍,系用硬纸制成凸字,读时以手代目,自左而右。此种凸字,是以∴∴六凸点变换而成五十四音,计前音十八,后音三十六,如中国固有切音方法,把前后二音合成一音,而得四百四十字音。各盲校皆以此为教授根据,并且曾用此点号印成了《新约全书》。这学校经傅步兰(傅兰雅之子)继续办理,进步甚速,其毕业生受各处盲校之聘而为教员的为数甚多。又组织西乐队,及创办印刷部,发行《盲人月刊》。学生中有毕业圣约翰大学而得文学士学位者一人。1931年又创办女学部。

其次如广州的"明心瞽女学校",始创于1882年。当时在博济医院中的一位美国女医士,名叫赖马西,一日见路旁有一被弃的失明女孩,年仅周岁,怜而携归;未几,又收得失明女孩三人,寄养于医院之中,并聘得香港巴陵会"育婴堂"瞽目女教员,教授该孩等凸字。后来盲生渐多,不得不另租校舍,但屋小仅容30人,乃别谋建筑校舍,蒙恂嘉理医士以所购上芳村空地15亩,让与建筑。但赖医士妙手空空,初期费用,皆出私囊,转辗向亲友们捐募,直至1910年始行落成,计女生宿舍两座,男生宿舍一座,校务日见发达。1928年赖氏因年迈回美,由嘉秉道女士继承办理。该校自创办至今,已历五十余年,所收男女学生,共有3 705名,毕业者有任传道或教员的,也有借手工谋生的,类能自食其力。当1912年时,广州警察厅取缔瞽女卖淫事,乃将学习弹唱瞽女71人送至"明心学校"教养,那时的"明心"已患人满,因此另立一个"正心学校"。

还有福州圣公会创办一个"灵光学校"。1900年以前在厦门本来有过一个盲童学校,但不久即停办。1898年有一位澳洲教会的奥女士(Amy Oxley)到了福建的连江,是担任医院的看护的,她很同情盲童的痛苦,在顺昌遇到一位久办盲人教育的教士叫柯先生(Cook),他本是发明华音凸字的人,她便采用这方法在连江创办一个学校,于教授读书之外,又教授织席工艺,其出品甚为著名,1900 年庚子乱起,遂即停闭,女士例假回澳洲,乘机募款,以备重建。次年回华,与旅福州医士惠更生(Wilkinson)结婚,遂于医院附近租得大厦,开始其计划已久的盲校工作。特别发展其工艺,学生所编竹篮、所结草席,曾得南京工业展览会与巴拿马展览会的奖章。在工艺部内,有织席机十架,并有修琴室,制藤椅、热水铅壶等各工场,毕业生有任教员传道打字等各职外,大都以工业谋生。1903 年又有英国"印度妇女传教会"教士司蒂芬女士在福州创设"明道盲童女校",学生亦甚多,小学毕业后,即令学习织补缝纫等手工。先是 1897 年,德国教会在九龙创设"瞽女书院",起初附学于"明心",后学生渐多,乃自建校舍,有学生 79 人,并设分校于香港,有学生 46 人。九龙校中兼收瞽目婴孩,故课程有自幼稚园而至高等;其音乐与织造,成绩最佳。中有一既盲而又聋哑的学生,后来竟能借工艺以自食其力。而长于音乐的,又为各处礼拜堂聘为琴师。该校中又设"师范班",其毕业生都任一般盲校的教师。在肇庆、德庆亦曾分设"盲童小学"。此外在汉口有"训育书院",长沙有"瞽女学校",奉天有"重明女学",保定有"盲哑学校",以及其他,类皆由基督教教士所擘划经营,其间少数曾受官厅津贴,而大部分经费都由教会捐募而来。据 1926 年统计,中国盲人学校共有 38 处,收容男女盲人有 1 000 余人。不幸因 1927至 1928 年政潮影响,多数盲校已缩小范围,并有若干处遭受抢劫,书籍物品,全被毁坏。越二年始恢复旧观,以至于今。

聋哑之人,痛苦更甚,因为凡聋者必哑,以其未尝闻人的语言,故遂不知如何发言。泰西诸国教聋哑人以语言及文字，不但能发言，亦能懂人的话，一如普通人一样。有一个美国教士名叫梅理士，与夫人耐德女士同在中国登州传道，却不料生了个聋哑的儿子，耐德女士便悉心教他，使他能懂得语言文字。因此，她想到中国这样大的地方，一定有许多聋哑的人，所以在 1887 那一年，创设一"聋哑学校"，把她自己的经验与美国所施用的聋哑教授法，来救济这些痛苦的人。不意来学者甚为寥寥。未几，梅理士去世，耐德女士乃于 1898 年把学校迁到烟台，购地建屋，以谋扩充。后从美国聘来了哈爱德女士，乃添设女学讲室，总名曰"启暗学馆"。至此来学者乃渐多，而学生中有高丽李某、杭州周耀先、福州黄女士，学成后各归本地创办学校。一在杭州白马庙巷口福音堂内附设"聋哑学校"，学生 9 人。一在福州曲城姐妹会女学校内附设"聋哑学校"，学生数人。其他学生学工学艺，类能自谋正业以维生活。

至于救济孤儿，在天主教是十分注重的一件工作，凡在大城市里的天主堂，差不多都附设着一个育婴堂或孤儿院的。他们那些修女们称为姆姆的人，都是负担着照顾婴儿与教育儿童的义务。从上海土山湾的情形推之，亦可以略见一斑。上海土山湾的育婴工作，是由"圣母院"负责办理的。起初有薛孔昭司铎，于 1855 年创设"圣母院"于青浦的横塘，1864 年迁到王家堂，1869 年再迁到徐家汇土山湾。第一任院长，是个多明尼的姆姆，经营擘划，主持有三十年之久，使院务蒸蒸日上，达到今天的宏大规模。现在院内分为"育婴堂"、"幼稚园"、"聋哑学校"、"启明女校"、"圣诞女校"、"徐汇女中"、"施医处"、"浣衣厂"、"刺绣所"、"花边间"、"裁缝作"等部分,拯亡会会长戴步贤为现任院长。其"育婴堂"收容初生至五岁的无靠婴儿,自成立以来,前后收容过 25 000 多名,目前有婴儿 650 名。有完善的医药设备,自蓄乳牛 24 头,以新鲜清洁牛奶育养这班婴儿。六岁以上,即受幼稚园教育,一年以后,送入土山湾孤儿院,继续修业。若女孩则学习缝纫、刺绣、花边、编织及其他家庭工作。及至长成,堂方即协助择配,与奉教男子结婚。结婚以后,如仍愿在堂工作的,堂方则给以工资,始终维持密切的关系。男子则令学习工业,有印刷、有铜匠、有修琴、有绘画等等自办工场。即不在院内工作的,亦能各有一谋生技能,以维个人或家庭生活,平时又受有相当的宗教训练,大多数都能恪守人生的道德而取得人家的信仰。天主教对孤儿的教养,不但是规模宏大,且亦办理完善,实为更正教所不及。

更正教亦办有不少"孤儿院"。据 1914 年的调查,有"孤儿院"37所,大抵为各教会所设立;收养的孤儿约有 2 500 余名,男女各半,分布在全国。江苏最占多数,计 11 所,鄂、浙二省次之,各 5 所,大多数是成立在 1900 年以后的。成立在 1900 年以前的,为数不多。最早的则在香港,是 1851 年创办的,其次则在上海,开办于 1884 年。大抵这种孤儿院的设立,有一共同的情形,即有几个热心的基督徒,抱着基督的博爱精神,对于一般无依无靠的男女孤儿,负起教养的责任来。譬如上海孤儿院的发起,则由高凤池、顾念劬等在普陀夏令会时因见一无家童子,激发怜悯之念而起头的。宁波"恤孤院"也是同样从杭州的传道大会中,有几个志同道合的人偶然谈起的。如果调查每个孤儿院创办之始,十九是这样起头的。同时,也有同样的办理情形,除向国内外各教会各个人劝募捐款、维持衣食生活外,授以相当的普通教育,及予以生活上的技能,兼办各种工艺,如印刷、织布、制造藤器、木匠、种植等种种小工业。比较天资聪颖的人,继续资助升学,有升中学或大学,甚至留学东西洋的。后来这些孤儿,类能在社会上谋生或竟占着重要的地位,这是一般孤儿院大概的办理情形。因为没有详细的统计,不能把每个孤儿院的经过一一叙述,姑举一二,以例其余。

上海孤儿院成立于 1905 年。初借城内长老会的"雨化堂"为院址,后来在龙华获得旷地 20 余亩,募款建筑院宇。分男女两院,通常住院学生有男生 300、女生 100 人,半工半读。在教育方面,是一个完全的二级小学,六年课程;在工艺方面,则分藤工、木工、旗工、医药、音乐、缝纫、烹饪、绒线八科;亦曾办过织布、种植、编草、漆工等科。出院学生,有升送中学的 30 余名,入商务印书馆任职 60 余名,学习看护及医生的 8 名,当工艺教员的 8 名,入印刷所的 20 余名,入公司工厂的 30 余名,留学日本"帝国大学"的 1 名,入"南开大学"的 1 名,升"香山慈幼院"习工的 7 名,其余在院读完小学课程,各能自谋职业。女生中由院择配十余人。

广州浸信会"孤儿教养院",创始于 1906 年,男女学生 50 余人,大都附读于该会"培正"、"培道"等男女学校,并学习农林畜牧的工作。宁波"恤孤院"发起于 1909 年,由宁波六公会维持,男校设在高桥,女校设在余姚。男生 75 人,女生 25 人,由院办完全小学,曾办拍照、缝纫、理发、烹饪、农业外，又曾派毕业生到地毯专校学习四年，回院办理地毯科，所制成的堂毯、车毯、椅毯，颇受社会欢迎。其学生中有升中学、道学、大学、师范、医科、牙科、影片等专科的，有任教会传道、教会机关干事，以及中小学教员、公司经理、工厂主任、医院院长的，其成效可知。他如山东曹县、江苏兴化等孤儿院，则以刺绣纺织、编帽制履著名。"香山慈幼院"，以及长沙、杭州、松江、泰安、郑州等等，莫不工读并重，造成自食其力的人。尤其注意的，则为宗教教育的训练。男女孤儿，不独敦品励行，更能以传布福音为天职。长沙其孤儿竟能跋涉长途，传教苗人之中，其热心圣教，可见一斑。上述的各孤儿院，都属地方性质，各自办理，毫无统属。惟在1928年孔祥熙等所发起"中华慈幼协济会"，方是全国性质的慈幼组织，是以谋全国一万万二千万儿童幸福为宗旨的。分五部工作：（一）儿童保障部。对于一切受虐待婢女、学徒、童养媳等，设法予以救济，或代向地方警权机关申诉，遇有必需收养的儿童，或介绍其他慈善机关收容，或由该会附设的"慈幼教养院"收容。（二）儿童教养部。当山东、河南诸省发生灾荒时，曾汇寄赈款，救济灾童，并收养孤苦儿童300多名，分别寄养于各地孤儿院，并在上海设立"慈幼教养院"，收容无靠孤儿。（三）儿童卫生部。在贫民麇集的地方，设立若干处慈幼保健医病所，施诊施药，并演讲卫生常识。（四）儿童研究部。敦请儿童教育专家，组织"儿童研究委员会"，举行心理与生理的测验，发行《慈幼月刊》及《婴儿保健表》、《孕妇保健表》、《慈幼丛书》等出版物，并设立儿童图书馆等。（五）社会教育部。举行慈幼运动大会、卫生运动大会,唤起社会同情,宣传慈幼事工,普及慈幼知识。因为要推行这种工作,便组织了一个执行委员会。委员 17 人,如孔祥熙、余日章、陈鹤琴、郭秉文夫人等,皆属知名之士。历来办理虐待男女儿童案件,不下百余起。规定 4 月 4 日为全国儿童节,已经政府核准。每逢儿童节,全国各大城市都举行盛大典礼。又在南京筹建"模范教养院",并增设"保健所"、"工人托儿所"。北平、南京等处成立"慈幼分会"。召集全国慈幼领袖会议。呈请立法院厘定儿童法律,设立儿童法庭,取缔妇孺贩卖。救济雏妓、童工、难童,特别收容战区妇孺。以 1935 年为儿童年,使全国人民都注意儿童生活的改善。最近《慈幼月刊》改称《现代父母》,并编辑了许多小册,如《怎样教小孩子》、《为儿童造良好的环境》、《义麻雀与家庭教育》等书,有吴维德、陈铁生、陈征帆等先后任该会干事,负责进行。先是在青年会本有童子事业,其性质只限于教育方面,而不及于救济,容于下文叙述青年会事业时再详。

任何人都承认青年会是一个基督教社会服务的机关,他的历史与事工,也值得我们注意的。中国之有青年会,是始于 1895 年,其实在 1885 年北通州"潞河中学"、福州"英华书院",都曾组织一学校青年会,这才是青年会在中国最初的发轫。到 1895 年"北美青年协会"派来会理到中国来,首先在天津创办了一个城市青年会。1899 年路义思又创办上海青年会。其后青年会事业,在中国奠定了坚固的基础,由试验而开拓,由开拓而扩张了。分为城市青年会,学校青年会两种,其进步情形,列表如下:

青年会历年会员比较表

年　份	市　会	会　员	校　会	会　员
1914	34	10 000	120	7 000
1920	34	32 330	174	15 555
1925	43	44 550	208	27 487
1931	39	36 215		
1935	40	37 648	122	8 424

　　当 1921 年在天津第八次全国大会举行二十五周年纪念祝典时,到会者有 1 271 人,代表 18 省 29 处城市青年会、131 处的学校青年会和 7 处海外青年会、15 处基督教团体,实为中国青年会开一新纪元,见得二十五年来进步之速。总青年会一切事工的,则有"全国青年协会"。协会组织于 1896 年,其时世界基督教学生同盟总干事穆德第一次来华,巡视各地教会学校,促进学校青年会的组织,得 29 处校会派遣代表,于 11 月 3 日至 5 日集会于上海,是为青年会第一次全国大会,产生总委办,其名曰"中国学塾基督幼徒会总委办",以潘慎文为总委办会长,来会理为书启。其时所谓书启,即今日所谓干事。后来就有中国人做总干事,如王正廷、余日章以及梁小初等。1901 年第三次全国大会集于南京,因韩国青年会加入中华青年会之故,改称为"中韩香港基督教青年会合会"。在第五次大会中又删去香港二字,又变成"中韩基督教青年会总委办"。后来因为将韩国青年会分出,改称为"中华基督教青年会组合",呈请国民政府内务部立案。1915 年第七次大会始改为今名,

即"中华基督教青年会全国协会"。当协会初创的时候,借上海青年会四楼的一室为事务所,其任务为通信及巡视各学校,编行《学塾月报》,即后来的《青年进步》。1910 年成立学生立志布道团,聘丁立美为旅行干事,亦为协会事业之一。1920 年协会新会所落成,范围日广,其工作分八部二组。八部即宗教、职工、庶务、体育、智育、干事、学生、书报等部,二组即校会组、市会组。属于智育部的事,有科学演讲、平民教育、公民教育、图影教育、学校教育等。在宗教方面,派干事巡游演讲,并指导查经布道方法,训练查经领袖,鼓励个人谈道,举行职员退修会,敦请世界名人举行布道大会,如穆德、艾迪等曾在十几个大城讲道。在智育部方面的工作,则有科学演讲,如饶伯森携带仪器,赴各大城市演讲。其次为平民教育运动,为晏阳初、傅若愚两人所发起,编千字课本,激发各地开办平民学校,并用图画、幻灯及电影等到处演讲,备有 800 余卷关于道德、卫生、知识等电影片,曾出租于 40 余大城。关于学生方面的事工,除联络各校学生、发展各校会务等以外,尤注重每年夏令会的召集与指导。又有所谓童子部,是由 1913 年克乐恺来华办起的,组织俱乐部,举行旅行童子营、演讲会,以及征求会员的工作。同时,因提倡自治精神,有童子养成团的组织,欲发展个人天才,有演剧团的组织,并提倡服务,开办"惠寒学校"与组织"社会改良会"、"个人布道团"等事。1923 年第九次全国大会,提倡公民教育,聘刘湛恩为干事,负责进行。全国校会市会纷纷组织"公民研究社",有 97 处之多,组织"公民宣讲队",到处演讲,又举行公民问题论文竞赛,规定 5 月 3 日至 9 日为"公民教育运动周"。当时颇得"中华教育改进社"、"江苏省教育会"的赞同与合作,中央教育部各省教育厅亦多来函褒扬,认为是切要工作。其他如书报部及学生立志布道团等工作,前文已略及,此不复赘。而近来最有价值的工作,则莫如战时服务。当1914年第一次欧战发生,有15万华工在法国参加后方工作。青年会特派干事约百人,就华工中设立161处青年会,备些乐器、玩物及象棋之类,使他们在操作余暇,得一娱乐之地,也是中国参加欧战的一种贡献。而青年会为了要鼓励这班华工的精神与高兴,并解除中西间的隔膜与误会,去担任这服务的工作,这也是对欧战一种间接的贡献,并且把青年会工作推行到军队之中,成立了"军人青年会"。等到欧战结束,华工回国,这班干事担任一切招待事宜,使他们安然到家。并且在青州、周村设立了二个"职工青年会",天津、济南、汉口、南京各地青年会,也添设了职工部,专门为这班回国华工及普通工人提倡通俗教育。在九一八东三省事变与一·二八淞沪战起时,组织"基督教战地难民救济会",设立"难民收容所",并组织"战区服务全国委员会",敦聘全绍文为前方战区服务部主任,办理伤兵招待处、伤兵医院俱乐部、军官俱乐部,及慰劳等工作。及至卢沟桥事件发生,揭开中日战事的序幕,青年会即分三部分工作服务:(一)为军人,(二)为学生,(三)为难民。当战事初起,即由协会主持成立"全国青年会军人服务委员会",以梁小初为执行干事,分设支部50处,担任慰劳与招待、裹伤与救护、训练与教育、游艺与娱乐四种工作。设立"军官俱乐部"、"军人俱乐部"、"伤兵招待处"、"医院服务处",如代军人写信,分发慰劳品、供给茶水、教授识字唱歌、报告时事、演讲、戏剧、电影、音乐会、游艺会、游戏、游泳、布道、个人谈话等等。各地方青年会如广州、南昌、长沙、宁波、上海、北平、汉口等处,亦都有同样军人服务。战事蔓延,文化机关被炸,战地学生流离失所,上海刘湛恩等发起"学生救济委员会"。其后,香港、福州、昆明、成都、重庆、贵阳、桂林、沅陵、北平、宝鸡、西安、延安、澄江等地亦相继有同样组织。救济工作分:(一)工读及贷金,(二)旅费津贴,(三)设立经济宿舍,(四)学生公社,(五)医药补助与药物品供给,(六)学生合作社等,并在西南各重要城市如重庆、贵阳、成都、昆明建立学生会所,招待流亡学生,使他们得到精神上的安慰。此种救济经费,大部分是国外捐来的。在上海设有"全国学生救济委员会",黎照寰为该会主席,分拨款项到各地委员会,实施救济工作。而该会办事人员都是由男女青年干事义务担任。救济难民,虽为基督教普遍的工作,亦属青年会主要服务之一。从各战地流亡的难民数,无虑千百万,各地的情形虽不同,而青年会所担负的工作,大约有四点:(一)受地方政府委托,办理难民收容与遣送事宜。(二)与当地社会团体合作,负责经营"难民收容所"。(三)联络当地基督教团体,进行一般救济工作。(四)为战区难胞募集捐款及物品。尤其重要的,在"难民收容所"内,实施教育及服务。这是青年会在社会服务方面一般的工作,简略的叙述如此。

同时,又有女青年会,其大部分的工作亦相等。1900 年以后,中国文化起了极大的变化。美国女青年会鉴于中国妇女的亟待服务,便派遣潘女士来华计划设立中国女青年会,于 1906 年成立上海城市女青年会,以顾恩慈为干事。1913 年潘女士返国,顾女士乃任为协会总干事。当时成立的市会不过三四处,校会 30 余所。至 1922 年,市会已达 12 所,校会有 80 余所。顾女士八年成绩,可见一斑。顾女士病故,继任者为文自立女士。一年以后,文女士回国,由丁淑静女士代理,为中国人任总干事的第一人。1923 年在杭州举行第一次全国大会,规定协会的典章,以联络发展中国各地女青年会,促进女子德智体群四育为宗旨。发行《女青年报》。其工作大旨与青年会相同。在德育方面,办理查经班、灵修会、主日学、宗教演讲,及各种退修会等。智育方面,出版书报,提倡平民教育,半日学校,及家政、烹饪、缝纫、音乐、美术等。体育方面,训练体育师资,提倡正当游戏、演讲卫生等。群育方面,设"寄宿舍"、"休憩所"、"东道庐"及提倡娱乐交际等。此外又注意劳工事业、农村服务、家庭改进和公民教育等运动。又与"青年会"及"基督教协进会"等教会机关办理各种慈善事业,如此次战事中的救济难民工作。至最近 1935 年,共有市会 18 处,会员 4 000 余人;校会 95 处,会员 5 000 余人。男女青年会在最近几年中提倡"团契",由两会学生部推行,许多校会已改成了基督徒团契,另外又有所谓少年运动与少女运动,亦有非常的进步。

末了,略为述说基督教一般的救灾恤难情形。救灾恤难一类的慈善事业,本为基督教活动中重要的部分。据"华洋义赈会上海分会"调查,在上海的慈善团体有 73 个,而实际能担负这种救恤事工的,要算

"中国红十字会"、"华洋义赈会"、"上海华洋义赈会"、"红卐字会",几个团体。而这些团体中,大半是基督教所组织的。每遇什么水灾、旱灾、兵灾,基督教便引为唯一的义务,负实施救济的责任。例如1914年广东连年水灾,美教士湛罗弼等联合基督教各团体,成立"赈灾会",电外国及华侨及本国信徒劝捐放赈,教堂学校尽为灾民收容之所。1918年直隶水灾,基督教合组"华北水灾赈济会",募款、制衣、收容,尽力救济。同年汕头地震,房屋倾倒,人民压毙者甚多,教会亦出动救护。1920年华北五省旱灾,赤地千里,灾情尤重,每万人中有280人冻饿而死,208男女灾童被卖。除"红十字会"、"华洋义赈会"一致努力赈济外,基督教亦组"赈灾会",在工作上捐款上均尽相当的力量。北平"华洋义赈会"请内地会安先生至甘肃主赈务,请贝克教士至山西主赈务,其他各处都托教会主持。1931年长江流域大水灾,淹没田地达七万方哩,1832年东北又生水灾,基督教人士尤多尽力。遇有战事发生,往往担任救护难民工作。自革命军兴,以至于连年内战,各处教会都曾为救护难民而努力。如1925年齐、卢内战,沪宁一带庐舍为墟,人民失所,南京教会便组织"战地救济会",与"红十字会"同时出发工作。近如"九一八"之役、"一·二八"之役,以及最近"七七"以后,各地基督教莫不联合组织,礼拜堂尽成为"难民收容所"。天主教亦十分尽力,饶神甫在上海、南京以及汉口等处设立难民区,赖以保全生命的,无虑数百万众。又曾奔走号呼,向中外人士广募捐款。而更正教全国牧师教友,几乎全体动员,为难民捐款服务。此为尽人目睹的事,将来当有专书记载的。

　　此外基督教人士曾热心提倡农村合作、农村改造等等运动。自1933年"基督教协进会"在河北定县讨论平教运动,基督教的农村事业便为人所注意,以华北为最发达。如公理会在潞河举办的乡村服务,保定樊家庄同仁学校的乡村工作,滦东三县的妇女教育,昌平、清河、龙山、福山等处农村服务实验,"铭贤学校"在山西改良种植,以及新德"农业试验场"等等,可谓农村运动的先锋。其他如"华东教会"亦多办理农村事业。如苏州青年会划唯亭为"农村服务区",女青年会最初在辽宁四乡、山东福山,广东台山,江苏大场及宋墅办理农村妇女教育。后来又在湖南汉寿,湖北皂市,四川璧山、潼南、温江等县,进行乡村服务工作。"浙沪浸礼会"之于上虞,"金陵神学"之于淳化镇,"金大农学院"之于乌江,皆有农村服务的实验工作。华南方面,如福州"协和大学"的"农村服务委员会",新宁女青年会的服务乡村,广东协会在人和墟提倡农村基督化。华西方面,四川教会对于农村工作亦发生兴趣,重庆、成都皆有农村服务工作。江西基督教会在黎川县举办农村实验区,定县有平教运动,凡此皆基督教对于农村运动的情形。最初在1914年有"义农会"的组织,及1932年农村合作的推行,全国成立"合作社"有80余所。这些都是基督教对于社会服务的大概情形,因限于篇幅,不能一一详述,举其纲要而已。

第廿二章　结　论

从上述的各种情形观之，则知基督教在中国的活动，已有千三百年的历史；然而在中国社会上发生影响，却为三百五十年来的事。其间得西差会的慷慨捐输，煞费经营，西教士的历尽艰苦，为道牺牲，奠定了基督教在中国的基础，丰功伟绩，实有足多者。其对于中国所有的贡献，固非片言所能尽述，而比较显著的几点，则莫如：（一）介绍西洋科学。（二）改良社会风俗。（三）推行慈善事业。（四）提倡新教育。小之，影响于个人生活的改造；大之，影响于国家制度的变革。其在道德方面的主张，如提倡男女平等，纠正重男轻女的积习；主张一夫一妻制度，扫除纳妾蓄婢的恶俗；尤其是积极奋斗的精神，使安常习故的生活发生变动；牺牲博爱的主义，使自私利己的心理受着刺激；独一真神的崇奉，使多神偶像的迷信有所打击。诸如此类，不独在信奉基督教的三百五十万信徒咸能遵守，即一般社会人士亦多受其影响。是则基督教的有助于我国近数十年的革新运动,实为不容否认的事实。

然而基督教亦自有其毋庸讳饰的缺点。即其传布的背景,不幸与不平等条约发生关系,这虽在当时情势有不得不尔的苦衷,非一般抱牺牲主义的教士们的素愿,究竟是基督教在中国的历史上不易洗涤去的污点。是以有不少明达的西教士,曾经电呈各本国政府,愿意脱离传教条约的保护,与积极提倡本色教会。平心而论,谓帝国主义利用基督教则可以,谓基督教甘心作帝国主义的虎伥,未免有点冤枉。不过为基督教本身计,今后应加倍努力于本色教会的完成,使教会的形式精神,得与中国固有的文化与习惯打成一片,尽可能的范围,减少西教士的派遣与经济上的津贴,在行政上经济上完全让中国人去负责,像佛教一样。佛教自印度输入,自汉迄唐,固有不少西来高僧负创造领导之责,然而降及今日,谁复有认为外国教呢? 所以我希望基督教的中国化能够早日实现,可以减少许多不必有的困难。

其次是宗派的纷歧,实在予人以莫大诟病。这在西方固有其分门别户的背景,而在中国实不必要有这种奴主之见。近数十年来大多数教会不无相当的觉悟,力谋联合与统一;然而仍不乏固执成见是己非人的现象。例如浸礼洗礼的争执,新教旧教的水火,尤为习见的事。天主教书籍中,往往痛诋路得为叛逆,更正教为造反;即更正教中亦有自以为属灵派斥他会为属世。这种情形,我以为有亟谋改进的必要,不但希望更正教中的宗派主义渐臻消灭,更希望天主教与更正教间不应再有歧视。

再次是基督徒程度的低下，不能引起社会人士的尊重。初期基督教为求数量的增加，不问其对于基督教了解的程度如何，便贸然收容，使一般抱有他项目的人混迹其间，其行为、其知识反给社会以不良印象，甚至引起许多社会的不幸。而今教友的程度虽已提高，大多数传教士多受过相当教育，普通教友亦没有借教行私的人，然欲使基督徒负起领导社会的责任，非有高尚的道德与丰富的知识不可。平心而论，普通基督徒的知识程度，原较一般民众的水准为高。就识字一端言，基督徒中的文盲不到十分之四，固可以证明过去基督教训练的一斑。但是时代是在不息的进展，所以基督徒更应站在时代的最前线，为一般社会的领导。此后基督教的布道界、教育界、著作界，当如何加紧这一方面的努力。

末了，要说到社会福音的问题。基督教虽注意于个人生活的改造，但决不是独善其身的小乘宗教。要知道灵性生活的培养，目的是在增加精神力量，来负担改造社会的责任。所以一方面应十分注重到灵修工作，一方面应激发教友的服务精神，决不能偏于一面，置国家社会于不顾。过去基督教不无此种偏枯，虽近年来对于社会福音的提倡，固已大见进步，然而犹有一部分基督徒只知自求受用，理乱不闻。要知道基督教所重的"得救"道理，"不能自救，决不能救人；不能救人，亦决不能自救"，其中有因果关系存焉。此后基督教如果不能努力于社会福音的提倡，以应付社会新潮流，恐将与佛教同样要成为新社会的疣赘。因为此次战事结束以后，中国社会必有很大的改变，这是今后基督教极应注意的问题。

上述区区，不过表示我个人在编完本书后的一点意见，本来是一种画蛇添足的赘语，因为历史是重在事实的叙述，不贵有理论的发表，所以就此结束了。

本书参考书

书　名	著　者
基督教史纲	贾立言
圣教史略	萧若瑟
基督教概论	袁定安
中西交通史料汇编	张星烺
景教碑考	冯承钧
景教碑颂正诠	阳玛诺
也里可温考	陈　垣
元代白话碑	冯承钧
开封一赐乐业考	陈　垣
中国宗教思想史大纲	王治心
中国历史上的上帝观	王治心

中国天主教传教史概论 　　　　　　　　　　　　　徐宗泽

入华耶稣会士列传 　　　　　　　　　　　　　　　费赖之

天主教十六世纪在华传教志 　　　　　　　　　　裴化行

天主教传行中国考 　　　　　　　　　　　　　　萧若瑟

耶稣会士精神与模范 　　　　　　　　　　　　　狄神甫

利玛窦行迹 　　　　　　　　　　　　　　　　　艾儒略

圣方济各沙勿略传 　　　　　　　　　　　　　　俞惟几

康熙朱批天主教上谕 　　　　　　　　　　故宫博物院影印

不得已 　　　　　　　　　　　　　　　　　　　杨光先

中国基督教四大危急时期 　　　　　　　　　　　董健吾译

徐文定公集

墨井集

拳祸记

中国天主教传教史 　　　　　　　　　　　　　　德礼贤

庚子教会受难记 　　　　　　　　　　　　　　　季理斐

庚子教会华人流血史 　　　　　　　　　　　　　柴莲馥

马礼逊传 　　　　　　　　　　　　　　　　国外布道集

杨格非传 　　　　　　　　　　　　　　　　　同　上

李提摩太传 　　　　　　　　　　　　　　　　同　上

戴公行述 　　　　　　　　　　　　　　　　　鲍康宁

戴氏遗范 　　　　　　　　　　　　　　　　　同　上

中国最早的布道者梁发　　　　　　　　　　　　　麦沾恩

路得改教纪略　　　　　　　　　　　　　　　　　林乐知

浸会在华布道百年略史

约老会简史　　　　　　　　　　　　　　　　　　魏司道

中华基督教历史上下集　　　　　　　　　　　金陵神学志

中华美以美会史略

国内近十年来之宗教思潮　　　　　　　　　　　　张钦士

批评非基督教言论汇刊　　　　　　　　　　　　　张亦镜

文社月刊

金陵神学志

真光杂志

基督教全国大会报告书

中华基督教会年鉴

中华归主月刊

中华归主统计

教育季刊

青年会年鉴

明史

清代通史　　　　　　　　　　　　　　　　　　　萧一山

中国史　　　　　　　　　　　　　　　　　　　　王桐龄

中国文化史　　　　　　　　　　　　　　　　　　柳诒征

太平天国丛书 萧一山

A History of Christian Missions in China，K. S. Latourette

Memorials of Protestant Missionaries to the Chinese，American Presbyterian Mission Press，Shanghai

Christian Progress in China，A. Foster

A Century of Missions in China，D. Macgillivray